杭州市知识产权保护中心

海外知识产权纠纷应对典型案例评析

杭州市知识产权保护中心／组织编写

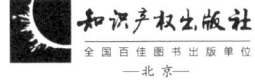

知识产权出版社
全国百佳图书出版单位
——北京——

图书在版编目（CIP）数据

海外知识产权纠纷应对典型案例评析 / 杭州市知识产权保护中心组织编写 . —北京：知识产权出版社，2024. 6. —ISBN 978-7-5130-9426-9

Ⅰ. D923.405

中国国家版本馆 CIP 数据核字第 2024P8Q757 号

内容提要

本书选取了35个海外知识产权纠纷应对方面的典型案例，分别从基本情况、基本案情、法律分析和经验启示四个方面，结合各案例自身特点对案例进行介绍、分析和解读，可为我国企业在"走出去"的过程中处理相关知识产权事务和纠纷提供借鉴和参考。

责任编辑：王祝兰　　　　　　　　　　责任校对：王　岩

封面设计：杨杨工作室·张　冀　　　　责任印制：刘译文

海外知识产权纠纷应对典型案例评析
杭州市知识产权保护中心　组织编写

出版发行：**知识产权出版社** 有限责任公司	网　　址：http://www.ipph.cn
社　　址：北京市海淀区气象路 50 号院	邮　　编：100081
责编电话：010–82000860 转 8555	责编邮箱：wzl_ipph@163.com
发行电话：010–82000860 转 8101/8102	发行传真：010–82000893/82005070/82000270
印　　刷：三河市国英印务有限公司	经　　销：新华书店、各大网上书店及相关专业书店
开　　本：720mm×1000mm　1/16	印　　张：19.75
版　　次：2024 年 6 月第 1 版	印　　次：2024 年 6 月第 1 次印刷
字　　数：318 千字	定　　价：128.00 元

ISBN 978-7-5130-9426-9

编委会

序　一

2020 年 11 月 30 日，习近平总书记在主持第十九届中共中央政治局第二十五次集体学习时强调，要全面加强知识产权保护工作，促进建设现代化经济体系，激发全社会创新活力，推动构建新发展格局；要形成高效的国际知识产权风险预警和应急机制，建设知识产权涉外风险防控体系，加大对我国企业海外知识产权维权援助。

知识产权是国际竞争力的核心要素，也是国际争端的焦点。《知识产权强国建设纲要（2021—2035 年）》中指出要积极参与知识产权全球治理体系改革和建设，建设知识产权涉外风险防控体系。随着新技术新业态蓬勃发展，知识产权领域仍不同程度存在侵权易发多发和侵权易、维权难的现象，侵权违法行为呈现新型化、复杂化、高技术化等特点，市场主体应对海外知识产权纠纷能力不足，我国企业在海外的知识产权保护不到位等，知识产权保护法治化需进一步加强。

当前，我国正在从知识产权引进大国向知识产权创造大国转变，知识产权工作从追求数量向提高质量转变。杭州市知识产权保护中心深入学习习近平总书记关于加强知识产权保护工作重要指示论述，从国家战略高度和进入新发展阶段要求出发，全面加强知识产权保护工作，不断完善海外知识产权纠纷应对指导工作体系，加大海外知识产权维权援助工作力度。中心聚焦当下出海面临的知识产权痛点难点问题，从专利、商标、版权、商业秘密四大领域收集了 35 个典型案例，组织编写成这本《海外知识产权纠纷应对典型案例评析》，内容涵盖侵权纠纷、337 调查、无效宣告、请求撤销、提出异议等主要纠纷类型，以深入浅出的方式对每个案例进行了翔实的案情介绍和专业的法律分析，总结提炼出了值得思考的经验启示，并以通俗易懂的表达方式给出了读者阅读提示。希望本书的出版能够助力我国企业提升海外知识产权纠纷应对能力，为企业"出海"应对知识产权问题提供一些指导和帮助。

杭州市市场监督管理局（杭州市知识产权局）

党委委员、副局长

林　霄

2024 年 6 月

序 二

在当代，知识产权已成为国家发展的战略性资源和国际竞争力的核心要素。特别是随着以大数据、人工智能、区块链等新兴技术为代表的第四次信息革命和数字经济的凸显，知识产权在一个国家和地区中的战略竞争地位日益提升。加强知识产权保护和运用，成为我国实现高质量发展、形成新质生产力的重要手段。知识产权保护关系到我国经济社会发展和产业转型升级，实现由要素驱动跃变为创新驱动，全面提高我国的综合国力和国际竞争力。基于知识产权保护和运用在我国经济社会中的重要地位，2021 年 9 月，中共中央和国务院发布了《知识产权强国建设纲要（2021—2025 年）》，旨在建设"中国特色、世界水平"的知识产权强国。

当代的知识产权制度也是一个高度国际化的法律制度。随着各国和地区之间科技文化和经济贸易合作与交流的不断深入，特别是我国加入世界贸易组织以来，知识产权的国际保护和国家安全问题日益突出。基于知识产权的独占权的法律性质，其也已成为国际市场竞争的重要武器。西方发达国家的跨国公司和企业在利用知识产权开展国际竞争方面积累了丰富经验。对我国而言，在实行"走出去"战略和发展"双循环"经济背景下，我国企业面临越来越严峻的知识产权安全风险，尤其是出海企业频频在美国等发达国家被竞争对手提起知识产权侵权诉讼，这些竞争对手以知识产权作为法律武器，企图利用知识产权阻却我国企业开拓国际市场。在这种日益激烈的国际竞争背景下，我国企业寻求"突破重围"并取得胜利的需求日益强烈。

正是基于上述日益严峻的国际竞争形势，从我国的国家战略和政策规范层面来说，强化我国海外利益保护、维护知识产权领域国家安全和产业安全，也变得日益重要。例如，《中华人民共和国国民经济和社会发展第十四个五年规划和2035年远景目标纲要》第十二篇"实行高水平对外开放 开拓合作共赢新局面"中即指出要健全开放安全保障体系，其中就包括构建海外利益保护和风险预警防范体系。2019年11月，中共中央办公厅、国务院办公厅发布的《关于强化知识产权保护的意见》提出，要"加强海外维权援助服务。完善海外知识产权纠纷预警防范机制，加强重大案件跟踪研究，建立国外知识产权法律修改变化动态跟踪机制，及时发布风险预警报告。加强海外信息服务平台建设，开展海外知识产权纠纷应对指导，构建海外纠纷协调解决机制"。2020年11月，习近平总书记在就"全面加强知识产权保护工作 激发创新活力推动构建新发展格局"主题举行的第十九届中央政治局第25次集体学习时发表的重要讲话中则指出，要"维护知识产权领域国家安全""形成高效的国际知识产权风险预警和应急机制，建设知识产权涉外风险防控体系"。

当前，我国企业海外贸易增长迅速，国外竞争对手为争夺市场，对我国"走出去"的企业发动了多起知识产权侵权诉讼，知识产权纠纷诉讼案件呈上升态势，使我国企业面临知识产权侵权诉讼的巨大压力。与此同时，我国"出海"企业自身的知识产权也受到侵权的威胁，企业面临的国际竞争环境更加严峻。在上述背景下，我国实行"走出去"的出海企业或者说国际型企业，不仅亟待获得相关的知识产权法律援助，而且亟待提升自身的知识产权保护水平，特别是如何有效应对海外知识产权侵权纠纷，提高自身知识产权纠纷应对能力和水平。

欣闻杭州市知识产权保护中心组织编写了《海外知识产权纠纷应对典型案例评析》一书。该中心历经数年，对一些涉及我国众多企业被告的海外知识产权纠纷案件保持适时监测，深感有必要让更多的出海企业以及计划开拓国际市场的企业了解如何有效地预防和应对这些知识产权纠纷尤其是知识产权侵权纠纷，以做到未雨绸缪，在未来可能存在的海外知识产权纠纷中占据主动，避免知识产权风险和损失的发生。该中心克服语言和资料收集、整理的重重困难，根据国内外公开判决文书、其他官方信息和相关资料，选择了部分典型知识产权纠纷案例作为研究对象，通过案例研究和实例分析的形式，探讨了我国出海企业知识产权纠纷的应对策略，为我国企业"走出去"，有效预防和解决知识产权纠纷案件提供了富有操作性和应用价值的知识产权维权指引，堪称我国企业海外知识产权维权的良师益友。

笔者有幸在本书出版之际先"读"为快，感觉《海外知识产权纠纷应对典型案例评析》这本著作具有以下鲜明特色：

其一，案例典型。本书选取的案例是真实地发生于美、日等国家的较为典型的知识产权诉讼案例。解读这些案例，对于了解海外知识产权纠纷案件的真实面貌，从实操中掌握司法机关的判定思路和观点，以便有针对性采取措施预防知识产权风险的发生具有重要意义。

其二，内容丰富。本书探讨和研究的案例，涵盖了专利、商标、商业秘密等主要的知识产权纠纷案件，以知识产权侵权纠纷案件为主，也兼及知识产权授权确权纠纷案件。基于此，本书对于我国出海企业多方面的知识产权维权具有较强的适用性。

其三，信息量大。本书对于典型案例的解读和分析，包括案件基本信息、基本案情、法院观点等法律分析、经验启示等内容。因为篇幅的原因，每个案例介绍和分析较为简洁。但正因如此，读者可以在较短时间内获取较多的海外知识产权维权的信息和观点，满足了广大社会公众以较短时间获得较多知识、观点和信息的阅读效率要求。

其四，操作性强，实用价值大。本书是一本解决出海企业知识产权维权的实务性质的著作，旨在为我国企业海外知识产权维权，特别是如何有效应对被控侵权提出有效的应对策略和措施，具有很强的实操性，实用价值大。例如，本书针对每个案例，均从"经验启示"方面归纳和简要分析了企业可以采取的行之有效的措施和策略。本书对很多海外知识产权案例的分析，还总结了相关的"诉讼策略"。这些内容，能够为企业海外知识产权维权和应对知识产权纠纷提供重要的启发和借鉴。

其五，实践性与理论性兼备。本书在重视为海外知识产权维权和知识产权纠纷案件进行有效处理提供经验借鉴的同时，也具有较强的理论性和学术性。这尤其体现于每个案例中的"法律分析"部分对相关法条理解适用的阐释和相关知识产权法原理与理论的解构。这些内容具有较高的理论品位，也使得该书具有实践性与理论性兼备的特点，实属难能可贵。

总的来说，阅读本书，能够在较短时间内了解企业海外知识产权维权和纠纷处理的概貌，学习知识产权海外维权和纠纷解决的相关实务经验，有助于企业提高海外知识产权维权和知识产权纠纷案件处理能力，并有效地防范涉外知识产权法律风险，提高国际知识产权战略能力。不仅如此，本书对于政法院系师生、律师和其他从事知识产权法律学习、研究和工作的人士以及对于海外知识产权维权和知识产权纠纷处理感兴趣的其他人士来说，也是一部难得的专业读物。

随着越来越多企业"走出去"以及国际市场竞争加剧，我国企业还会面对更多的海外知识产权纠纷案件。这就需要我们保持对海外知识产权维权援助和知识产权纠纷有效处理的高度关注。希望本书作者再接再厉，在海外知识产权维权援助和知识产权纠纷处理应对策略等研究方面有更多更好的佳作问世。

是为序。

中国政法大学二级教授、博士生导师
国家知识产权专家咨询委员会委员
中国法学会知识产权法学研究会副会长
中国知识产权研究会副理事长

冯晓青

2024 年 6 月

目录

· Contents ·

01

美国ARK Diagnostics公司与杭州奥泰生物技术股份有限公司等专利侵权纠纷案

>

一、基本情况

（一）案例信息

司法辖区：美国

审理机关：美国国际贸易委员会

案件编号：337-TA-1239

审理法官：Katherine M. Hiner

知识产权类型：专利

纠纷类型：侵权纠纷

重点产业：IVD 体外诊断产品

起诉日期：2020 年 12 月 2 日

判决日期：2022 年 7 月 25 日

审理结果：原告撤诉

（二）涉案知识产权信息

美国 ARK Diagnostics 公司对特定加巴喷丁免疫测定试剂盒和试纸及其组成和方法享有美国专利权。

涉案专利为美国专利 US8828665B2（以下简称"665 号专利"）、US10203345B2（以下简称"345 号专利"）。

（三）涉案当事人信息

原告：美国 ARK Diagnostics 公司

被告：Hangzhou All Test Biotech Co., Ltd.（杭州奥泰生物技术股份有限公司）；Shanghai Chemtron Biotech Co., Ltd.（上海凯创生物技术有限公司）；美国 Chemtron Biotech Co. Ltd.；Zhejiang Orient Gene Biotech Co., Ltd.（浙江东方基因生物制品股份有限公司）；美国 Healgen Scientific, LLC；法国 Kappa City Biotech；美国 12Panel Medical,Inc.；美国 12Panel Now, Inc,；美国 Hospital Connect, Inc.；美国 Acro Biotech, Inc.；美国 AlcoPro, Inc.；美国 American Screening, LLC；美国 Confirm Biosciences, Inc.；美国 Mercedes Medical, LLC；美国 TransMed Co., LLC；美国 Transmetron, Inc.

二、基本案情

2020 年 12 月 2 日，美国 ARK Diagnostics 公司向美国国际贸易委员会提出申请，主张对美出口、在美进口及销售的特定加巴喷丁免疫测定试剂盒和试纸及其组成和方法侵犯了其专利权，要求根据 1930 年修订的《美国关税法案》第 337 条（以下简称"337 条款"）进行调查（以下简称"337 调查"），以确定杭州奥泰生物技术股份有限公司等十几家生产、销售企业对其所属专利"加巴喷丁的成分及测定方法"存在可能的侵权行为，主要是 345 号专利中的权利要求 2、7、8、11 或 12、19、26 或 27。该公司请求美国国际贸易委员会发布有限排除令（禁止一个或多个被诉方的产品进入美国）、禁止令（禁止侵权企业从事与侵权行为有关的行为，包括停止侵权产品在美国市场上进行销售、库存、宣传、广告等）。

2021 年 1 月 19 日，美国国际贸易委员会投票决定对特定加巴喷丁免疫测定试剂盒和试纸及其组成和方法启动 337 调查（调查编号：337-TA-1239）①。

2021 年 4 月 15 日，美国国际贸易委员会发布终裁：基于同意令，终止对列名被告美国 12Panel Medical, Inc.、美国 12Panel Now, Inc.、美国 Hospital Connect, Inc.、美国 TransMed Co., LLC 的调查。

2021 年 4 月 22 日，美国国际贸易委员会发布终裁：基于同意令，终止对列名被告美国 Mercedes Medical, LLC 的调查。

2021 年 5 月 18 日，美国国际贸易委员会发布终裁：列名被告法国 Kappa City Biotech 为缺席被告；并基于和解终止对列名被告美国 AlcoPro, Inc. 的调查。

2021 年 6 月 21 日，美国国际贸易委员会发布终裁：基于和解终止对列名被告美国 American Screening, LLC 的调查。

2021 年 6 月 28 日，美国国际贸易委员会发布终裁：基于申请方撤回终止对列名被告美国 Chemtron Biotech Co., Ltd. 的调查。

2021 年 7 月 1 日，美国国际贸易委员会发布终裁：基于申请方的部分撤回终止对列名被告杭州奥泰生物技术股份有限公司、浙江东方基因生物制品股份有限公司、美国 Healgen Scientific, LLC、美国 Acro Biotech, Inc. 的调查。②

2022 年 2 月 22 日，美国国际贸易委员会发布终裁：基于和解终止对列名被告上海凯创生物技术有限公司的调查，利益相关方可以对缺席被告发布的救济措施提出书面意见。

2022 年 7 月 25 日，美国国际贸易委员会发布公告称，对特定加巴喷丁免疫测定试剂盒和试纸及其组成和方法作出 337 调查部分终裁：对缺席被告法国 Kappa City Biotech 发布有限排除令和禁止令，对总统审查期间进口源自该被告的侵权产品，按产品价格 100% 征税，终止该案调查。

---

① 参见 https://www.usitc.gov/press_room/news_release/2021/er0119ll1702.htm。
② 参见 https://www.usitc.gov/secretary/fed_reg_notices/337/337_1239_notice_07012021sgl.pdf。

三、法律分析

（一）侵权判定原则

该案中，美国 ARK Diagnostics 公司诉国内外诸多公司侵害其专利。那么，专利侵权的要件为何？满足何种条件才能达到专利侵权的程度？

首先，依照专利侵权判定中的最基本原则——全面覆盖原则来看，如果美国 ARK Diagnostics 公司指控诸多被告的产品侵害了其特定加巴喷丁免疫测定试剂盒和试纸及其组成和方法专利权，那么被告的产品或者生产方法应该具备美国 ARK Diagnostics 公司专利权利要求中所描述的每一项特征，缺一不可。值得注意的是，在一些具体案件中，专利权利要求中使用的是上位概念，被控物公开的结构属于上位概念中的具体概念，这种情况下也适用全面覆盖原则，被控物应当被判定为侵权。此外，如果被控物的技术特征多于专利的必要技术特征，也就是说被控物的技术特征与权利要求相比，不仅包含了专利权利要求的全部特征，而且另外增加了新特征，此种情况仍属侵权。因为适用全面覆盖原则就是只要被控物具备专利权利要求的全部特征就算侵权，而不考虑被控物的技术特征是否比权利要求多。

其次，专利侵权判定的另一重要标准为等同原则。此原则认为，将被控侵权的技术特征与专利权利要求书记载的相应技术特征进行比较，如果所属技术领域的普通技术人员在研究了专利权人的说明书和权利要求后，不经过创造性的智力劳动就能够联想到的，诸如采用等同替换、部件移位、分解或合并等替代手段实现专利的发明目的和积极效果的，并且与专利技术相比，在目的、功能、效果上相同或者基本相同的，则应当认定侵权成立。换言之，如果美国 ARK Diagnostics 公司希望达到其针对诸多公司的指控成立的效果的话，其必须证明这些公司的免疫测定试剂盒和试纸的原理与其特定加巴喷丁免疫测定试剂盒和试纸及其组成和方法构成等同。

（二）法院观点

然而，美国 ARK Diagnostics 公司在积极提出专利侵权诉求之后，却在证明侵权的道路上越走越艰难。其不但没有加大对被诉方的打击力度，反而不停通过和解或同意令等诸多方式申请美国国际贸易委员会撤回对被诉公司的调查。可见在这过程中，出现了两种可能性：一是被诉的诸多公司愿意支付的和解金额足够丰厚，二是美国 ARK Diagnostics 公司掌握的侵权证据明显不足。在该案的特殊案情下，后者的可能性显然更大。因此，美国 ARK Diagnostics 公司仅仅如愿对缺席被告法国 Kappa City Biotech 发布了有限排除令和禁止令后便草草收场，终止了该案的调查。不得不承认，在案件获得终局裁判前，申请有限排除令和禁止令一向是科技公司的惯用策略。禁止令的颁发意味着被申请人必须立刻终止某项经营活动，这不仅会使被申请人遭受如必须立即停止生产、销售相关产品等直接损失，而且无疑还会使得被申请人遭受如交易机会损失、商誉受损和市场竞争优势丧失等间接损失。正因如此，禁止令通常被认为是影响相关市场当前市场局面的最为迅速和有效的方式，因此在这种情况下，很多科技公司都滥用其专利权人地位而不当地提出临时禁令申请，将其作为打击竞争对手的"核武器"，以此达到减损被申请人市场优势的不正当竞争目的。正如该案中的美国 ARK Diagnostics 公司，意图通过申请有限排除令和禁令的方式，使十余家对手公司丧失最佳发展机遇与市场开拓能力，以实现自身市场的迅速扩张。

令美国 ARK Diagnostics 公司失望的是，美国国际贸易委员会对发布有限排除令和禁止令秉持着谨慎的态度，使其试图通过禁令而打压对手的希冀落空。因此，在裁判机构普遍"严格审查，审慎适用"的态度之下，此争诉策略各科技公司还是谨慎使用为上。

四、经验启示

在与美国 ARK Diagnostics 公司的专利侵权案中，从我国杭州奥泰生物技术股份有限公司、浙江东方基因生物制品股份有限公司、上海凯创生物技术有限公司等的应对措施来看，有以下经验可被其他公司广泛借鉴与学习。

（一）高度重视争端，及时进行风险评估

针对美国 AKR Diagnostics 公司发起的 337 调查，杭州奥泰生物技术股份有限公司高度重视，以最快的速度启动风险评估和专利测评。经过全面的评估，发现本公司的加巴喷丁检测试剂是基于公司免疫层析胶体金平台自主研发的，无论从原料制备还是产品原理，均与美国 AKR Diagnostics 公司的相关涉案专利存在明显差异，故不存在侵权事实和潜在的侵权风险。因此，对于美国 AKR Diagnostics 公司提出的苛刻的和解方案，杭州奥泰生物技术股份有限公司不但有胆量和底气对其置之不理，还能提出自己的诉求，将公司的利益最大化。

（二）积极应诉，做足万全准备

在做好风险评估和专利测评之余，杭州奥泰生物技术股份有限公司聘请了国内顶尖律师团队，为其后续的应对之道提供策略方法；此外，在对外沟通方面，该公司聘请了美国专业的律师事务所，让其全权代表公司与美国 AKR Diagnostics 公司进行磋商，并准备应诉；不仅如此，该公司还聘请了美国化学领域行业知名科学家作为公司的专业顾问，协助公司查阅检索相关文献，为其提供学术支持和理论支撑。

（三）保护涉案产品技术，进行专利布局

该案中，杭州奥泰生物技术股份有限公司为了保护涉案产品相关技术，向国家知识产权局提出专利申请。随后通过《专利合作条约》（PCT）途径，申请美国专利。为了今后更加顺畅地进入美国市场，避免风险，应提早进行专利布局。

02

KAOTICA公司诉宁波奥创专利侵权纠纷案

>

一、基本情况

（一）案例信息

司法辖区：美国

审理机关：美国加利福尼亚中区联邦地方法院

案件编号：8:20-cv-00080

审理法官：James V. Selna

纠纷类型：侵权诉讼

知识产权类型：专利

重点产业：电子信息技术产业

起诉日期：2020 年 1 月

判决日期：2020 年 3 月 31 日

案件结果：原告胜诉

（二）涉案知识产权信息

加拿大 KAOTICA 公司主张，宁波奥创电子科技有限公司在美国销售和许诺销售的 Alctron PF8 和 Alctron PF8 PRO 产品侵犯了其专利权（公开号为

US8737662B2，以下简称"662 号专利"）。

662 号专利具体信息如下：

主题名称： 降噪麦克风附件（Noise mitigating microphone attachment）

申请日： 2012 年 9 月 5 日

授权公告日： 2014 年 5 月 27 日

技术内容： 包括用于在录音期间减轻噪声的方法、系统和设备。一种降噪麦克风附件包括泡沫结构。第一空腔从泡沫结构表面上的第一开口延伸并进入所述泡沫结构中。麦克风插入第一空腔，麦克风的声音接收元件完全安装在泡沫结构中。从泡沫结构表面上的第二开口延伸并进入泡沫结构的第二空腔被配置为接收来自声源的声音。第一空腔流体连接到泡沫结构内的第二空腔，从而在第一空腔和第二空腔之间形成接合部。接合部、声音腔和麦克风的密封件用于保护麦克风的声音接收元件免受除通过第二开口接收到的声音之外的声音。

（三）涉案当事人信息

原告： Kaotica Corp.（KAOTICA 公司）

KAOTICA 公司是一家加拿大公司，成立于 2009 年。该公司致力于为本地供应商和企业提供支持，其主营产品 Eyeball 能够将不需要的声音挡在麦克风之外，以便在声学处理不充分的房间或空间内更清晰地录音。

被告： Ningbo Alctron Electronics Technology Co., Ltd.（宁波奥创电子科技有限公司，以下简称"宁波奥创"）

宁波奥创是一家音频设备技工贸一体化企业，成立于 2005 年 11 月，注册地为浙江省宁波市。该公司主要致力于高端麦克风及附件、电容话筒、专业耳机、录音设备等产品的研发、生产和销售，产品远销至多个国家和地区。

二、基本案情

2020 年 1 月，KAOTICA 公司向美国加利福尼亚中区联邦地方法院递交了起诉状，起诉宁波奥创侵犯了其 622 号专利权，同时被起诉的还有 John Dose

1-10。KAOTICA 公司指控宁波奥创违反了《美国法典》第 35 编（35U.S.C.）第 271 条的法律规定，制造、使用、许诺销售、销售和 / 或将其 Alctron PF8 和 Alctron PF8 PRO 产品（统称为"被控侵权产品"）进口到美国，并且被控侵权产品已被出售和许诺在美国出售，宁波奥创生产、销售、许诺销售的被控侵权产品至少侵犯了 662 号专利权中的一项权利要求。此外，KAOTICA 公司提供了被控侵权产品在美国 ebay 网上销售的相关证据。

KAOTICA 公司起诉状中的诉讼请求为：（1）请求法院判定被告方侵犯其 662 号专利权；（2）请求法院判定被告方为故意侵权；（3）请求法院颁布永久性禁令，禁止被告方生产、销售、许诺销售、进口被诉产品；（4）赔偿原告方所有经济损失，包括律师费。

2020 年 2 月和 3 月，宁波奥创两次向法院提起延期答辩请求。该案主审法官准许延期至 2020 年 4 月 6 日。根据《美国联邦民事诉讼法》规定，专利侵权诉讼案的被告方应当在收到起诉状和传票之日起的 21 天内，向法院递交应诉书，然后在之后的 90 天之内，法院会召集原、被告双方开案件管理会议，由主审法官确定后续案件日程，并下达案件审理进度令。[①]

2020 年 3 月 31 日，美国加利福尼亚中区联邦地方法院对该案作出判决。判决结果为：原、被告双方达成和解协议，法院判决确认原告 KAOTICA 公司的 662 号美国专利权有效；宁波奥创的被控侵权产品侵权，并发布了永久禁令（永久禁止侵权企业从事与侵权行为有关的行为，包括停止侵权产品在美国市场上的销售、库存、宣传、广告等）。

根据原、被告双方的和解协议，宁波奥创母公司、其子公司及其职员、代理商、律师、附属机构，以及由宁波奥创参股或控股的公司、机构，被永久禁止：（1）在美国境内和到美国境内制造、使用、销售、许诺销售、广告、促销和进口被指控的产品（以及在 662 号专利的权利要求保护范围内仅在颜色上不同的其他产品）；以及（2）诱导他人在美国境内制造、使用、销售、许诺销售、广告、促销和进口被指控侵犯 662 号专利权的产品。该禁令将于 2032 年 9 月 5 日（即

---

① Topstone Commc'ns, Inc. v. Chenyi Xu, 603 F. Supp. 3d 493, 498-489。

662 号专利权的到期日期）终止。

美国加利福尼亚中区联邦地方法院还判决宁波奥创无须向 KAOTICA 公司支付该判决书作出之前因侵犯 662 号专利权而导致的经济赔偿。原、被告双方各自承担己方的律师费及与该诉讼案件相关的费用支出。宁波奥创有权在美国之外销售被控产品，但不得诱导购买者进口或转售这些产品到美国境内。

三、法律分析

（一）案例特点

该案的最大特点是在非常短的不到 3 个月时间内，原、被告双方即达成和解。

根据美国现行民事法律制度的规定，专利侵权诉讼适用美国联邦法律，诉讼程序整个流程如下。

1. 起诉、应诉、下达案件进度令阶段

首先是由原告方到联邦地方法院提起诉讼，被告方在收到起诉状和传票之后的 21 天内，需要向法院递交应诉书。然后，由管辖法院的主审法官召集原、被告双方在之后的 90 天内召开案件管理会议，确定后续审理日程后，并由主审法官下达案件进度令。该进度令会排出案件事实调查（证据开示，fact discovery）的范围和截止日期、提出动议的截止日期（motion deadline）、权利要求解释听审日期（claim construction hearing）、庭审日期（trial）等。

2. 事实调查阶段

事实调查或称证据开示是美国特有的证据收集程序，是美国专利诉讼中最琐碎、负担最沉重以及诉讼费用最高的程序。在事实调查阶段，原告需要提交侵权争议书，详细说明侵权理由并明确地指出被控侵权产品。被告方则可以提交专利无效争议书，详细说明专利无效的理由，明确列出与之相关的现有技术。事实调查采用的手段主要有五种：（1）要求交付文件和实物，包括设计研发图纸、销售资料、会计报表、专利申请资料等；（2）要求承认事实：收到过警告函、专利作过修改等；（3）书面讯问；（4）庭外证人质问；（5）传讯证人及证据。

事实调查阶段一般需要 6～9 个月。

3. 权利要求解释听审

权利要求解释听审也是美国专利诉讼中特有的程序。进行专利侵权诉讼时，须就争议专利的"权利要求"（claim）文义加以解读剖析，在确定专利权保护范围后，开始进一步判断被控侵权产品是否因落入专利权保护范围，从而构成侵权。因此，关于涉案专利的权利要求如何解释，历来是原、被告双方的争议焦点。

权利要求解释听审程序通常需要 1～2 个月。原、被告双方互相交换有争议的权利要求词语、术语或语句，双方对有争议的词语、术语或语句给出的解释及理由。双方磋商解决一部分争议，共同向法院提交一份权利要求解释表，各自向法院提交一份辩护状。在该阶段管辖法院会作出权利要求解释令。实际上案件进行到该阶段，原、被告双方对专利侵权是否成立已有了大致判断，可以向法院请求简易判决（summary judgment）以尽早结束诉讼。

4. 专家调查阶段

紧随权利要求解释听审阶段之后的是 2～3 个月的专家调查阶段。在该阶段各方聘请的专家给出技术方面、经济和损失方面的专家报告；专家接受庭外质问，双方辩论对方专家的意见。

5. 预审（pretrial）与庭审阶段

在案件进入预审阶段后，原、被告双方交换证人名单和证据清单、建议的陪审团等。预审阶段需要 1～2 个月的时间，直至案件进入正式开庭审理到作出判决。

由上述介绍可见，在美国进行专利侵权诉讼的程序非常复杂漫长，整个法院审理专利侵权案件的程序时间依美国各州所在地的联邦地方法院案件受理数量与法官人数及审案效率而各不相同，一般在 24 个月左右。

通常情况下，在美国进行专利侵权诉讼，作为被告方主要的应对策略包括三个方向：一是积极应诉，主张己方被诉产品或使用的方法未落入原告方的专利权保护范围，或者是已有技术的自由使用；二是在管辖侵权诉讼的法院或者在美国专利商标局向涉案专利发起有效性挑战，以驳回原告方的诉讼权利基础；三是与对方进行谈判以达成和解。

显然，前两种应对方式需要经历较长的诉讼程序，对企业正常经营影响较大。此外，美国专利侵权诉讼案件还以其需要花费的高额律师费而著称。由于美国律师的收费机制多为小时费率制，专利律师收费均高达每小时几百美元，加上需要聘请的各种专家证人等费用，平均下来，在美国一件专利侵权诉讼成本约需300万～500万美元，有些案件甚至高达上千万美元。

（二）诉讼策略

该案中宁波奥创在不到3个月的时间内即快速与原告方KAOTICA公司达成和解，笔者理解应该是基于以下三方面的原因。

其一，原告方美国662号专利保护期尚长，专利技术方案不复杂，被控侵权产品与专利权利要求的比对判定相对简单，虽然宁波奥创公司的被控侵权产品使用的是海绵材料主体，但仍有较大概率被判落入662号专利泡沫材料主体的保护范围。

其二，如上文所述，在美国打专利侵权官司的周期漫长，且高达几千万元人民币的诉讼成本将成为宁波奥创的较大经济负担。为避免诉累，与其花费巨额资金去打一场胜率较低的官司，快速与原告方达成和解也不失为一种明智的选择。

其三，在遭遇美国专利侵权诉讼纠纷时，需要从企业全球布局、市场份额、经济损益、品牌声誉等多个维度全面考量如何处理该诉讼案。

相信在KAOTICA公司诉宁波奥创专利侵权案中，作为被告的宁波奥创是在权衡多方利弊后作出了与KAOTICA公司快速和解的决定。如果在美国市场占其销售份额不大的情况下，不需要向原告方支付赔偿金与律师费是一个不错的纠纷处理结果。

四、经验启示

面对频发的美国专利诉讼，中国企业可采取如下应对策略。

（一）检查警告信函

其一，主体是否适格，发函人是否为专利权人或其代理人；若不是，其没有权利发出此警告信，收件人无须对此警告信作出反应。

其二，告知要件是否符合，警告信中是否写出专利为何、侵权产品及侵权理由，并表明专利权人要求停止侵权、要求赔偿或达成许可使用的态度。只有上述信息都具备才能达到告知效力。

（二）企业内部应对

1. 探悉原告的目的

必须了解原告的目的，大部分的专利侵权诉讼属于要求市场以达到商业上的目的为主，即影响被告运营，打击被告经营，缩减原告受威胁的市场，并扩大自己的市场。

2. 进行侵权分析

研发部门、法务部门以及外部律师或专家进行详细的产品侵权分析。若无侵权，便可直接回复警告函告知无侵权行为；若存在侵权行为，则应该调查侵权产品的销售数量、销售地区、销售价格，同时也调查专利产品在市场上原有的销售量、销售地区、价格等，并且分析其过去成长率及未来成长率，以推知原告可能请求的损害赔偿额。

另外，若存在侵权行为，企业应该考虑可否进行规避设计，是否可与对方和解，若无法和解则应直接准备应诉。

（三）回复警告信

虽然发出警告信，但专利权人很有可能并不提起诉讼，因此回复警告信时，语气应温和。告知对方自己并无侵权，并且附上外部律师提供的无侵权行为法律意见书。在诉讼之前的这份无侵权行为法律意见书非常重要。如果缺少这份法律意见书，则被告很有可能在后期诉讼过程中被判为故意侵权，其赔偿额将是法定赔偿额的 3 倍并附加律师费。如果企业内部分析后认为侵权，并且专利无效的证据还不确凿，则建议不给出书面的法律意见书或者提供的法律意见书仅作出框架或结论性陈词。

（四）承认或否认、积极抗辩

依据美国联邦民事诉讼规则（F.R.C.P.）第 8 条（b）款规定，被告需对原告起诉状中所主张的所有事项予以承认或否认。由于原告专利虽然推定有效，然而就被告侵权则由原告负举证责任，因此被告无必要自行承担相关事项而转移举证责任到自己身上。

另外，建议作为被告的中国企业应尽可能地提起所有能想到的积极抗辩，例如，提出专利无效、专利权不可执行、专利申请过程禁反言、专利申请延滞、时效消灭、双方间有授权契约、未侵权等。

（五）合理使用双方复审程序

双方复审（inter partes review，IPR）程序可被用来请求宣告原告的专利权无效。

双方复审程序于 2012 年 9 月 16 日生效，是在美国专利商标局提起专利权无效请求的程序，其主要特点是审理速度快。美国新专利法规定，美国专利商标局必须在启动双方复审程序的 1 年之内作出最终决定。如果有合理的理由，美国专利商标局可以将此程序最多延长半年。[①]

而美国法院在审理侵权诉讼时可以和美国专利商标局的无效程序同时进行。当事人可以要求法院中止诉讼案件，而法官有自由裁量权决定是否中止诉讼。因为双方复审程序的审理速度快，很多法官愿意中止同时进行的法院诉讼，以节省诉讼资源，这样也会为当事人节省诉讼费用。

该程序自生效以来，请求人提起专利权无效请求的数量逐年增加，成为当事人抗辩专利诉讼的主要手段。

---

① 参见：35 U.S.C. §311 Inter Partes Review。

（六）要求败诉原告承担律师费

尽管在一般民事诉讼中，胜诉方是不可以向法院要求败诉方补偿律师费的，但专利案件是个例外。根据最新的判例，美国联邦法院为减少非专利实施主体（NPE)的恶意诉讼,作出了大量让败诉方承担胜诉方律师费和诉讼费用的判决。如果获得不侵权的判决，被告就应当主张对方承担律师和证人费用，从而将损失降到最低。

03

韩华与隆基绿能专利侵权纠纷案

>

一、基本情况

（一）案例信息 1

司法辖区：欧洲

审理机关：荷兰鹿特丹地方法院（Rechtbank Rotterdam）

案件编号：C/10/621252/KGZA21-563

审理法官：Mr. P.F.G.T. Hofmeijer-Rutten

原告：Hanwha Solutions Corporation（韩华思路信株式会社）

被告：LONGi（Netherlands）Trading B.V. [隆基（荷兰）贸易有限公司，以下简称"荷兰隆基"]

知识产权类型：专利

纠纷类型：侵权纠纷

重点产业：太阳能电池

起诉日期：2021 年 7 月 5 日

判决日期：2021 年 11 月 5 日

审理结果：原告胜诉

（二）案例信息 2

司法辖区：澳大利亚

审理机关：澳大利亚联邦法院（Federal Court of Australia）

案件编号：NSD394 of 2019；NSD395 of 2019；NSD458 of 2019

原告：Hanwha Solutions Corporation（韩华思路信株式会社）等

被告：LONGi Green Energy Technology Co. Ltd（隆基绿色能源科技有
限公司）；Jinko Solar Australia Holdings Co. Pty Ltd（晶科能源澳大利亚控
股有限公司）；REC Solar Pte Ltd（REC 公司）

审理法官：BURLEY J

知识产权类型：专利

纠纷类型：侵权纠纷

重点产业：太阳能电池

起诉日期：2019 年 3 月 12 日

判决日期：2020 年 5 月 1 日

审理结果：原告胜诉

（三）案例信息 3

司法辖区：美国

审理机关：特拉华联邦地方法院（Delaware District Court）

案件编号：1:19-cv-00451

原告：Hanwha Q CELLS & Advanced Materials Corp.（韩华 Q Cells 高
新材料株式会社）

被告：LONGi Green Energy Technology Co., Ltd（隆基绿能科技有限公
司）等

审理法官：Maryellen Noreika

知识产权类型：专利

纠纷类型：侵权纠纷

重点产业：太阳能电池

起诉日期：2019 年 3 月 5 日

判决日期：2022 年 6 月 27 日

审理结果：原告撤诉

（四）涉案知识产权信息

在澳大利亚地区，韩华诉隆基的专利侵权纠纷中，涉案专利 AU2008323025 号（以下简称"025 号澳大利亚专利"）为具有表面钝化介电双层的太阳能电池的制造方法及相应的太阳能电池。其通过 PCT 途径于 2010 年 6 月 11 日进入澳大利亚，并于 2014 年 6 月 26 日获得授权。025 号澳大利亚专利在中国、美国、德国、欧洲、葡萄牙等国家或地区均涉及同族专利。

在欧洲和美国地区，韩华诉隆基绿能的专利侵权纠纷中，涉案专利 EP2220689B1（以下简称"689 号欧洲专利"）、US9893215B2（以下简称"215 号美国专利"）与 025 号澳大利亚专利为同族专利。

（五）涉案当事人信息

上述案件中，涉及的原告为韩华思路信株式会社（以下简称"韩华"）。该公司是一家提供综合能源解决方案的全球化企业，主要经营范围正从光伏电池 / 模块扩大至能源存储及管理系统、分布式电源解决方案、绿色能源解决方案等领域。韩华将"为可持续的未来构建完全清洁的能源解决方案"作为一大使命，基于技术、质量、产品方面的竞争力在全球市场崭露头角。

被告隆基绿色能源科技有限公司（以下简称"隆基绿能"）成立于 2000 年，致力于成为全球最具价值的太阳能科技公司。隆基绿能聚焦科技创新，构建单晶硅片、电池组件、工商业分布式解决方案、绿色能源解决方案、氢能装备五大业务板块，形成支撑全球零碳发展的"绿电"+"绿氢"产品和解决方案。

被告晶科能源澳大利亚控股有限公司（以下简称"晶科能源"）成立于2006年，于2010年在纽交所上市，是晶科能源股份有限公司的间接控股股东。作为全球为数不多的拥有垂直一体化产业链的光伏制造商，晶科能源业务涵盖了优质的硅锭、硅片、电池片生产以及高效单多晶光伏组件制造。

REC公司是一家国际领先的太阳能公司，致力于为房主、企业和公用事业公司提供清洁、负担得起的太阳能，以促进全球能源转型。

二、基本案情

（一）澳大利亚专利侵权诉讼案件事实及结果

2019年3～4月，韩华及其关联方先后向美国国际贸易委员会、美国特拉华联邦地方法院、澳大利亚联邦法院、德国杜塞尔多夫地方法院、法国巴黎法院、荷兰鹿特丹地方法院提起专利侵权诉讼，宣称隆基绿能及下属子公司在上述法院所在地区销售的部分产品侵犯韩华专利权或分销涉嫌侵权产品。韩华主张被告公司的产品非法使用了其专利钝化技术，侵犯了其215号美国专利、025号澳大利亚专利以及689号欧洲专利。[①]

2019年3月12日，韩华在澳大利亚联邦法院向晶科能源、隆基绿能、REC公司提起专利侵权诉讼，韩华根据《1990年澳大利亚专利法》起诉被告侵犯了其025号澳大利亚专利的权利要求9、11和12，该专利名称为"具有表面钝化介电双层的太阳能电池和制造相应的太阳能电池的方法"。韩华还要求对被告涉嫌违反（《2010年竞争与消费者法》附件2）第18条和第29条的行为下达禁令。被告否认了这些指控，并提出了无效宣告请求，主张该专利的权利要求9、11和12无效。无效的理由包括：缺乏创造性和新颖性，尤其是基于被称为

---

① 参见：https://www.wipo.int/wipolex/zh/legislation/details/21497。

"Bhattacharyya"的美国专利（公开号：US20060157733A1），缺乏公平基础，以及缺乏实用性。

在诉讼提出后，韩华申请根据《1990年澳大利亚专利法》第105条对专利进行修改，韩华认为该修改是为了解决被告提出的基于Bhattacharyya专利缺乏公平基础和缺乏实用性的无效理由。

根据2019年10月11日法院发布的命令，韩华被要求开示与上述修改相关的所有文件。韩华开示后，被告称韩华未能开示所有相关文件。被告认为韩华提供披露内部专家对Bhattacharyya专利的考虑文件是"至关重要的"，然而韩华并没有提供，被告认为韩华的证据没有证明其在2019年6月之前不知道要引用Bhattacharyya专利。

法官驳回了被告观点，并给出如下理由：

（1）在审查PCT申请或澳大利亚、美国、欧洲、中国或马来西亚的专利或同族专利的任何国家阶段审查期间，原告未引用Bhattacharyya专利。2017年5月开始的五项欧洲专利或专利家族中任何一项专利的同族专利的无效诉讼中，Bhattacharyya专利也未被引用。

（2）直到2019年5月，Bhattacharyya专利才被引用作为专利的引证材料。在此之前，尽管Bhattacharyya专利被公布并依赖于US9548405号专利（以下简称"405号美国专利"）家族，但它并未被视为专利家族中任何专利的引证。

（3）从对405号美国专利的审查文件来看，Bhattacharyya专利与该案并不相关。出于上述原因，被告尚未证实韩华对相关性采取了不正确的方法。

法官给出如下初步意见：不支持被告的无效请求，被告隆基绿能应当赔偿原告的损失，但支持了原告索赔金额的75%。

在美国诉讼中，2019年3月5日韩华对隆基绿能提起专利侵权诉讼，涉及产品 LR6-60PD-295M、LR6-60PD-300M、LR6-60PD-305M、LR6-60PD-310M、LR6-60PD-315M、LR6-72PD-355M 等太阳能电池及组件。一个月以后，韩华向美国国际贸易委员会申请 337 调查，调查案号为 337-TA-1151。2019 年 10 月，隆基绿能对相关专利提起无效程序。

2020 年 6 月，美国国际贸易委员会发布 337-TA-1151 案最终调查结果，裁定隆基绿能的产品不侵犯韩华 Q CELLS 专利权（215 号美国专利），未违反 337 条款，终止调查。① 同年 7 月 31 日，韩华就上述终裁结果提起上诉。2021 年 7 月 9 日，美国联邦巡回上诉法院终审判决维持原判。

与此同时，专利无效案件也在推进中。2020 年 12 月 3 日，美国专利商标局专利审判与上诉委员会（PTAB）裁决隆基绿能涉案专利权利要求全部无效。2021 年 2 月，韩华就上述无效裁决向美国联邦巡回上诉法院提起上诉。2022 年 6 月，美国联邦巡回上诉法院发布了韩华 215 号美国专利无效案件的上诉判决（案卷号：2021-1629），维持美国专利商标局专利审判与上诉委员会对该专利的无效裁决（案卷号：IPR2019-01072），再次判定韩华涉案专利权无效。这标志着隆基绿能在美国与韩华的 337 调查案件和专利无效案件均获得了全面胜利。

此前，隆基绿能确信其相关产品并未侵犯韩华的专利，该技术属于行业普通技术人员的通用技术，不具有专利法要求的创造性要求，不应该被授予专利权，隆基绿能在全球各地积极发起了专利无效的法律程序。美国联邦巡回上诉法院的判决也再次印证了这一点。

（二）美国专利侵权诉讼案件事实及结果

韩华与隆基绿能美国专利侵权诉讼系列案的基本情况参见表 3-1。

---

① 参见：http://cacs.mofcom.gov.cn/cacscms/case/ssqdc?caseId=53d8a6e26994ce140169e5d8f1c11d34。

表 3-1 韩华与隆基绿能美国专利侵权诉讼基本信息

原告	被告	案件号	相关诉讼	立案时间	结案日期	涉案产品	涉案专利	审理机构	案件结果
Hanwha Q CELLS & Advanced Materials Corp.	LONGI Green Energy Technology Co., Ltd.	1: 19-cv-00451	1: 19-cv-00452 1: 19-cv-00450	2019-03-05	2022-06-27	LR6- 60PD-295M, LR6-60PD-300M, LR6-60PD-305M, LR6-60PD-310M, LR6-60PD-315M, LR6-72PD-355M 等太阳能电池及组件	US20100263725A1 US9893215B2	特拉华联邦地方法院	未侵权
Hanwha Q CELLS & Advanced Materials Corp.	Hefei LONGi Solar Technology Ltd.	337-TA-1151	2020-2115	2019-04-08	2020-06-03	—	US20100263725A1 US9893215B2	美国国际贸易委员会	终止调查
LONGi Green Energy Technology Co., Ltd	Hanwha Q CELLS & Advanced Materials Corporation	IPR2020-00047	1: 19-cv-00452 1: 19-cv-00451 1: 19-cv-00450 337-TA-1151 IPR2019-01072 IPR2019-01145 2020-2115	2019-10-22	2020-04-27	—	US9893215B2	美国专利商标局专利审判与上诉委员会	专利无效

（三）欧洲专利侵权诉讼案件事实及结果

荷兰时间 2021 年 7 月 5 日，韩华向荷兰鹿特丹地方法院提起针对荷兰隆基的简易跨境临时禁令申请，荷兰鹿特丹地方法院于 2021 年 7 月 9 日受理了该案。

荷兰隆基于 2021 年 9 月 2 日提交答辩状，基于专利无效、产品不涉嫌侵权、缺乏权利基础和强制执行基础、管辖权、不适合简易程序、缺乏紧急性、利益平衡等理由进行反驳。该案于 2021 年 9 月 10 日进行了开庭审理。由于涉案专利为韩华购买获得，韩华声称的在欧洲专利权生效的 16 个国家的专利权存在瑕疵，因此在许多国家可能不具有行使权利的基础。

韩华的 689 号欧洲专利在欧洲 16 国是有效的，其同族在美国和澳大利亚也是有效的，但唯独在荷兰是无效状态（未获得注册）。

韩华认为德国杜塞尔多夫地方法院一审判决德国隆基产品侵犯了韩华 689 号欧洲专利，并以在法国巴黎法院对荷兰隆基、德国隆基和香港隆基发起诉讼为由，认为荷兰隆基作为隆基在欧洲的子公司，负责欧洲相关涉嫌侵权单晶太阳能组件在欧洲的分销，所以请求对荷兰隆基颁发一项可强制执行的跨境临时禁令，并提出了 6 点诉讼请求。

荷兰法院最终判决：

（1）荷兰隆基自判决书正式送达之日起一个工作日后不得实施侵犯韩华在 9 个欧洲国家的 689 号欧洲专利的行为（销售、诱导、便利和获利）。上述 9 个国家包括比利时、保加利亚、德国、法国、列支敦士登、葡萄牙、西班牙、英国和瑞士。涉及的组件产品包括 Hi-M03、Hi-M03m、Hi-M04、Hi-M04m、Hi-M05、Hi-M05m；

（2）荷兰隆基如违反禁令，每天向韩华支付 2.5 万欧元，最高不超过 500 万欧元；

（3）本跨境临时禁令可强制执行；

（4）双方各自承担诉讼费用；

（5）基于荷兰隆基未发生侵权行为，驳回其他属于专利侵权的诉讼请求。

三、法律分析

（一）争议焦点

隆基在面对韩华大范围的专利侵权诉讼中，积极应对，寻找各种突围手段。其中，在美国的诉讼中，隆基认为韩华诉讼使用的专利是从其他研究机构经多次购买所得，其专利权与其他公司共有。同时，该专利权稳定性存在较大不确定性。从技术上看，隆基目前的产品与涉案专利采用的技术方法并不一致，美国专利保护一种用于制造硅太阳能电池的方法，包括以下步骤：提供硅衬底；通过原子层沉积在所述硅衬底的表面上沉积厚度小于 50nm 的第一介电层，其中所述第一电介质层包括氧化铝；以及直接在所述第一介电层的表面上沉积第二介电层，所述第一电介质层和所述第二电介质层的材料不同，并且氢嵌入所述第二电介质层中。该专利采用的是原子层沉积技术，即 ALD 技术；而隆基采用的是PECVD 技术。正是基于上述技术特征上的区别，隆基成功使该美国专利被认定无效。

韩华和隆基在荷兰诉讼的争议焦点在于：在荷兰鹿特丹地方法院发布的 9 国跨境禁令中，居然不包括荷兰本土。这相当于荷兰法院审理了一起双方专利案件，但是在荷兰却没有专利保护，只是因为荷兰是隆基将光伏产品进口到欧洲并分销到其他国家的中转港口。

所以，荷兰法院的禁令就成了一项因为专利侵权而起，但又不是直接由于（本国）专利侵权而发布的跨境禁令。

（二）法院观点

荷兰鹿特丹地方法院在本案审理中参照了德国等其他国家法院对于在先审判是判定隆基产品侵犯韩华专利的决定。

在其他欧洲法院，一般不会发出跨境禁令；而荷兰法院则经常发布跨境禁令，但通常是针对荷兰公司发布，因为通常贸易公司是通过荷兰鹿特丹港向欧洲进口产品，如果有有效的荷兰专利，则荷兰法院会发布跨境禁令。[①]

正是因为荷兰法院的这一特点，寻求跨境禁令成为韩华此次试图遏制隆基的一个重要手段。从最终鹿特丹地方法院的判决来看，双方的意见都有兼顾，例如支持韩华的跨境禁令，只是从韩华请求的 16 国缩小到 9 国，而来支持其他国家尚未取得注册的专利权 [法院认为在这些国家的登记中，专利不隶属于韩华、德国哈梅林太阳能研究所（ISFH）和埃因霍温科技大学，而是其他权利方，也就是隆基股份公告中提到的专利存在瑕疵的原因]，支持了每日 2.5 万欧元的罚金。但是法院判决中临时禁令的主体仅针对荷兰隆基，并不包括隆基股份，与韩华的预期有所差异，所以隆基股份在公告中也提及影响有限，包括已与韩华就替代技术方案达成了协议，未来可能销售的都是不侵权的产品。

（三）重点专利分析

韩国韩华使用的这件把隆基股份折磨得半死的欧洲专利正是其从德国哈梅林太阳能研究所买来的专利。隆基股份对这件欧洲专利先后提起了两次异议请求：在 2017 年 11 月 6 日的第一次异议决定中，欧洲专利局复审部分维持了修改后的专利；在 2021 年 3 月 25 日举行的第二次口头听证会中，依然维持了新修改后的专利。

我们可以看一下这件核心专利最新的权利要求范围及修改情况："太阳能电池包括：硅基板；在远离入射光的硅衬底的表面上包括氧化铝的第一介电层；特点是在第一介电层的表面上的第二介电层，其中材料第一介电层和第二介电层的不同并且其中氢包含在第二介电层中，其中第一介电层的厚度小于 50nm，其中，第二介电层的厚度大于 50nm。"目前来看，韩华在欧洲的专利经过异议还维持有效，但是在美国的专利，从隆基股份和晶科能源在向美国专利商标局专利审判与上诉委员会提起的无效请求审理结果来看，都被宣告无效了。出现这种情况主要是因为欧洲专利和美国专利在授权文本上存在差异。

---

① 参见：https://www.juve-patent.com/news-and-stories/cases/hanwha-q-cells-and-hoyng-rokh-monegier-win-cross-border-injunction-against-longi/。

四、经验启示

（一）面对全球化的专利诉讼，应积极应对，制定抗辩方案

如在海外市场被诉，尤其像韩华和隆基的专利诉讼在全球多个地域展开的情况下，在分析案情和根据所获得的信息制定诉讼策略之后，应与当地律师制定诉讼抗辩方案。虽然抗辩理由有 30 多种，但企业可以考虑使用的通常有 7 种：诉讼主体资格抗辩、诉讼时效抗辩、不侵权抗辩、权利无效抗辩、公知技术抗辩、免责抗辩（先用权、权利用尽、临时过境）、禁止反悔原则抗辩。前述每一抗辩理由又包括若干第二层次甚至第三层次的抗辩理由，如专利无效抗辩又可以包括新颖性或创造性抗辩、侵犯在先权利抗辩、充分公开原则抗辩、专利保护范围抗辩、故意不公开抗辩等细化的抗辩理由。

（二）采用请求宣告专利无效手段

在面临专利诉讼时，除了积极抗辩，另一件大概率会做的事情就是对涉案专利进行无效宣告。根据案件和收集的证据情况确定专利无效要达到的目的。有多件专利或系列专利时，需要确定针对哪件或哪些专利进行无效宣告程序。有确凿完整的证据时能使对方的专利权利要求被认定全部无效是最理想的；但有些情况下不能使专利的全部权利要求被认定无效，而是根据专利技术方案与涉案产品的对比情况确定关键的部分权利要求，只要能使这些关键权利要求被认定无效，对后续的侵权赔偿或和解都能提供有力的支撑；甚至有时候提出无效只是为了通过无效这一程序来确认部分关键技术方案属于惯常技术或惯常设计。韩华在美国地区对隆基的专利诉讼中，隆基正是利用无效程序，成功使韩华的专利被认定无效，取得最终的胜利。

（三）善于利用诉讼程序

海外诉讼通常程序比较多，也比较复杂。中国企业对海外诉讼制度比较陌生，但善于利用诉讼程序十分重要。如面临竞争对手在多个国家或地区因同一案由起诉时，就应综合分析其在多个国家进行专利诉讼的共同点，在诉讼程序上进行争辩，给自身争取更多的应对时间。

（四）了解诉讼意图，在适当的时候寻求合理解决

知识产权作为商业博弈的工具和利器，维护法律的公平正义和权利人的正当权益在很多时候不是发动知识产权诉讼的真正目的，海外专利诉讼很大比例最终双方都以和解结案。在诉讼开始之初就寻求和解，对方往往会提出各种苛刻的条件，包括退出市场或支付巨额补偿或高额许可费。在诉讼过程中，随着双方证据开示的进展，越来越多的证据会被披露，双方的诉讼考量也在不断变化。一方面，根据有利或不利的证据对可能的诉讼结果进行判断，可以适时提出或接受合理的条件进行和解。另一方面，如有专利无效宣告或其他反制诉讼或措施，都应进行考量，适时提出和解条件或接受合理的和解条件进行和解。

04

沃尼尔·朗伯与日新制药株式会社&明治制果药业株式会社专利侵权纠纷案

>

一、基本情况

（一）案例信息

司法辖区：日本

审理机关：东京地方裁判所、知识产权高等法院

案例编号：令和 2(ワ)19918、令和 2(ワ)22291、令和 4(ネ)10016

审理法官：冈崎英子

知识产权类型：专利

纠纷类型：侵权纠纷

重点产业：医药

起诉日期：2020 年 8 月 17 日

判决日期：2022 年 7 月 13 日

审理结果：驳回上诉

（二）涉案知识产权信息

日本专利 JP3693258B2——含有异丁基伽巴或其衍生物的镇静剂，是一种使用谷氨酸和 γ- 氨基丁酸的某些类似物治疗疼痛的方法，专利权人为沃尼尔·朗

伯（Warner-Lambert）有限责任公司。

（三）涉案当事人信息

上诉人：沃尼尔·朗伯有限责任公司

沃尼尔·朗伯有限责任公司（以下简称"沃尼尔·朗伯"）是一家以制药和消费产品为主要业务的公司。其历史可以追溯到 1850 年，拥有深受消费者欢迎的卫生保健产品，总部位于美国纽约州。2000 年被辉瑞制药以 1140 亿美元的价格收购。

被上诉人：日新制药株式会社、明治制果药业株式会社

日新制药株式会社是一家以医药、功能食品的制造和销售为主要业务的公司，创立于 1919 年，总部位于日本京都市。

明治制果药业株式会社是一家以医药的生产和销售为主要业务的公司，脱胎于母公司明治制果株式会社于 1946 年设立的药品研发部门，总部位于日本东京市。

二、基本案情

原告沃尼尔·朗伯向东京地方裁判所起诉，指控被告日新制药株式会社和明治制果药业株式会社销售的相关药品侵犯了该公司的一项涉及止痛药的日本专利，要求判令二被告停止侵权。该专利的 20 年存续期限于 2017 年 7 月 16 日届满，然而随即获批延长专利存续期限至 2022 年 7 月 16 日。此外，该专利于 2017 年 1 月 16 日被案外人（泽井制药）提出专利无效宣告请求，日本特许厅宣告权利要求 1、2 无效，并在专利权人作出订正（作为用途明确应对的疼痛类型）的基础上，维持了权利要求 3、4 有效（無効 2017-800003 号，2020 年 7 月 14 日）。东京地方裁判所作出一审判决 [東京地裁令和 2（ワ）19918/22291]，认定沃尼尔·朗伯的诉求不成立。一审判决中，认定：（1）涉案专利的权利要求 1、2 的方案没有指明能够应对的疼痛类型，导致本领域技术人员即使在阅读该专利的说明书并结合申请时的技术常识，也不能"在不过度试错的情况下实施发明"，因此不符合"可实施要件"的要求，因此权利要求 1、2 均应予无效，且对于在无效审判中对权利要求 1、2 的订正（增加疼痛类型 / 原因的限定），由于在说明书中缺少明确依据

并且也无法综合说明书记载的内容确定，均属"新增事项"而不满足订正要求从而不能进行"订正的再抗辩"；（2）订正后的权利要求 3、4 的保护范围中作为用途明确了应对疼痛的类型，而被告药品作为用途针对的是其他类型的疼痛，因此没有落入涉案专利订正后的权利要求 3、4 的保护范围，不构成字面侵权，且由于该发明在止痛效果的原理上与特定的疼痛类型依存，疼痛类型的改变属于对发明本质部分的替换，因此也不满足等同侵权的要件。在一审败诉后，原告沃尼尔·朗伯向日本知识产权高等裁判所提起上诉（二审），要求撤回原判决，改判二被告停止侵权，即停止制造、销售或许诺销售相关药品，并销毁现有的侵权药品。

在上诉状中，针对一审判决的认定，上诉人沃尼尔·朗伯作出了全面性的反驳，认为：（1）根据技术常识和说明书的记载，本领域技术人员可以全面理解权利要求 1、2 的方案，权利要求 1、2 符合"可实施要件"的要求；（2）原审对疼痛类型的划分错误，被告药品落入了涉案专利订正后的权利要求 3、4 的保护范围。日本知识产权高等裁判所在审查了上诉人的上诉理由后，认定：（1）本领域技术人员根据说明书的记载，没有足以确认涉案发明可以应对各种疼痛的内容，因此与权利要求 1、2 的方案相关的说明书的记载，不符合"可实施要件"的要求，且对其进行的订正显然将导入说明书没有记载的内容，因此也不符合订正的相关要求；（2）被控侵权药品的说明书中仅记载了用于权利要求 3、4 明示的类型以外的疼痛，因此没有落入权利要求 3、4 的保护范围，不构成字面侵权，而对权利要求 3、4 中明示的疼痛类型进行置换将构成对发明实质部分的置换，因此也不构成等同侵权。基于上述判断，2022 年 7 月 13 日，日本知识产权高等法院作出判决 [令和 4（ネ）第 10016 号]，驳回上诉人的全部上诉请求，二审程序终结。

三、法律分析

该案涉及药品的专利，在诉讼审理过程中有很大篇幅基于药理学以及医学的分析，说理十分翔实，限于篇幅在此不对其展开说明。下文着重介绍其涉及的法律方面的问题，特别是基于日本专利法与中国专利法的差异而存在的一些值得关注的要点。

第一，日本的专利侵权纠纷的管辖和民事诉讼的审理程序与中国存在很大区别。在中国提起专利侵权纠纷民事诉讼，一般是向知识产权法院，各省、自治区、直辖市人民政府所在地的中级人民法院或者最高人民法院确定的中级人民法院提起诉讼，对于不服一审判决的，二审由最高人民法院知识产权庭管辖，且二审为终审。日本的专利侵权纠纷一审案件的管辖权，专属于东京地方裁判所和大阪地方裁判所，二审（控诉审）由设于东京的知识产权高等裁判所统一管辖，且日本实行三审制，对二审不服的可以进一步通过上告至最高裁判所来寻求救济。

第二，与中国对于专利有效性的判断实施的司法、行政二分法不同，日本可以在诉讼程序中直接对专利的有效性作出判断。也就是说，在中国，无论涉案专利是否存在应当被宣告无效的理由，司法程序都不能直接进行针对专利有效性的判断，即在专利侵权纠纷诉讼中，在专利权被行政程序宣告无效之前，法院原则上应当在推定专利权有效的基础上，仅对专利侵权问题进行审理。而在日本，法院在审理专利侵权诉讼的同时，可以应被告提出的专利无效抗辩，直接对专利的有效性进行实质性判断，而不受是否存在进行中的无效审判，或者无效审判结果的影响，并可以依据自己的判断结果直接对专利侵权诉讼进行审理。事实上，法院就专利有效性作出与无效审判的判定结果不同的结论的案件在以往也并不少见。该案中，虽然涉案专利在诉讼进行时已经被日本特许厅宣告权利要求1、2无效，但由于专利权人就无效决定提起了行政诉讼，其无效结论尚不是终局决定，因此在一审中法院应被告提出的无效抗辩就权利要求1、2的有效性（是否满足"可实施要件"）进行了审理，并基于权利要求1、2应属无效的判断结果作出了驳回专利权人基于权利要求1、2的诉讼请求。

第三，基于商业利益上的考量，专利权人一般来说都希望以尽可能少的公开来获取尽可能大的保护范围，而为了符合包括日本在内大部分国家的专利授权中有关"充分公开"和"得到说明书支持"的规定，一般来说也都会加入一些泛泛的记载从而让说明书看上去已经公开了足够多的内容，权利要求的保护范围的扩展也能够在说明书中找到相应的记载作为支撑。就该案的涉案专利来说，专利权人在说明书中作为技术效果的确罗列了能够应对的各种疼痛的类型，来试图将保护范围扩展至"所有的疼痛"。然而法院认为根据说明书记载的具体内容，其仅仅就针对一种特定类型的疼痛即"炎症性疼痛"的效果通过给出试验数据等作出了具体说明，但其并不足以让本领域技术人员理解该药物能够应对此外的其他类型的疼痛，例如神经障碍型疼痛。这也就导致了法院最终认定试图涵盖所有类型疼痛的权利要求1、2的方案所涉及的说明书记载不满足"可实施要件"的规定，最终判定权利要求1、2应予无效。

第四，实务上一般认为日本对于专利文件修改的要求比较宽松，与中国专利实务中常常强调的修改后的内容需要能够"根据原始申请文件记载的内容毫无疑义地唯一确定"不同，日本在行政程序中，对于权利要求的修改，往往给人一种弹性很大的感觉，即甚至于说明书中没有明确交代的内容，只要技术人员根据说明书等的记载能够理解，一般也会被允许。然而就该案的涉案专利来说，专利权人在无效审判中，曾试图对权利要求1、2的方案采取进一步限定的方式进行订正，且修改后进一步限定的内容（疼痛的种类）也以文字记载的方式明确存在于说明书中，但是却未被认可。而在诉讼过程中，法院也同样对于这一订正是否符合法律规定进行了审理。一审法院虽然也认可订正后的内容在说明书中存在对应的文字记载，但以根据这一记载不足以令本领域技术人员理解其声称的技术效果为理由，认定这一订正属于"新增事项"，对订正后的权利要求1、2的有效性作出了否定性结论。二审法院也维持了这一结论。

第五，关于在订正后获得维持的权利要求3、4的侵权判定，法院作出了既不字面侵权，也不等同侵权的结论。一方面，由于订正后权利要求3、4中明确限定的疼痛类型/诱因并不包含被诉侵权品上明示的疼痛类型或诱因，因此不构成字面侵权。另一方面，涉案发明针对"炎症性疼痛"有效的机理正是该发明的本质部分，将其等同替换至其他类型的疼痛属于对权利要求3、4发明的本质部分的替换，因此不符合等同侵权的要件。

四、经验启示

对于该案，从出海日本的企业的角度有以下几个方面值得注意。

（一）专利申请文件撰写

该案在日本专利行业的分析中，有很多意见认为导致最后的不利于专利权人的结果，其重大因素是说明书撰写的失败（涉案专利是以英语撰写的国际申请）。

近年来，随着中国制造业的逐渐强大，在日本申请专利的中国企业也越来越多。但大多数中国企业并不了解日本专利申请中的一些特点，往往是简单地将中文撰写的说明书直接翻译为日语提出申请，以国际申请的方式进入日本。

笔者处理过众多中日两国申请人的专利申请，对比中国申请人的专利申请和日本申请人的专利申请往往可以发现，中国的专利申请在说明书的撰写上篇幅相对比较紧凑，而日本本土专利代理机构撰写的说明书在对方案的各方面进行介绍时则相对更为翔实。特别是一些中国申请人撰写的专利申请文件中，通过一些简单技术名称的列举来支撑一个相对宽泛的保护范围的情况并不罕见。这也就导致这样的说明书中可能存在与该案的涉案专利中类似的问题，即对于所涵盖的技术原理不大相同的各个下位概念都能获得专利所声称的技术效果的理由没有进行充分说明。

尤其是在医药领域的专利中，药物能够实现相应疗效的机理十分复杂，对于表现类似的不同疾病，如果没有相应的说明以及／或者实验数据的支撑，本领域技术人员很可能无法理解到其针对所有疾病都能获得同样的效果，从而因为达不到"在不过度试错的情况下实施发明"的程度而导致相应的权利要求被认定无效。

因此，对于重要的专利，在撰写申请文件时考虑到申请国家的一些实务特点是非常重要的，特别是通过该案可以看出，针对日本的专利申请应当格外重视这一问题。

（二）诉讼中的无效抗辩

日本的专利侵权诉讼中，一方面，被诉侵权方可以通过无效抗辩直接要求法院对专利有效性进行审查，而无须以行政的无效程序即无效审判作为前置。虽然这种审查只是个案性质的，并不会导致涉案专利直接被宣告对世无效，但无疑给被诉侵权方的应对提供了很大的方便，即在不追求将涉案专利权归于无效的情况下，不必另行提起无效程序，简化了手续，节约了相应的成本。

另一方面，针对被诉侵权人提出的无效抗辩，专利权人可以在诉讼程序中提出订正地再抗辩，即为了避免无效抗辩被法院认可导致相应的权利被判定无效从而基于该权利的主张被驳回，而预防性地对自己的权利进行修改以消除无效抗辩中提及的无效理由。

常见的时机是如该案中那样，在涉案专利被他人提起无效审判的情况下，在无效审判程序中提出订正请求，从而在侵权诉讼中基于该订正对被诉侵权方提出的无效抗辩提出再抗辩。

此外，日本还存在一个订正审判的程序，即在专利未被提出无效审判的情况下，由专利权人自发地提出对已授权的专利进行订正。如果诉讼中的涉案专利处于订正审判程序中，也同样可以基于订正内容对抗被诉侵权方提出的无效抗辩。

这一制度设计与中国存在较大的区别，对于出海日本的中国企业来说，在遇到专利侵权问题时尤其值得注意。

（三）等同侵权的认定

中国专利实务中对于等同侵权的判断原则是：（1）基本相同的手段；（2）基本相同的功能；（3）基本相同的效果；（4）本领域普通技术人员容易想到。

而日本对于等同侵权的判断原则是：（1）非本质特征；（2）可置换性；（3）容易置换；（4）方案非公知和非容易想到；（5）非特意除外。

对比中日两国的判断原则，能够明显看到一些区别，特别是该案中否定等同侵权所依据的"（1）非本质特征"原则，虽然与中国的判断原则"（4）本领域普通技术人员容易想到"有一定内在关联性，但中国并没有直接对应的项目，这也就很有可能导致同样的事实在中国形成与日本不同的判断结果。

因此，这也提示在日本进行侵权判定时，需要避免中国专利领域的思维惯性的影响。

05

阿斯利康与海正药业专利侵权纠纷案

>

一、基本情况

（一）案例信息

司法辖区：美国

审理机关：美国特拉华联邦地方法院

案件编号：1:18-cv-01232

审理法官：Michael P. Kelly、Daniel M. Silver、Benjamin A. Smyth

知识产权类型：专利

纠纷类型：侵权纠纷

重点产业：医药

起诉日期：2018 年 8 月 10 日

判决日期：2018 年 12 月 3 日

审理结果：达成和解，作出判决和禁令

（二）涉案知识产权信息

原告拥有的多项专利，分别是 RE46276、7250419 和 7265124 号专利。

（三）涉案当事人信息

原告：AstraZeneca LP（阿斯利康有限公司）；AstraZeneca AB（瑞典阿斯利康公司）；AstraZeneca UK Limited（阿利利康英国有限公司）；AstraZeneca Pharmaceuticals LP（阿斯利康制药有限公司）

被告：Hisun Pharmaceutical（Hangzchou）Co.,Ltd.[海正药业（杭州）有限公司]；Hisun Pharmaceuticals USA, Inc.（美国海正制药公司）

二、基本案情

（一）案件事实

该案涉及被告海正制药（杭州）有限公司向美国食品药品管理局（FDA）提交的编号为 208575 的简化新药申请，即替格瑞洛简化新药申请（"ticagrelor ANDA"），以便在阿斯利康有限公司、瑞典阿斯利康公司、阿斯利康英国有限公司和阿斯利康制药有限公司（以下统称"阿斯利康"或"原告"）的美国专利 RE 46276（以下简称"276 号专利"）、7250419（以下简称"419 号专利"）和 7265124（以下简称"124 号专利"）到期前在市场推出阿斯利康 BRILINTA®（ticagrelor，替格瑞洛）药物产品的仿制药。这些专利均列于 BRILINTA® 的《经治疗等效性评价批准的药品》（"橙皮书"）中（以下简称"橙皮书专利"）。

原告于 2018 年起诉海正药业（杭州）有限公司和美国海正制药公司（以下统称"海正"或"被告"）侵犯了其 276 号专利、419 号专利、124 号专利，要求法院判令橙皮书专利不是无效、不是不可实施的，在阿斯利康现在或将来有权获得的橙皮书专利权、扩展期和 / 或其他额外专有权的最新期满日之前，海正永久不得在美国制造、使用、出售或进口专利产品。后原、被告达成和解，法院判决专利侵权部分成立，并且要求被告不得侵犯授权专利，包括通过任何附属公司自行制造、使用、销售、出口、进口或分销相关侵权的海正产品。

阿斯利康英国有限公司是 276 号专利、419 号专利的转让所有者，并有权实施上述专利；瑞典阿斯利康公司是 124 号专利的转让所有者，并有权实施该专利；阿斯利康是 No.022433 新药申请的持有者，美国食品药品管理局批准了 90mg 和 60mg 剂量的替格瑞洛片剂的销售，以降低急性冠状动脉综合征（ACS）或心肌梗死（MI）病史患者的心血管死亡、心肌梗死和卒中发生率。阿斯利康通过其特拉华州子公司阿斯利康制药有限公司在美国销售布格瑞洛片剂，商品名为"BRILINTA"®。美国食品药品管理局官方发布的批准药品的官方出版物橙皮书登载了 90mg 和 60mg 剂量强度的 BRILINTA® 以及橙皮书专利（276 号专利、419 号专利和 124 号专利）。

海正通知阿斯利康，其简化新药申请包含一个"第四段认证"，称橙皮书专利均无效、不可实施，且商业制造、使用和销售海正的通用西卡格雷洛尔片剂不会侵犯其专利权。阿斯利康此前就其蒂卡格雷洛尔简化新药申请及其拟议的 90mg 剂量的通用蒂卡格雷洛片对海正提起诉讼，该案编号为 No.15-1042-RGA，双方后来又撤诉。No.15-1042-RGA 案件的诉状在阿斯利康收到海正于 2015 年 9 月 30 日发出的第一封关于 276 号专利、419 号专利和 124 号专利的通知书之前提出。

各项证据表明，对于 276 号专利：被告知道并有意让医生和 / 或患者以直接方式侵犯 276 号专利的至少一项权利要求，包括以侵犯至少第 7、14、22 和 / 或 23 项权利要求的方式使用简化新药申请产品，以获得经济利益。根据美国《联邦食品、药品和化妆品法案》（*Federal Food, Drug, and Cosmetic Act, 21 U.S.C.*）第 505(j)(2)(B)(ii) 条和《食品药品管理规章》（*rules of the Food and Drug Administration, 21 C.F.R.*）第 314.95(c) 条的规定，当仿制药生产商提交简化新药申请程序时，如果其产品被认为将会侵犯原研药厂商已注册的有效专利，必须向原研药厂商发送一份通知信，告知其拟上市的仿制药将挑战哪些专利。对于 419 号专利和 124 号专利，阿斯利康收到来自被告的通知信表明，被告承认其对阿斯利康拥有的 419 号专利和 124 号专利有所了解，并在针对 208575 号简化新药申请的程序中提出了专利挑战。被告实际知道 419 号专利和 124 号专利。因此被告直接侵犯了其 419 号专利的权利要求 1、2、3 和 / 或 4，其 124 号专利的权利要求 22、24、27 和 / 或 29。

法院认为被告海正提前获知了阿斯利康的相关医药专利并且侵犯了相关专利的至少一项权利要求。

（二）判决结果

法院认为除非根据和解协议另有明确授权，海正及其附属公司、受让人及继承人不得侵犯授权专利，包括通过任何附属公司自行制造、使用、销售、出口、进口或分销海正产品。同时，阿斯利康及其继承人或受让人有权根据和解协议的条款执行和监督履行。

三、法律分析

（一）案例特点

阿斯利康在 2015 年就其蒂卡格雷洛尔 ANDA 及其拟议的 90 毫克剂量的通用蒂卡格雷洛片对海正提起诉讼，该案编号为 No.15-1042-RGA，双方后来撤诉。该案的诉状在阿斯利康收到海正于 2015 年 9 月 30 日发出的第一封关于 276 号专利、419 号专利和 124 号专利的通知书之前提出。

阿斯利康于 2018 年 8 月 10 日请求法院判令阿斯利康橙皮书专利的权利要求不是无效的，不是不可实施的，且被告侵犯了橙皮书专利，请求永久禁止被告及其附属公司、子公司及其他受让人或继承人制造、使用、提供、出售或在美国销售或进口到美国相关的侵权专利药品。

第一次阿斯利康撤回了诉讼，第二次阿斯利康与海正达成了和解协议。法院在当事人申请撤回起诉或者上诉的案件中，经初步审查，和解协议或者涉案合同未明显涉嫌违反反垄断法或者即使涉嫌违反反垄断法但无须作出进一步审查和处理的，如亦不存在其他依法不应予以准许的情形，则可以准许撤回起诉或者上诉；经初步审查，和解协议或者涉案合同涉嫌违反反垄断法的，应当视情况依法作出相应处理，包括可以根据个案情况准许撤回起诉或者上诉，或者不准许撤回起诉或者上诉并继续审理，也可以在必要时向反垄断执法机构移送涉嫌违法线索。

医药专利领域由于其实证性强、可预测性低、保护客体受限等特点，存在诸如马库什权利要求属性等许多特有的典型法律问题。长期以来，各司法审判主体意见不一，在自己所在的范围基于不同的理论，作出不同的结论。面对这一特殊技术领域，最高人民法院也格外重视"分类施策"，不断整合、确立了一系列的审判标准，而由此确立的司法认定，包括对申请日后补充实验数据的考量以及接受方法保护延及直接获得的产品的确定、禁止反悔原则的适用等，也逐渐在司法实践中得到越来越多的适用。

药品专利领域，最常见的权利要求是化合物权利要求和组合物权利要求，组合物权利要求分开放式和封闭式两种表达方式。其中，开放式的常用措词如下，例如"含有""包括""包含""基本含有""本质上含有""主要由……组成""主要组成为""基本上由……组成""基本组成为"等，这些都表示该组合物中还可以含有权利要求中所未指出的某些组分，即使其在含量上占较大的比例。封闭式的常用措词如下，例如"由……组成""组成为""余量为"等，这些都表示要求保护的组合物由所指出的组分组成，没有别的组分，但可以带有杂质，该杂质只允许以通常的含量存在。

全面覆盖原则是目前司法实践中判定被诉技术方案是否侵犯发明专利权的基本原则之一。全面覆盖包括相同和等同侵权。等同特征是指以与所记载的技术特征基本相同的手段，实现基本相同的功能，达到基本相同的效果，并且本领域普通技术人员在被诉侵权行为发生时无须经过创造性劳动就能够联想到的特征。

最高人民法院认为"等同原则的适用不允许忽略专利权利要求中记载的任何技术特征"。之所以在专利侵权判定中发展出等同原则，是考虑到事实上不可能要求专利权人在撰写权利要求时能够预见到侵权者以后可能采取的所有侵权方式，因此对权利要求的文字所表达的保护范围作出适度扩展，将仅仅针对专利技术方案作出非实质性变动的情况认定为构成侵权，以保护专利权人的合法权益，维护整个专利制度的作用。

医药的专利申请说明书应当满足充分公开的要求，而用于新颖性／创造性评述的现有技术是否需要满足充分公开的要求，业界缺乏统一的认识。而法院旗帜鲜明地主张现有技术应当满足充分公开的要求。具体而言，法院认为，对比文件应当是一个完整的技术方案，不但包括组成该技术方案的全部技术特征，而且还要披露本领域技术人员所能够获知或预期该技术方案所取得的技术效果。如果本领域技术人员无法获知或预期该技术方案所取得的技术效果，则不能作为创造性判断的对比文件。因此，用于新颖性/创造性评述的现有技术应当是一个完整的技术方案，包括技术特征与技术效果；缺乏技术效果或技术效果无法预期的现有技术，不适于新颖性/创造性评述。换言之，用于新颖性/创造性评述的现有技术，同样应当满足"充分公开"的要求。

对于医药专利的挑战者，需要记住以下要点：

（1）由结构的显而易见性来实现专利被宣告无效虽然并非不可能，但是很困难。如果可能，应当避免依靠显而易见性为仅有的专利无效基础。

（2）不要仅仅依靠对于现有技术的先导化合物应用药物开发的一般原则来建立显而易见性。

（3）在制药技术中，只有具体地根据现有技术的指导、激励，或建议，指向非常密切相关的化学结构，才能被预期以结构显而易见性来使活性成分专利被宣告无效。应该仔细审阅现有技术怎样用于具体指导修饰先导化合物和紧密相关的化合物。

对于专利所有人，核心战略考虑应是最小化定义优良先导化合物。提早指导内部人员不要猜测，不随便地谈论先导化合物。仔细审查现有技术，以确保对先导化合物和紧密相关化合物的修饰的具体透露不会使活性成分专利权利要求易被攻击。

（二）法院观点

在英国最高法院对两个上诉案的审理所涉及的众多问题之中，如何解决以下三个问题是最关键的：

第一，美国法院是否有管辖权？

第二，如果第一个问题的回答是肯定的，那么"海正产品""许可专利""附属机构""控制"如何定义?

第三,海正公司及其附属公司是否可以自行制造、使用、销售、出口、进口或分销海正产品?

针对上述第一个问题,美国特拉华联邦地方法院有权审理上述案件的诉讼标的物,并对当事人具有管辖权。法院对海正具有个人管辖权,因为海正通过系统性和持续性的方式与特拉华州进行接触,使用特拉华州法律的权利和利益,据信海正在特拉华州定期和持续地进行商业活动,包括在特拉华州直接或通过分支机构销售药物产品,或者持续系统地将货物投放到全美各州(包括特拉华州)的流通系统中。据信,海正药业(杭州)有限公司和海正美国药业有限公司是在彼此授权、参与、协助和 / 或协同行动的情况下完成的。据信,海正从特拉华州的销售中获得了可观的收入,也使用了特拉华州开展商业活动的特权。

关于上述第二个问题,美国特拉华联邦地方法院在判决中所使用的"海正产品"一词,指根据简化新药申请编号 MEI 28655627v.l No.208575(以及和解协议中进一步详细说明)所销售、出售或分发的药物产品。"许可专利"一词指 276 号专利、419 号专利和 124 号专利。"附属机构"一词指任何通过一个或多个中间实体,直接或间接控制、被控制或与海正共同控制的实体或人。依据本定义,"控制"是指(a)若为公司,拥有至少 50% 投票权的股份;若为其他法律实体或合伙关系的一般合伙人,拥有至少 50% 的权益份额;以及(b)任何单位或个人有权进行董事会或任何有价值的管理团体的多数决来实现一个公司的管理和决策。

关于上述第三个问题,法院认为除非根据和解协议另有明确授权,海正公司及其附属公司、受让人及继承人不得侵犯授权专利,包括通过任何附属公司自行制造、使用、销售、出口、进口或分销海正产品。同时,阿斯利康及其继承人或受让人有权根据和解协议的条款执行和监督履行。

四、经验启示

(一)加强药品专利案件中和解协议的审查

在涉及药品专利权利人和仿制药申请人的药品专利案件中,涉案作为当事人主张权利或和解依据或者作为法院裁判依据的有关协议或者合同，包括当事人申请撤回起诉或者上诉的和解协议，或者申请撤回上诉情形下作为一审裁判依据的合同，具有所谓的"药品专利反向支付协议"外观的，人民法院一般应当对有关协议或者合同是否违反反垄断法进行一定程度的审查。因是否违反反垄断法的判断具有很强的专业性和高度的复杂性，对于非垄断案件中当事人申请撤回起诉或者上诉时垄断违法事由的审查，一般仅限于初步审查。

（二）审查"药品专利反向支付协议"有效性

所谓的"药品专利反向支付协议"，是药品专利权利人承诺给予仿制药申请人直接或者间接的利益补偿（包括减少仿制药申请人不利益等变相补偿），仿制药申请人承诺不挑战该药品相关专利权的有效性或者延迟进入该专利药品相关市场的协议。该类协议的安排一般较为特殊，也往往较为隐蔽，可能会产生排除、限制竞争的效果，有可能构成反垄断法规制的垄断协议。

对于以不挑战专利权有效性为目的的"药品专利反向支付协议"是否涉嫌构成反垄断法规制的垄断协议的判断，核心在于其是否涉嫌排除、限制相关市场的竞争。对此，一般可以通过比较签订并履行有关协议的实际情形和未签订、未履行有关协议的假定情形，重点考察在仿制药申请人未撤回其无效宣告请求的情况下，药品相关专利权因该无效宣告请求归于无效的可能性，进而以此为基础分析对于相关市场而言有关协议是否以及在多大程度上造成了竞争损害。

（三）药品专利是否适用标准必要专利中的"公平、合理、无歧视"原则？

近年来国内外移动通信领域的标准必要专利（SEP）诉讼频繁发生，但其实医药领域也是标准必要专利诉讼的一个重点关注领域。

药品专利标准化引起的冲突是指在药品标准中引入专利而导致"普适"的标准与"排他"的专利所产生权利的冲突。当专利技术被纳入技术标准后，容易使标准的使用者陷入进退两难的困境。对于包含专利的药品标准，药品生产者如果不实施该药品标准，则意味着违反药品管理法关于药品生产需要符合药品标准的规定；如果执行了药品标准的要求，则会因为实施了他人专利而构成专利侵权。

所谓"公平、合理、无歧视"，即 FRAND 原则，是标准化组织多年来的一项知识产权许可政策，通常指标准必要专利权人在许可过程中所遵守的"公平、合理、无歧视"的许可义务。标准必要专利，指实施某项标准必不可少的专利。药品专利是否适用标准必要专利中的"公平、合理、无歧视"原则？

在我国，《国家标准涉及专利的管理规定（暂行）》第十四条规定，强制性国家标准一般不涉及专利。司法解释明确规定，对于推荐性国家标准，专利权人须向任何愿意实施该专利的实施方作出公平、合理、无歧视的许可承诺。对于强制性国家标准确有必要涉及专利，而专利权人或者专利申请人拒绝作出专利实施许可声明的，应当由国家标准化管理委员会、国家知识产权局及相关部门和专利权人或者专利申请人协商专利处置办法。

06

小米与IDC专利侵权纠纷案

>

一、基本情况

（一）案例信息

司法管辖：中国、印度、德国

审理机关：武汉市中级人民法院；印度德里法院；德国慕尼黑第一地区法院

案例编号：（2020）鄂 01 知民初 169 号（中国）；CS（COMM）295/2020（印度）、CS（COMM）296/2020（印度）；LG München I, 25.02.2021, Az. 7 O 14276/20（德国）

审理法官：尹为、维克拉姆·纳特（Vikram Nath）等

知识产权类型：专利

纠纷类型：侵权纠纷

重点产业：通信技术

起诉日期：2020 年 6 月

判决日期：2021 年 8 月

审理结果：双方和解

（二）涉案知识产权信息

2G、3G、4G、5G 领域标准必要专利

（三）涉案当事人信息

小米通讯技术有限公司（Xiaomi Corporation）及其关联公司；美国交互数字公司 (Inter Digital Technology Corporation, IDC) 及其关联公司

二、基本案情

（一）案件背景

IDC 是无线电话通信的先驱。世界上第一个无线网络就是 IDC 建成的。IDC 拥有数千件用于 2G、3G、4G、IEEE 802、HEVC 相关产品和网络的标准必要专利。目前，IDC 不从事实质性生产，仅以专利许可作为经营模式，收入主要来自根据专利许可协议所收取的专利使用费。

自 2015 年开始，IDC 与小米围绕无线通信标准必要专利的许可展开谈判。

2017 年 5 月，IDC 向小米发出专利许可谈判的口头要约。

2019 年 6 月，IDC 向小米发出涉及 3G、4G、5G 及 IEEE 802 标准必要专利技术的书面要约，提供了专利许可费报价；对此，小米请求 IDC 提供其许可费率的计算方法及可供参考的计费标准。

2019 年 7 月，小米向 IDC 发出许可谈判项目的反要约，但该反要约被 IDC 拒绝。

2020 年 2 月，IDC 再次向小米发起标准必要专利许可谈判要约，并发送报价；小米审查后认为该报价与 IDC 在 2019 年 6 月提出的报价并无实质性差别；双方许可谈判并无实际进展，谈判陷于僵持状态。

（二）小米请求中国武汉市中级人民法院确定 IDC 标准必要专利组合的具体许可费率

2020 年 6 月 9 日，小米在中国武汉市中级人民法院对 IDC 提起诉讼，认为 IDC 对小米提出的报价存在歧视，违反了 FRAND① 原则，要求依据 FRAND 原则确定 IDC 标准必要专利组合的具体许可费率或费率范围。2020 年 7 月 28 日，小米通过电话通知 IDC，小米已在中国提起诉讼。这是中国法院受理的第一起 FRAND 全球许可费纠纷。

（三）IDC 向印度德里高等法院起诉小米专利侵权，申请临时禁令或终局禁令

2020 年 7 月 29 日，即小米向 IDC 告知其已经提起诉讼的第二天，IDC 在印度德里高等法院（以下简称"德里法院"）以小米侵犯其印度专利的专利权为由提起两件专利侵权诉讼，向德里法院申请对小米实施临时禁令或终局禁令；德里法院于 2020 年 8 月 4 日发出传票。②

在案号为 CS. COMM. 295/2020 的专利侵权诉讼中，IDC 起诉小米侵犯其 5 件 3G、4G 标准必要专利（专利号分别为 262910、295912、298719、313036、320182）；在案号为 CS. COMM. 296/2020 的专利侵权诉讼中，IDC 起诉小米侵犯其 3 件关于 H.265 或 HEVC 的标准必要专利（专利号分别为 242248、299448、308108）。

（四）小米向中国武汉市中级人民法院申请禁诉令

2020 年 8 月 4 日，即在印度德里法院发出传票的同一天，小米向中国武汉市中级人民法院申请了禁诉令（ASI）。2020 年 9 月 23 日，中国武汉市中级人民法院发出禁诉令，要求 IDC 立即撤回或中止在印度针对小米的专利许可费率裁决及禁令申请，且不能在全球任何法院针对小米申请专利许可费率裁决及禁令；

---

① 公平、合理、无歧视。
② IDC 诉小米公司案，印度德里高等法院案号为：I.A. No. 8772/2020 in CS(COMM) 295/2020。

如违反裁定，将对 IDC 每日罚款人民币 100 万元。

（五）IDC 向印度德里法院提起反禁诉令申请

2020 年 9 月 29 日，IDC 向德里法院提出了反禁诉令申请，声称自己没有被明确告知小米提起的中国武汉市中级人民法院的诉讼，声称中国武汉市中级人民法院的诉讼是小米单方面参与的。

2020 年 10 月 9 日，德里法院支持了 IDC 的申请，发出针对小米的"反禁诉令"，该禁令禁止小米执行中国武汉市中级人民法院的"禁诉令"，认为该禁诉令侵害了德里法院的管辖权，且破坏了国际司法礼让原则。

（六）IDC 向德国慕尼黑第一地区法院提起反禁诉令申请

IDC 在没有向法院提起专利侵权诉讼主程序的情况下，于 2020 年 10 月 30 日直接向德国慕尼黑第一地区法院申请反禁诉令。2020 年 11 月 9 日，慕尼黑第一地区法院在没有举行听证的情况下决定颁发临时禁令（反禁诉令），要求小米立即撤回向中国武汉市中级人民中院提出的禁诉令申请中涉及德国的部分，或者通过其他程序性方法终局性撤销中国武汉市中级人民法院所颁发的禁诉令中涉及德国的部分，并禁止小米要求 IDC 履行该禁诉令中涉及德国的部分或者通过其他司法、行政程序来阻挠 IDC 在德国就其标准必要专利提起侵权诉讼；小米如果违反该临时禁令（反禁诉令），将面临最高 25 万欧元的罚款和最高 6 个月的拘留。

2020 年 12 月 22 日，小米对慕尼黑第一地区法院的反禁诉令提出上诉，请求暂停执行该命令。2021 年 1 月 24 日，慕尼黑第一地区法院驳回了小米暂停执行反禁诉令的请求。2021 年 2 月 25 日，在举行听证后，慕尼黑第一地区法院作出判决，维持了 2020 年 11 月 9 日针对小米所签发的反禁诉令，禁止小米旗下的 4 家子公司在德国范围内要求 IDC 履行由中国武汉市中级人民法院颁发的禁诉令。

（七）双方最终达成和解

2021 年 8 月 3 日，IDC 宣布与小米达成和解，双方签署了一份为期多年的、全球范围的、非独家的专利许可协议。作为协议的一部分，IDC 和小米同意撤销双方所有未决的专利诉讼。至此，小米和 IDC 之间的标准必要专利纠纷告一段落。

三、法律分析

（一）关于标准必要专利的 FRAND 原则

标准必要专利是为了实施某一技术标准而必须使用的专利，随着技术标准的实施推广，标准必要专利具有了一定的强制性，这与专利的独占权利相结合，使权利人拥有了对相关市场的控制力，也就拥有了破坏正常的市场竞争秩序的能力。因此，标准组织出于在鼓励创新技术进入标准的同时维护市场的竞争秩序的考虑，对标准必要专利权人的权利作出了一些限制，即要求标准必要专利的专利权人作出对专利实施人许可标准必要专利的 FRAND 承诺，也有的标准组织称之为 RAND[①] 条款。

在通信领域，如果某一专利在市场上占据重要的地位，那么其持有者需加入各个无线通信领域的标准组织，在加入的同时需要承诺承担一定的义务，一般而言就是按照 FRAND 原则（美国是要求 RAND 原则）的要求进行经营活动。IDC 曾经向中国国家发展和改革委员会承诺，将按照 FRAND 原则向无线通信标准实施者发放实施许可。

但是 FRAND 原则毕竟只是原则，只有在穷尽规则的情况下，法院才会依据该原则作出判决。因此在全球范围内，关于标准必要专利许可费率纠纷的司法管辖权、合适受诉地、何谓无歧视、是否限制竞争等核心法律问题仍然存在着争议。

（二）印度法律体系下的临时禁令和终局禁令

印度法律体系下的禁令出自 1963 年《印度特定救济法》（*the Specific Relief Act*），并受 1908 年《印度民事诉讼法典》的管辖。印度 1963 年特定救济法是为保护民事权利提供救济的法律，因此禁令限于保护民事权利。印度法下

---

① 合理、无歧视。

的禁令分为两种，一种是临时禁令（Temporary Injunction），一种是终局禁令（Permanent Injunction）。临时禁令是法院发出的临时性的、维持一段时间或维持到法院作出新的裁决为止的禁令，类似于我国的"保全措施"，不具有终局裁判的效力，一般规定直至案件开始审理或发出新的禁令为止。而终局禁令是法院最终裁决而发出的禁令，通常就是判决的主要内容。

在通信行业，不同于早期单一专利产品，如今一件产品可能包括数百甚至上千项专利，尤其是在移动智能设备行业。如果其中一项专利被禁止使用，则专利实施方即被禁止使用该产品或被迫对产品进行修改，这可能给专利实施方造成巨大的损失。

IDC 向印度政府提出的临时禁令申请如被通过，将导致一定期间内小米的产品无法在印度进行制造和销售。

IDC 针对小米在德里法院提出的临时禁令和终局禁令申请，必然影响小米及其关联公司在印度海外市场的运行，这种损害是难以修复的。

（三）中国武汉市中级人民法院对禁诉令的考量

"禁诉令"来源于英美法系，是指一国法院对有管辖权的当事人发布的，用以禁止该当事人在他国法院提起或者继续参加与本诉讼相同诉讼的强制性命令。[①] 近年来，中国知识产权诉讼频繁遭遇他国法院签发的禁诉令。

在该案中，双方当事人就同一争议在两个国家的法院先后提起了诉讼。在小米告知 IDC 已经在中国武汉市中级人民法院提起关于标准必要专利全球许可费率的诉讼的情况下，IDC 仍然向德里法院起诉小米侵犯其印度专利的专利权，德里法院的裁决有可能与中国武汉市中级人民法院审理许可费率案件的裁决相冲突。

因此，中国武汉市中级人民法院认为，IDC 并不尊重和配合中国武汉市中级人民法院的诉讼，排斥中国武汉市中级人民法院管辖，对中国武汉市中级人民法院的审理程序构成了干扰和妨碍，主观故意十分明显；并且，IDC 在德里法院提

---

① 参见：https://www.xianjichina.com/news/details_75100.html。

起诉讼的同时针对小米提出禁令申请，涉嫌滥用标准专利许可谈判中的权利救济程序。

对于不进行任何实质生产行为的 IDC 而言，中国武汉市中级人民法院的禁诉令可能造成的影响至多只是推迟了其获得许可费的时间。

（四）印度德里法院发出反禁诉令的原因

IDC 向德里法院提出反禁诉令申请时声称：中国武汉市中级人民法院和德里法院受理的案件有很大的不同，德里法院的案件涉及对印度专利权的侵犯，而中国武汉市中级人民法院的案件则涉及标准必要专利的许可费率设定；中国武汉市中级人民法院的禁诉令实质上破坏了德里法院的礼让，因为它无视了德里法院的权利（由于小米的注册地位于中国，且关联公司之一位于武汉，故而中国武汉市中级人民法院对小米和 IDC 的许可费率纠纷有管辖权；而对于在印度的专利侵权案件，印度德里法院是有管辖权的法院之一）。为了支持 IDC 的这些意见，印度方面甚至有人提出，中国武汉市中级人民法院的禁诉令违背了印度德里法院的公共政策。

可能是基于以上原因，印度德里法院认为中国武汉市中级人民法院的禁诉令剥夺了 IDC 的法定救济权利，并以"印度法律行使管辖权的权力"为由，批准了反禁诉令。

笔者认为，印度德里法院发出反禁诉令，是轻信了原告的一面之词，并且未考虑国际礼让原则。在中国武汉市中级人民法院的诉讼中，小米为原告，IDC 为被告，案由是全球专利许可费率；在印度德里法院的诉讼中，IDC 为原告，小米为被告，案由是相应印度专利的侵权。因此这两起诉讼属于平行诉讼。平行诉讼是指相同当事人就同一争议基于相同事实以及相同目的同时在两个或两个以上国家的法院进行诉讼。根据国际礼让原则，即便任何主权国家的法律原则上只在其境内具有效力，但在不损害主权和国民利益的情况下，可以承认其他国家法律在本国境内的效力。中国武汉市中级人民法院对 IDC 发出的禁诉令仅仅是为了防止 IDC 滥用它的私权（即其在印度申请的印度标准必要专利的专利权），不会影响印度的主权和国民利益。而印度法院发出反禁诉令的行为则明显不顾及国际礼让原则：既然是礼让原则，那么应当是后立案的法院去礼让先立案的法院，而不是后立案的法院去指责先立案的法院"不礼让"。

（五）慕尼黑第一地区法院对小米发出禁令（反禁诉令）的判决原因

慕尼黑第一地区法院以临时禁令的形式，对中国武汉市中级人民法院签发的禁诉令作出了反禁诉令。

慕尼黑第一地区法院认为无法期待签发禁诉令的国家法院（指中国武汉市中级人民法院）会保护标准必要专利权利人在其德国专利权受到侵犯时在德国提起专利侵权诉讼的基本权利。

另外，慕尼黑第一地区法院认为小米在中国武汉提起的主诉讼涉及全球 FRAND 许可费率确定，即使小米在中国胜诉也不会直接产生对小米和 IDC 有约束力的许可协议，以阻却小米在德国境内持续侵权使用 IDC 德国专利的违法性；而印度法院应 IDC 申请签发的临时性反禁诉令效力只涉及印度范围，所以两者都不构成在德国不存在法律保护必要性的理由。

最后，慕尼黑第一地区法院认为：从德国法的角度看，如果反禁诉令的效力得以确认，则小米有义务撤回禁诉令，但撤回禁诉令并不会影响在中国确定全球 FRAND 许可费的主诉讼。其签发临时禁令后，IDC 很可能会继续在德国提起标准必要专利侵权之诉。届时，小米仍可以主张不侵权抗辩，或者基于对相关专利提起无效或异议而申请中止诉讼。慕尼黑第一地区法院明确地指出，如果小米在将来的标准必要专利侵权之诉中主张 FRAND 抗辩，可能不会获得法院的支持。因为法院会倾向认为该案中小米的行为不能表明其愿意接受 FRAND 许可谈判。

四、经验启示

为了抑制发达国家对我国企业构筑的技术堡垒，我国企业不仅要逐渐增强技术实力，加强自有知识产权保护力度，也要始终警惕一些龙头企业、跨国经济体滥用专利权行垄断之实。在 IDC 和小米谈判前期，小米展现了积极的沟通态度，并在发现 IDC 的许可条件存在歧视时进行了质疑。在 IDC 和小米的许可谈判陷入停滞后，小米选择了在中国武汉市中级人民法院提起关于 IDC 相关专利族全球许可费率的诉讼：由于小米已经先提起了关于许可费率的诉讼，当 IDC 在印度以专利侵权为由发起诉讼时，中国武汉市中级人民法院可以合理合法地对 IDC 发出禁诉令；这个禁诉令是中国武汉市中级人民法院基于中立的司法裁判者的基本职责、严格依照中国实体法和程序法规定、在不违背国际私法基本原则的前提下，对当事人合法合理的诉讼请求作出的正常应对。虽然中国武汉市中级人民法院的禁诉令没能直接促使 IDC 撤回在印度的起诉，但是给 IDC 造成了压力。

但从另一方面来说，由于小米申请禁诉令的行为过于激烈，在无法保证能与 IDC 达成和解的情况下，可能会对自身产生一定的不利影响，比如慕尼黑第一地区法院指出的在侵权诉讼中难以有效使用 FRAND 原则抗辩。

随着通信技术的发展和移动智能设备的普及，涉及标准必要专利的仲裁、诉讼日益增加，为了保障标准必要专利制度的健康运行，除了采用司法机关通过审判这种事后救济的方法来解决纠纷，也可以考虑建立防止标准必要专利纠纷发生的防御机制。比如可以参照 FRAND 原则来制定谈判规则，以使双方可以在有明确规则和制度约束的情况下诚信开展谈判，提高谈判效率。①

未来中国的优势在于巨大的市场和稳健的专利司法体系，这使中国在标准必要专利的许可问题上的决定天然地会对社会和企业产生比较大的影响，因此中国的科技企业可以更主动地通过行业协会等媒介与政策制定者进行沟通，让政策制定者更好地了解企业的需求。

---

① 仲春. 标准必要专利全球费率裁判思辨 [J]. 知识产权，2020（10）：13-22.

07

TCL公司与爱立信公司专利侵权纠纷案

>

一、基本情况

（一）案例信息

司法管辖：美国

审理机关：美国加利福尼亚中区联邦地方法院、美国得克萨斯东区联邦地方法院

案例编号：8:14-cv-00341、2:14-cv-00667

审理法官：James V. Selna、James Rodney Gilstrap

知识产权类型：专利

纠纷类型：侵权纠纷

重点产业：通信技术

起诉日期：2014 年 3 月、2014 年 6 月

判决日期：2017 年 12 月、2015 年 5 月

审理结果：重新确定许可费率

（二）涉案知识产权信息

涉案的爱立信专利共有 100 ～ 150 件，是实施 2G、3G、4G 蜂窝网络通信标准所必要的专利。爱立信公司与其他无线领域创新者共同向欧洲电信标准协会

（ETSI）承诺将会基于 FRAND 条款授权其专利，这一承诺也是使其专利成为标准一部分的交换条件。

（三）涉案当事人信息

1. TCL Comm. Technology Holdings（TCL 科技集团股份有限公司）等

TCL 科技集团股份有限公司（以下简称"TCL 公司"）成立于 1982 年，总部位于中国广东惠州，主要从事研究、开发、生产、销售半导体、电子产品及通信设备、新型光电、液晶显示器件等业务。

2. Telefonaktiebolaget LM Ericsson（爱立信公司）等

爱立信公司于 1876 年成立于瑞典首都斯德哥尔摩。该公司已从早期生产电话机、程控交换机，发展为大型移动通信设备商，业务遍布全球 180 多个国家或地区，是全球领先的提供端到端全面通信解决方案以及专业服务的供应商。爱立信公司还是移动通信标准化的全球领导者之一。

二、基本案情

（一）初始合作及谈判过程

2007 年，TCL 公司在 2G 领域获得爱立信公司为期 7 年的许可。

2011 年，TCL 公司与爱立信公司就 3G 许可进行谈判。

2013 年，TCL 公司与爱立信公司开始商谈 4G 专利许可，爱立信公司起初在 4G 手机领域要求的许可费率为 3%。此后，爱立信公司两次调整许可费率，但都未达到 TCL 公司要求。

（二）诉讼过程

2012～2014 年，在双方谈判期间，爱立信公司先后在法国、英国、巴西、俄罗斯、阿根廷、德国等国家就 TCL 公司侵犯其标准必要专利发起 11 起诉讼。

2014 年 3 月 5 日，TCL 公司就爱立信公司在通信标准必要专利组合的许可谈判中违反 FRAND 承诺，在美国加利福尼亚中区联邦地方法院提起该案（合同违约）诉讼，请求法院就爱立信 2G、3G、4G 标准必要专利组合裁决设定一个 FRAND 费率。

2014 年 6 月，爱立信公司在美国得克萨斯东区联邦地方法院起诉 TCL 公司侵犯其标准必要专利。

2015 年 5 月，TCL 公司向法院申请在该案 FRAND 问题解决之前，禁止爱立信公司就 2G、3G、4G 标准必要专利起诉 TCL 公司侵权。法院同意了 TCL 公司该项申请。

2017 年 12 月 22 日，美国加利福尼亚中区联邦地方法院判决认定爱立信公司所提出的许可方案不符合 FRAND 原则，并按照爱立信公司所要求的许可费率的约 1/4（以 4G 基础专利为例）确定了 TCL 公司应当支付的许可费率。

（三）关于 FRAND 原则

爱立信公司提供给 TCL 公司的许可费率报价与其从境况相似的被许可人处接受的费率差异"过于悬殊"。

关于"境况相似"，法院认为 TCL 公司和苹果、三星一样具备全球覆盖性。

关于"过于悬殊"，法院认为被许可人之间应当允许一定量的歧视，但爱立信公司向 TCL 公司的报价已经过分到足以伤害 TCL 的竞争能力了。

将苹果、三星等大型生产商排除在分析之外，可能有隔离它们的效应，并且通过给并不处于市场高端的生产商强加高费率为大型生产商设置一道屏障，会进一步强化后者的支配地位。爱立信公司把苹果和三星单独考虑，仅仅是因为这些公司规模大、利润最多，让这些公司自成一类，使得"禁止歧视"没有了意义。

三、法律分析

（一）关于标准必要专利费率的计算

1. 关于爱立信公司对 TCL 公司的许可费报价

（1）法院认为按照每部手机支付许可费不符合行业及爱立信公司的通常做法。

（2）爱立信公司主张的封顶和保底费只是商讨而来的结果，并未对是否公平合理进行过任何分析。

2. 关于费率计算方法

爱立信公司提出了 ex-standard 方法，即每件标准必要专利，无论其涵盖何种技术，其价值均通过被纳入标准的价值单独估计。TCL 公司则主张采取"自上而下"（Top-down）法，即估计实施 2G、3G、4G 标准真正必要的专利数量，以及爱立信公司专利在其中所占的比例，TCL 公司在该比例确定后，还要求根据爱立信公司的专利在标准中的重要性和贡献乘以一个权重。[①]

法院最终确定为：爱立信许可费 = 总许可费率 ×（爱立信拥有的有效标准必要专利数 ÷ 该标准必要专利总数）× 专利地区强度指数。

（1）总许可费率确定

法院确定总许可费率时，参考了爱立信公司和其他标准必要专利持有方在标准制定开始时的声明，这时候专利持有方为吸引更多用户，同时自身也是标准必要专利的使用者，此时建议的许可费率相对较公平。

（2）标准必要专利总数确定

法院根据 ETSI 数据库中的声明，再加上 Inpadoc 相应的同族专利，排除掉过期和无英文版本的专利，除去权利要求与相关设备完全无关的专利家族，再对剩余专利进行权利要求解读，最终确定标准必要专利数为：2G 标准 413 个专利家族，3G 标准 1076 个专利家族，4G 标准 1674 个专利家族。TCL 公司通过聘请供应商阅读这些专利，直接解读权利要求，除去明显的噪声，最后得到的标准必要专利数是：2G 标准 365 个专利家族，3G 标准 953 个专利家族，4G 标准 1481 个专利家族。

（3）爱立信公司拥有的标准必要专利数及占有比

经专家对权利要求的分析，减去在许可期限中部分专利过期的影响，最终确定标准必要专利数量。

法院最终认定爱立信公司拥有的标准必要专利占有比例应当为 4% ～ 7.5%，

---

① 郭禾，吕凌锐．确定标准必要专利许可费率的 Top-down 方法研究：以 TCL 案为例 [J]．知识产权，2019(2)：58-68.

与爱立信公司最初声称自己占有 25% 的标准必要专利相差甚远。

（4）确定专利地区强度指数

法院将全世界的专利强度指数划分为三个级别，美国专利强度指数为 1，欧洲为 0.722，其他地区为 0.549。

（5）法院承认无法确定一个适当的、富有精确严密性的 FRAND 许可费

但是鉴于案件审理中得到的大量高度一致的数据，法院认定，在美国，0.45% 对于爱立信公司的 4G 标准必要专利组合为合适的 FRAND 费率。

法院将 FRAND 许可费率设定如下：

支持 2G GSM/GPRS/EDGE（但不支持 3G、4G）设备的费率：每部在美国销售设备为净售价的 0.164%，在欧洲销售设备为净售价的 0.118%，在世界其他地区销售设备为净售价的 0.09%。

支持 3G WCDMA/HSPA（但不支持 4G）设备的费率：每部在美国销售设备为净售价的 0.300%，在欧洲销售设备为净售价的 0.264%，在世界其他地区销售设备为净售价的 0.224%。

支持 4G 设备的费率：每部在美国销售设备为净售价的 0.450%，在世界其他地区销售设备为净售价的 0.314%。

3. 裁决结果

法院同时裁决 TCL 公司向爱立信公司支付 1640 万元美元，作为其 2007 ～ 2014 年的未经许可销售额的许可费用。该金额大大少于爱立信公司此前寻求的 9700 万美元。[①]

（二）诉讼策略

该案判决为 TCL 公司赢得了一个较为公正合理的市场空间。在该案中，TCL 向公司美国加利福尼亚中区联邦地方法院提起诉讼，请求法院判决爱立信公司依 FRAND 原则对其发出要约并确定许可费率。庭审过程中 TCL 公司和爱立信公司各自依据不同的计算方法提出了两种方案。TCL 公司认为应当采用"自

---

① 参见：https://rbekkers.ieis.tue.nl/TCL_v_Ericsson_Decision.pdf。

上而下"法，即先把整体的数额确定好，再确定个体的数据。合议庭法官最终以"自上而下"法和可比协议法相结合的方式得出最终费率，在美国，2G、3G 和 4G 的许可费率分别为 0.16%、0.3% 和 0.45%，在欧洲和世界上其他国家 / 地区的许可费率更低。法院确定的许可费远低于爱立信公司的报价，对于 TCL 公司比较有利。法院对关于 FRAND 原则的解析和 FRAND 许可费率的确定，使得 TCL 公司在以后与爱立信公司等标准必要专利权利人的谈判中取得了一定的优势地位，也为 TCL 公司节省了大量的专利成本。

因此，TCL 公司在该案中所采用的应对策略是积极、主动地将对 2G、3G 和 4G 技术许可费率的谈判转到了法庭，由法院作出关于许可费率的裁决，以争取对自身更为有利的结果。

四、经验启示

这是在标准必要专利许可领域中处于劣势地位的中国企业的一次重大突破，为中国企业参与国际专利竞争树立了标杆，并提供了有益的经验。

基于诉讼的时间成本、经济成本，诉讼结果的不确定性，判令的普遍适用性低等因素，中国企业要想增加在标准必要专利领域的话语权，就需要不断增加中国企业在标准必要专利池中的份额，甚至让中国由知识产权净进口国转变为净出口国。

中国企业在目前的专利许可中，应当增加对许可方及许可专利的全方位了解。该案胜诉的一个重要因素是，TCL 公司对爱立信公司涉案标准必要专利的各方面情况了解较为透彻，为后期诉讼思路和诉讼策略提供了极为重要的帮助。

诉讼是只是公司发展的一个手段，除了诉讼之外，中国企业也要尝试其他方面的路径。多手段多渠道才是公司在竞争领域的最终路径图。

对于国内其他企业的有益尝试，也应当进行借鉴。如华为在 2013 年 6 月向国家发展和改革委员会提起了针对 IDC 的反垄断调查，这起事件最终以 IDC 承诺取消向国内企业收取高额专利使用费结束。

08

诺基亚与OPPO等公司专利侵权纠纷案

一、基本情况

（一）案例信息

司法辖区：英国

审理机关：英国高等法院 EWHC（英格兰和威尔士商业和财产法院——专利法庭）

案件编号：HP-2021-000022/[2021] EWHC 2952（Pat）

审理法官：Judge Hacon、Richard Meade

知识产权类型：专利

纠纷类型：侵权纠纷

重点产业：通信技术

案件起诉日期：2021 年 7 月 1 日

案件判决日期：2021 年 11 月 4 日

审理结果：驳回 OPPO 提出的管辖权异议和中止诉讼申请①

---

① 参见：https://www.bailii.org/ew/cases/EWHC/Patents/2021/2952.pdf。

（二）涉案知识产权信息

原告诺基亚技术有限公司（Nokia Technologies Oy）拥有多项涉及 2G、3G、4G 等通信标准的标准必要专利。该案涉诉专利如下：

EP2070217B1：为数据非关联控制信道提供多路复用的装置、方法和计算机程序产品，入标 ETSI_TS 138 211、ETSI_TS 36.211，标准为 5G 相关标准和无线电物理信号）；

EP2087626B1（用于高速下行链路分组接入的附加调制信息信令，入标 ETSI_TS 125 212、ETSI_TS 25.212，标准为 UMTS 和 FDD 相关标准）；

EP2981103B1（前导序列的分配，ETSI_TS 138 211、ETSI_TS 136 211 和 ETSI_TS 36.211，标准为 5G 和 LTE 标准。

涉案侵权产品为 OPPO 和一加等品牌的移动手机设备。

（三）涉案当事人信息

原告：Nokia Technologies Oy（诺基亚技术有限公司）；Nokia Solutions and Networks Oy（诺基亚通信有限公司）（以下统称"诺基亚"）

被告：Oneplus Technology（Shenzhen）Co.,Ltd [一加科技（深圳）有限公司]；Unumplus Limited（OnePlus）；Guangdong Oppo Mobile Telecommunications Corp.,Ltd（OPPO 广东移动通信有限公司）；OPPO Mobile UK Ltd（欧珀移动英国有限公司）；Ascension International Trading Co.,Ltd（安讯国际贸易有限公司）；Realme Mobile Telecommunications（Shenzhen）Co.,Ltd [真我移动通信（深圳）有限公司]；Realme Chongqing Mobile Telecommunications Corp., Ltd（真我重庆移动通信有限公司）（以下统称"OPPO"）

二、基本案情

（一）案件事实

2021 年 6 月 30 日，诺基亚与 OPPO 广东移动通信有限公司（以下简称

"OPPO")之间的专利许可协议到期,但到期前双方就续签事宜没有达成一致。

2021 年 7 月 1 日,诺基亚立即向英国等诸多法院提起对 OPPO、一加等的索赔诉讼。

2021 年 7 月 13 日,OPPO 向中国重庆市第一中级法院提起反诉,请求确定诺基亚的许可行为是否符合 FRAND 原则,并请求中国重庆市第一中级法院确定专利许可费率。

2021 年 8 月 3 日,OPPO 向英国法院申请,请求确定英国对诺基亚的索赔请求无管辖权,并应当暂停诉讼等待重庆法院审判结束。

诺基亚在起诉书中主张,自许可到期以来,被告一直在实施受英国专利保护的行为,并且未能接受诺基亚 FRAND 原则下的许可,因此其行为构成侵权。

OPPO 主张,如果英国法院不暂缓审判,平行审判将浪费司法资源;关于 FRAND 的问题应当由中国法院审理,因为 OPPO 在中国获得审判结果更快,如果 FRAND 原则在中国解决,则可比在该司法管辖区更快地获得结果。证明中国审理速度的证据是由上海一家律师事务所的合伙人提供的。该合伙人同时代表 OPPO 请求法院确定许可费率,他提出可以将未来协议条款分为涉及中国的条款与涉及英国的条款,由英国法院审理涉及英国的部分;而涉案侵权产品销售有一半在中国,与中国联系更为密切,与英国相关的比例不到 0.5%。如果诺基亚希望将涉及中国的条款剥离出来,诺基亚可以寻求剥离,但这些剥离出来的条款不包括在英国的许可。诺基亚随后可以请求该法院继续进行关于 FRAND 许可争议的审判,但仅限于英国;英国审判本标准必要专利诉讼将会更有利于专利所有人,不利于专利实施者。标准必要专利的所有人始终可以选择解决 FRAND 许可争议的司法管辖区,以符合其最佳利益选择对侵犯标准必要专利提起诉讼的司法管辖区。这不公平地增加了有利于标准必要专利所有人的优势,损害了实施者的利益。此外,关于判例法和成文法,OPPO 认为:中国最高人民法院于 2021 年 8 月 19 日在 OPPO 诉夏普案中裁定,即便在双方未达成合意的情况下,中国法院也拥有对裁决全球 FRAND 许可条件的管辖权;而欧盟法律,尤其是经重订的《布鲁塞尔条例》不再适用于英国。上述变化改变了英国法院对裁决全球

FRAND 许可条件的管辖权。综上，OPPO 认为英国高等法院没有对该案的管辖权，应当先中止诉讼。

诺基亚主张：在中国重庆或北京的法院审理许可费率无法解决 FRAND 相关问题，因为 OPPO 授予诺基亚交叉许可不能解决 FRAND 相关问题，而且诺基亚授予 OPPO 的许可使用费不能反映交叉许可的折扣；诺基亚颁发的许可证设定了专利许可产品范围仅限于 OPPO 品牌设备，故涉及中国产品的比例没有 OPPO 主张的大，英国是审理该案恰当适合的法院，由于这些原因，无论如何都会在该司法管辖区进行 FRAND 许可争议的审判；中国和英国法院审判的问题存在共通性，可以由英国法院审理，在无线星球诉华为案中，法院认为不止一套可能符合 FRAND 原则。诺基亚可能在中国得不到公平的审理，专利权人应当拥有优先选择法院的权利，尽管诺基亚会根据中国法律在中国获得正义，但诺基亚会受到在中国设定的特许权使用费低于法院和解的特许权使用费的可能性的损害。换句话说，中止将剥夺诺基亚的合法司法优势。拥有财产权的一方有权选择主张哪项权利，从而选择解决整体争议的司法管辖区是正确的；中国重庆法院审理案件时只适用了中国法律，应当选择能够适用法国法律的法院设定费率，通过关于失去合法利益的进一步论证，FRAND 条款必须根据法国法律解决。诺基亚认为，中国重庆法院在为许可证制定适当的 FRAND 费率时将只适用中国法律，诺基亚有权要求适用法国法律的法院设定费率；中国重庆法院确定 FRAND 条件会使得诺基亚在诉讼中处于被动的劣势地位，将必须按照中国重庆法院制定的条件执行，但中国重庆法院不具备管辖权；证据显示，一旦中国重庆法院达成其认为是 FRAND 的条款，诺基亚将被迫根据这些条款向被告提供许可证，并处以罚款或拘留。不应要求诺基亚在实施此类制裁的司法管辖区解决 FRAND 争议；诺基亚认为，英国法院的审理速度比中国法院审理得快，中国重庆法院预估会在两年后才有审判结果，而审判结果的延迟会造成对诺基亚的不利后果，而 OPPO 等被告将会受益于此。诺基亚认为在费率谈判中，标准必要专利的实施者将谈判的时间拖延得越长，最终的费率就被拉得越低，在审判中的拖延也是对专利所有人不利的。诺基亚对不同地区的 FRAND 许可争议的解决速度进行了试验，包括一方面在中国上诉，另一方面在英国上诉。诺基亚依赖于北京一家律师事务所合伙人的证据，该合伙人在费率设定索赔中代表诺基亚。根据诺基亚的分析，关于案情的决定将在两年后在中国作出，而不是在英国。代表诺基亚进行这些诉讼的 Bird & Bird 合伙人理查德·瓦利（Richard Vary）在证人陈述中解释说，最终结果的延迟会对诺基亚造成损害，并给被告带来一定的利益。他说，这是因为延迟增加了追溯支付的许可使用费的比例，而且倾向于提出对拖欠许可使用费的支付适用较低税率的论点。他还说，实施者不需要支付许可使用费的时间越长，它就越能够通过收取较低的价格来建立市场份额；由于专利涉及的标准文件、双方谈判和许可证都是用英语作为官方语言，故英国法院的管辖很适当，英语是争议中出现的问题的核心。诺基亚所有预期的证人都会说英语，英国法院审理过大量标准必要专利侵权诉讼、费率判定相关案件，积累了一定经验，而中国重庆法院没有审理过 OPPO 所主张的 FRAND 相关的案件。

（二）判决结果

2021 年，英国高等法院对案件中 OPPO 提出的管辖权异议和中止诉讼申请进行了审理，重申英国法院"裁决全球许可条件＋禁令"规则，认定英国法院是审理该案的方便法院，有权对该案行使管辖权，驳回 OPPO 提出的管辖权异议和中止诉讼申请。后续案件将会与中国重庆法院平行审理。

法官认可中国重庆法院有案件管辖权。法官还表示，英国脱欧之后，《布鲁塞尔条例》不再适用于英国没有任何影响。此外，中国最高人民法院在 OPPO 诉夏普案中的裁决，即法院主张对解决标准必要专利 FRAND 许可的全球条款的管辖权，也不影响该案。

三、法律分析

（一）案例特点

该案涉及平行诉讼中法院管辖权方面的争议。这些诉讼是泛欧争端的一部分，其他欧洲国家已经作出了判决。海牙地方法院驳回了 OPPO 关于涉案专利无效的主张，并认定该公司侵犯了专利权。在德国，曼海姆和慕尼黑地区法院认定 OPPO 专利侵权。慕尼黑地区法院同时还在德国作出了销售禁令。

平行诉讼，是指相同当事人就同一争议基于相同事实以及相同目的同时在两个或两个以上国家的法院进行诉讼的现象。

平行诉讼包括以下两种情形：其一是相同当事人的诉讼，即同一原告不同国家的法院就同一争议对同一被告提起诉讼；其二是相反当事人的诉讼，即同一诉讼标的，一国法院的原告在另一国法院又成为被告。因平行诉讼而引起的管辖权冲突是涉外民事诉讼管辖权冲突中最常见的情形。而所谓"先受诉法院管辖原则"，则是指在发生平行诉讼时，原则上应由最先受理案件的法院行使审判管辖权。

（二）法院观点

英国法院对 OPPO 和诺基亚的上述观点均没有采纳。英国法院认为，英国最高法院曾经指出一种潜在的解决方案，即建立一个国际公认的法院来审理标准必要专利案件，标准必要专利权利人和实施人都必须将双方争议提交该法院处理；但在协商达成这一解决方案之前，各国法院必须按照各国的现状处理标准必要专利案件；如果他国正在进行平行诉讼，并且有充分的理由确定中止诉讼可以节省成本并提供极大的便利，可以考虑下令中止诉讼，但这种情形极少。该案双方当事人提出的考量因素中，没有任何因素使当事人之间的司法平衡倾向于中止或不中止，因此，在重庆法院审理标准必要专利全球许可条件期间，不批准中止该案诉讼。

针对 OPPO 提出的管辖权异议申请及主张，英国法院认为，在康文森诉华为、中兴案的管辖权异议中，英国最高法院在一项判决中解释称，英国法院认为自己审理案件更为方便的前提是没有证据表明其他法院可以审理争议，中国法院无权裁决 FRAND 全球许可条款，至少在双方未同意的情况下中国法院无权对此进行裁决。但中国最高人民法院在 OPPO 诉夏普案中根据五个因素确定了对标准必要专利全球许可条款行使管辖权，因此，在该案中存在一个可以裁决标准必要专利全球许可条件的中国法院。被告已经突破英国最高法院裁定康文森诉华为、中兴案管辖权异议中确定的"必须有一个可替代的司法管辖权"这一障碍的限制。

英国法院对被告行使管辖权直接源自重订的《布鲁塞尔条例》第 4（1）条的规定。根据该条例，对居住在某一成员国的人提起诉讼的，应向该成员国的法院提起诉讼，无须考虑被诉人的国籍。在康文森诉华为、中兴案中，英国上诉法院认为，由于英国被告必须在英国被起诉，因此不将案件分拆审理更为合理，如果对非英国被告的起诉也在英国审理，就可以避免将案件分拆，这也是方便法院评估中需要考虑的一个因素。在《布鲁塞尔公约》及其后续公约生效期间，方便法院原则继续适用于英国法律。将 FRAND 问题从标准必要专利侵权、有效性问题中剥离出来，可能会引发不同的观点之争。

英国最高法院在康文森诉华为、中兴案中对这一问题进行了讨论，特别注意到在确定合适的审理法院之前对涉案争议准确定性的重要性。英国法院在康文森诉华为、中兴案中认定，争议涉及英国专利，这是一个实质问题，而不是形式问题。争议解决将涉及确定英国专利的侵权性、必要性和有效性问题，英国法院显然是审理该争议最合适的法院，实际上也是唯一可能的法院。具体到诺基亚诉 OPPO 案，诺基亚在该案中的主张与康文森诉华为、中兴案中康文森的主张及案件争议定性方式完全相同，由于该案中的争议以同样的方式被恰当定性，就方便法院原则而言，英国法院是该争议的合理诉讼地法院。[①]

四、经验启示

（一）警惕诺基亚等实体业务逐渐衰落的国际厂商

诺基亚近年来手机终端业务逐渐衰落，并将自己的相关业务卖给了微软、

---

① 王亚岚. 从欧美案例分析判定 FRAND 许可费率的最佳方法 [J]. 知识产权与市场竞争研究，2021（1）：275-295.

HMD Global 等公司，专利诉讼收益转而成为其大笔业务额。近几年，诺基亚向三星、苹果、HTC、黑莓等手机公司发起了系列诉讼战，其诉讼业务已经逐渐体系化和熟练，但背后的基础是其前期对通信领域投入的研发与标准必要专利数量、同族的积累。根据其 2020 年年报，诺基亚在 20 年间，在创新和标准化方面的研发支出达到 1290 亿欧元，诺基亚的专利授权量是苹果的 7 倍，HTC 的 8 倍。此外，据中国信通院知识产权中心 2022 年 4 月公布的 5G 专利排行显示，诺基亚的 5G 专利族占比为 7.6%。中国信通院发布的《全球 5G 专利活动报告（2022 年）》数据显示，截至 2021 年 12 月 31 日全球有效专利族数量中，诺基亚排名第六位，占比同样是 7.6%。

收取许可费、签订专利合作协议成了诺基亚、爱立信等公司的主要收入来源之一。诺基亚此前就曾经公开表示称，在 2016 ～ 2018 年，诺基亚通过专利获得的现金收入便超过了 13 亿欧元。

而这也引发了专利流氓现象，中国相关行业公司应当引起警惕。如果诺基亚等公司将手中的专利转让给不从事技术研发的 NPE 公司，那么专利的权利将只通过诉讼实现。

专利诉讼往往是旷日持久的诉讼战争，在起诉、审判后，被告还会选择上诉，拉长时间。由于诉讼的成本很高，因此这种被告是具备相当资本、诉讼等经验和实力的。

从专利实施者的角度看，应当积极应对诉讼，全面了解包括英国在内的全球视角下的制度与诉讼方案等。

（二）优化中国企业国内国际标准必要专利布局

中国企业可以参考华为的做法，积极参与国内国际标准必要专利制定工作，优化布局，提升竞争力。早在 1995 年，华为就成立了知识产权部门，但直到 2001 年中国加入世界贸易组织之后，才真正意识到知识产权的重要作用。那时，华为还没有太多技术积累，产品中应用了很多他人的专利，拥有这些专利的企业找上门来要收取专利许可费。国外企业要求以 1% ～ 5% 的产品销售收入作为专利许可费，几十家企业来找华为要钱，产品就没有了利润。

　　当时华为作了两个决定：一方面，主动找这些企业谈判，缴纳专利许可费；另一方面，投入更多经费用于研发，拼命进行技术积累。仅仅 5 年之后，华为的技术积累就让其实现了与通信行业的世界级大佬平等对话，可以把自己的专利拿出来，与其他企业进行交叉许可，让知识产权转化成现金流。

09

卡儿酷公司与NOCO公司专利侵权纠纷案

>

一、基本情况

（一）案例信息

司法管辖：英国

审理机关：英国高等法院

案例编号：HP-2020-000018

审理法官：Justice Meade

知识产权类型：专利

纠纷类型：侵权纠纷

重点产业：汽车电池技术

起诉日期：2022 年 5 月 19 日

判决日期：2022 年 8 月 4 日

审理结果：原告胜诉

（二）涉案知识产权信息

英国专利 GB2527858B。

（三）涉案当事人信息

原告：Shenzhen Carku Technology Co., Ltd（深圳卡儿酷科技有限公司）

深圳卡尔酷科技有限公司（以下简称"卡儿酷公司"）是汽车多功能应急启动电源解决方案供应商，2011 年成立于深圳，主要为客户提供便携式电池启动器。在海外，便携式电池启动器被称为 Jump Starters。通常来说，在长时间不启动或者在非常寒冷的天气下，汽车电池电量可能会流失，导致无法启动汽车发动机，因此用户可能需要这种便携式电池启动器为汽车提供启动电源。近年来，美国已经成为便携式电池启动器的单一最大市场。

被告：The NOCO Company（NOCO 公司）

美国 NOCO 公司是一家成立于美国俄亥俄州的公司，在便携式电池启动器领域有大约 50 件有效专利。

二、基本案情

2022 年，卡儿酷公司向英国高等法院提出申请，请求撤销 NOCO 公司的英国专利 GB2527858B 的专利权；并声称 NOCO 公司向亚马逊投诉，可能导致卡儿酷分销商在亚马逊平台销售的产品下架，根据 1977 年《英国专利法》第 70 条，NOCO 公司对亚马逊进行的投诉是可起诉的专利侵权威胁。

涉案专利的权利要求 1 的内容如下：

一种用于起动车辆发动机的装置，包括：

内部电源；

具有正负极性输出的输出端口；

车辆电池隔离传感器，与所述正极性和负极性输出连接在电路中，被配置为检测连接在所述正极性和负极性输出之间的车辆电池的存在；

反极性传感器与所述正极性和负极性输出连接在电路中，用于检测连接在所述正极性和负极性输出之间的车辆电池的极性；

连接在所述内部电源和所述输出端口之间的功率 FET 开关；

微控制器，被配置为接收来自所述车辆隔离传感器和所述反极性传感器的输入信号，并向所述功率 FET 开关提供输出信号，使得所述功率 FET 开关被打开以将所述内部电源连接到所述输出端口；响应来自所述传感器的信号，指示在所述输出端口处存在车辆电池以及所述车辆电池的正极和负极端子与所述正极和负极输出的正确极性连接。

（一）GB2527858B 的专利权是否有效以及卡儿酷公司的产品是否侵权

卡儿酷公司为了达到 GB2527858B 被认定的目的提供了三份技术证据，分别是：

证据 1：美国专利 US20040130298A1；

证据 2：美国专利 US20130154543A1；

证据 3：一本由 Projecta 公司制作的入门手册。

卡儿酷公司提供了一名专家证人——里基茨教授。

NOCO 公司否认该专利无效，声称卡儿酷公司侵权，并提供了一名专家证人——米切森教授。

在一场听证会上，法官先是论证了双方专家证人的证言效力。

卡儿酷公司质疑米切森教授在该行业的直接经验不足以及对于创造性的理解不足。法官采纳了卡儿酷公司的观点，认为米切森教授的书面报告并没有清楚说明 NOCO 公司权利要求中的内容为什么不是显而易见的。米切森教授在书面报告中写明了现有技术中显而易见的东西，但没有明确指出为什么有必要改进现有技术以使权利要求 1 的技术方案达到出乎意料的技术效果。

NOCO 公司攻击卡儿酷公司的专家证人里基茨教授曾经看到过现有技术文件，因此里基茨教授可能犯了"事后诸葛亮"的错误。法官认为，虽然里基茨教授自己也承认曾经见到过现有技术文件，但是 NOCO 公司的一些解释观点显然是里基茨教授没有预料到的。因此法官认为，里基茨教授的证言虽然效力减弱，但并非完全不可信。

法官认为，权利要求 1 的技术方案的关键技术在于"车辆电池隔离传感器"

和"反极性传感器"。在这个技术方案中，车辆电池隔离传感器是为了确保便携式电池启动器的两个极性输入、输出端口连接到了车辆电池上，反极性传感器是为了确保这两个极性输入、输出端口没有反接到车辆电池；另外，权利要求 1 的技术方案中还有一个技术点"FET 开关"。

法官认为，本领域普通技术人员普遍能够观察到便携式电池启动器在使用过程中可能会出现的两种安全问题。（1）短路：如果电池启动器没有接触到汽车电源就开始工作，那么电池启动器产生的电流将与汽车发动机缸体作用而产生强大的电感，对用户、汽车电池造成伤害；（2）反向极性：如果电路接反就开始了工作，那么也可能会对用户和汽车电池造成伤害。因此，本领域普通技术人员在涉案专利的申请日以前就有动机去设计一种能够解决上述两种安全问题的便携式电池启动器。

法官经过调查发现，市面上早就有诸多产品具有检测反向极性的能力，并能够区分几乎完全耗尽电能的车载电池和健康电池（本质上也就实现了隔离传感器的功能）。本领域技术人员有动机将之与之前的电池启动器进行结合，因此涉案专利的专利权很可能是无效的。

关于卡儿酷公司的产品是否侵权，法官注意到卡儿酷公司的大多数产品都不具备涉案专利的权利要求 1 的技术方案中具有的技术特征"FET 开关"，卡儿酷公司的产品大多数使用的开关是继电器。

NOCO 公司方面称在该技术情境下"继电器"和"FET 开关"可以认定为是等同的，即 FET 开关在应急启动电源应用场景下所具有的微弱优势，对于整个发明而言是不重要的，虽然发明书中提到了继电器，但主要是为了说明背景技术的技术方案。

卡儿酷公司方面称，既然 NOCO 公司明知继电器方案在本质上与 FET 开关的方案没有不同，在权利要求书中特意只选择了其中一个，那么等于放弃了另一个技术方案。

最终法官裁定：由于大部分卡儿酷公司的产品使用的开关是继电器开关，因此即便涉案专利有效，这部分产品也并不侵权。

（二）NOCO 公司向亚马逊的投诉是否构成"侵权威胁"

这是该案的另一个争议焦点。亚马逊平台有《亚马逊知识产权政策》，致力于为知识产权持有人提供保护和保障措施。根据这项政策，任何知识产权的所有者都可以通过其网站填写"侵权投诉模板"向亚马逊提出投诉。2020 年 1—7 月，NOCO 公司通过"侵权投诉模板"对相关的卡儿酷公司产品进行了多次投诉。NOCO 公司的"侵权投诉模板"提供了如下信息：（1）知识产权的类型；（2）市场（即国家）；（3）侵权的 ASINs（亚马逊标准识别号）；（4）专利号；（5）专利类型（注意：有些国家既有外观设计专利又有实用新型专利）；（6）品牌名称。NOCO 公司还向亚马逊发出通知：这些 ASINs 对应的产品侵犯了其 GB2527858 的专利权，请求把这些 ASINs 对应的产品撤下。由于 NOCO 公司发出的通知，亚马逊将一些卡儿酷公司的产品从交易平台上撤下。

卡儿酷公司提出，NOCO 公司行使专利权的目的是限制第三方竞争。NOCO 公司和卡儿酷公司作为竞争对手，两者都通过亚马逊英国网站销售产品。当卡儿酷公司的产品停止销售时，NOCO 公司能够从中受益。

而 NOCO 公司则陈述了亚马逊选择将通知产品下架的原因。在 NOCO 公司的意见书中，亚马逊是抱着以客户为中心的态度来对待知识产权侵权的。NOCO 公司指出了亚马逊知识产权政策中的几句话（例如，"亚马逊致力于为客户提供地球上最广泛的商品选择，并创造令人惊叹的客户体验。亚马逊不允许侵犯品牌或其他权利所有者知识产权的商品上市"）和亚马逊的"品牌保护报告"，阐述了亚马逊的打假努力；NOCO 公司认为亚马逊将自己视为知识产权的裁定方和执行者，而不是潜在的侵权者和被告。因此，NOCO 公司认为自己通过侵权投诉的形式向亚马逊发出的通知并不应当被视为威胁，而是"为其网站实现零知识产权侵权的以客户为中心的目标提供了一点便利"。

法官经过调查后指出，NOCO 公司向亚马逊发出投诉主张相关产品侵害其专利权，并呼吁采取行动终止所谓的侵权行为，这种行动一般会被认为是典型的"侵权威胁"。NOCO 公司如果打算用亚马逊的知识产权政策来为自己辩解，就同时必须证明，亚马逊在回应任何专利侵权主张时会自动撤下平台上的产品，而不考虑亚马逊自己的法律立场——这样才能说明亚马逊并不觉得自己受到法律诉讼的威胁，因为亚马逊对相关专利侵权主张作出的回应是由自己的政策预先决定的。法官根据亚马逊只驳回了 NOCO 公司对卡儿酷公司的 30% 投诉的事实，认定亚马逊一定是在受到侵权威胁的情况下作出了权衡。

最终，法官得出结论：NOCO 公司向亚马逊的投诉，是"如果亚马逊不将卡儿酷公司的产品下架，则将对亚马逊提起专利侵权诉讼"的侵权威胁。

三、法律分析

（一）何为知识产权侵权威胁之诉

在该案中，我们可以看到，卡儿酷公司在收到亚马逊的下架决定后，向英国的专利法院起诉了 NOCO 公司，指控 NOCO 公司向亚马逊发出的侵权投诉构成侵权威胁，即卡儿酷公司发起了侵权威胁诉讼。

侵权威胁诉讼是指正在或者准备实施某种涉嫌侵犯他人知识产权行为的人，受到知识产权权利人发出的侵权警告，或者未受警告但对是否侵害他人知识产权存有疑虑，并以合理方式向权利人提供了相关的技术资料和信息请求确认不构成或者不会构成侵权未果的，为结束或者避免侵权争议，减少损失，而主动向法院起诉，请求确认不侵犯权利人知识产权，乃至对因受权利人警告而遭受的损害请求赔偿而引发的诉讼。

（二）英国的专利无效制度

卡儿酷公司还向英国法院直接提起了专利无效程序。在英国，专利无效的请求可以向英国知识产权局或法院提出。对于法院系统而言，仅有高等法院专利法庭、知识产权企业法庭可以受理该请求。英国知识产权局在专利无效案件中具有与高等法院法官相同的取证及证据调查的权力。[①]

---

① 黄晓稣，陈静怡 . 英国知识产权审判体系 [J]. 科技与法律，2015（1）：62-89.

法院在处理专利无效案件时，可以发布英国知识产权局局长已经发布过的任何命令，或者行使英国知识产权局局长行使过的其他权力。如果专利无效案件由法院受理，在审理过程中，绝对禁止未经法院许可即向英国知识产权局局长另行提起相关专利的无效宣告请求。专利侵权案件的被告若提出专利无效抗辩，可直接在审理专利侵权案件的一审专利法庭或知识产权企业法庭一并解决，该审理法庭有权宣告专利无效，判决之后通知英国知识产权局即可。

若申请人不服英国知识产权局关于无效问题的决定，可以向专利法庭起诉；依旧不服专利法庭的裁决时，可向高等法院大法官庭、上诉法院民事庭上诉。[①]

（三）该案中大部分卡儿酷的产品不侵犯 NOCO 公司专利权

在大部分情况下判断两个技术特征构成等同特征，必须同时满足技术手段、功能和效果基本相同，并且这两个技术特征之间的替换是容易联想到的这四个条件，任一条件不满足，则不构成等同特征。

如果专利权人在专利说明书中公开了某个技术方案，但没有将其纳入权利要求的保护范围，则该技术方案应被视为捐献给了公众，专利权人在主张专利权时不得试图通过等同原则等将其重新纳入权利要求的保护范围。此即捐献原则。

（四）英国法院关于通过在线知识产权投诉门户网站进行所谓侵权诉讼威胁的判例

《英国专利法》第 70 条是判定侵权诉讼威胁的基础，其对"侵权诉讼威胁"的定义如下：

（1）如果处于接收人地位的理性人能够从通信中了解到下述内容，则通信包含"侵权诉讼威胁"

（a）专利存在；

（b）一个人打算通过下列行为对另一个人提起专利侵权诉讼（无论是在英国的法院还是在其他地方的法院）：（ⅰ）在英国实施的行为；或（ⅱ）

---

① 刘民选 . 专利无效宣告制度的法律研究 [D]. 上海: 复旦大学, 2008.

如果实施，将在英国实施的行为。

（2）在本条和《英国专利法》第 70C 条中对"收件人"的提及，在针对公众或部分公众的通信中，包括对通信对象的提及。

在该案中，NOCO 公司承认在有关卡儿酷投诉时使用了亚马逊的知识产权程序对亚马逊陈述了专利的存在，但辩称向亚马逊英国站发送的通知不构成"侵权诉讼威胁"。

亚马逊平台一直都提供侵犯知识产权的投诉机制。如果有人认为在亚马逊提供了侵犯专利权的商品，可以通过投诉模板提供专利权信息和商品信息进行投诉。如果亚马逊确定这些产品可能侵权，则会下架商品。

在该案中，法官引用了 ebay 的案例。ebay 提供了一个名为 VeRO 的项目，这是一个旨在帮助知识产权所有者维护自己权利的项目。ebay 网站上显示 VeRO 表示已验证的权利所有者，还显示该项目显然包括代表各种知识产权类型的超过 10000 家公司和个人。VeRO 旨在促使 ebay 迅速作出反应，下架权利人投诉的产品，因为根据 VeRO 项目的侵权通知，这些产品涉嫌侵权。但是，ebay 和 VeRO 并不核实侵权指控，因为它们并不是司法机构，其没有资格这样做。在被引用的这个案例中，虽然 ebay 方面当时承认自己在处理投诉并下架的整个过程中并不会害怕自己被起诉专利侵权，法院还是认定投诉者发给 ebay 的通知构成了侵权威胁。

基于上述案例的判决结果，并且综合考虑亚马逊在接到通知直到下架部分商品之间的纠结过程甚于 ebay，法官认为 NOCO 公司对亚马逊进行的投诉构成可诉讼的侵权威胁。

四、经验启示

（一）企业遇到类似侵权投诉，要积极回应

如果不回应，像亚马逊这样的平台一般就认定侵权成立，可能会立即下架商品，这对卖家来说将会产生巨大的经济损失。因此必须通过积极的回应防止平台下架商品，争取与竞争对手的沟通时间。

（二）根据竞争对手的目的，优化纠纷解决方式

通过积极沟通，卖家要知道专利所有人／竞争对手向平台发起投诉的真实目的：是确实就要下架产品，还是只想"敲诈"一笔和解费。在卡儿酷公司和NOCO公司这种长期存在竞争关系和专利纠纷的情况下，卡儿酷公司在充分把握证据时，主动发起了诉讼，并且也取得了阶段性的胜利。但是，综合考虑律师费、诉讼费、时间投入、和解费等，企业还是可以根据专利所有人的目的来尽量找出对自己利益最大化的方式。

（三）积极评估投诉者／竞争对手的专利质量

当不幸被投诉时，尽可能对投诉者的专利进行专利无效性检索。只要能够找到充足的证据材料、充分公开证据的细节并详细说明理由，就有与投诉者和解的可能。

（四）进军海外市场前，加强知识产权布局

企业应提升创新研发能力，加强海外知识产权布局，通过建立专利组合形成防御性技术壁垒，提高在纠纷中和解或交叉许可的谈判能力和议价力；同时在出海前也需做好专利风险排查工作，提前对现有技术进行检索和分析，对于风险专利进行技术规避或许可交易谈判。

10

飞利浦与小米专利侵权纠纷案

>

一、基本情况

（一）案例信息

司法管辖：英国

审理机关：英国高等法院

案例编号：HP-2020-000037

审理法官：Justice Mellor

知识产权类型：专利

纠纷类型：侵权纠纷

重点产业：汽车电池技术

起诉日期：2020 年 10 月 21 日

判决日期：2022 年 7 月 30 日

审理结果：双方达成和解，飞利浦撤诉

（二）涉案知识产权信息

3G、4G 标准必要专利。

（三）涉案当事人信息

原告：Koninklijke Philips N.V.（荷兰皇家飞利浦电子公司）
被告：Xiaomi Inc.（小米公司）等

二、基本案情

飞利浦曾经涉足手机全产业链，包括搭建基础网络设施、芯片及手机，因此积累了大量通信方面的专利。自 2007 年飞利浦将手机业务出售给中国电子信息集团（CEC）后，它在 3G、4G 标准必要专利的研发投入几乎停止，仅靠标准必要专利收取许可费。自 2020 年底开始，飞利浦和小米在印度、英国、德国、荷兰、西班牙等多个国家或地区就 3G、4G 标准必要专利纠纷诉诸法庭。

在英国的诉讼，飞利浦使用 4 项专利指控小米侵权并要求英国法院宣布飞利浦提供的许可条款是 FRAND 的。小米认为飞利浦没有提供符合 FRAND 原则的许可，飞利浦违反了总部位于法国的欧洲电信标准协会（ETSI）制定的《知识产权政策》。欧洲电信标准协会发布的知识产权政策适用法国法律，因此，小米在法国巴黎司法法庭对飞利浦提起了诉讼，并寻求法国法院确定飞利浦和小米之间的 FRAND 授权条款。在这起英国法院的诉讼中，小米提出了管辖权异议，请求确认英国法院的管辖权或者中止审理案件，以支持小米在法国提起的诉讼；飞利浦则更倾向于由英国法院来判决费率。

下文主要介绍英国法院对专利侵权管辖权争议的解决，来探讨"涉及该案的专利侵权管辖权问题"以及"专利侵权管辖权与 FRAND 许可费率管辖权的关系问题"。

（一）双方纠纷的过程

2016 年，飞利浦与小米通信有限公司联系，希望使小米获得飞利浦手机专利组合的 FRAND 许可。飞利浦随后与北京小米软件技术有限公司根据一份保密协议进行了谈判。该份保密协议多次被延长，直到 2020 年 6 月到期，双方仍未就 FRAND 许可达成一致意见。飞利浦的理解是，就飞利浦与北京小米软件技术有限公司的谈判而言，北京小米软件技术有限公司是代表整个小米集团进行谈判的，因此，该公司认为小米没有达成许可协议的意愿。

2020 年 10 月 21 日，飞利浦在英国起诉小米旗下的 4 家公司侵权。

2020 年 10 月 26 日，飞利浦的申请获得了法院的许可，除了小米英国公司，英国法院还将为英国管辖范围外的被告提供"送达服务"。该许可命令是在一场听证会之后作出的。在这场听证会上，法官还考虑并批准了飞利浦的"临时反反禁诉令"申请。这个"临时反反禁诉令"的目的是用来限制被告在中国启动诉讼，以防止英国法院的管辖权受到阻碍。英国法院进一步发布了一项命令，宣布小米英国公司被视为于 2020 年 11 月 2 日被送达。小米英国公司于 11 月 16 日提交了送达服务确认。

2020 年 11 月，小米声明其计划挑战法院的管辖权，并于 2020 年 11 月 30 日发出了申请。

小米在英国抗辩的同时，也着手在别的地区对飞利浦进行主动出击。2020 年 11 月 30 日，小米集团的多家公司，包括在英国诉讼中的被告小米英国公司，在法国对飞利浦和欧洲电信标准协会提起了诉讼；小米基于飞利浦对欧洲电信标准协会承诺的影响和违反，主张依照法国法律适用欧洲电信标准协会的规则，指出小米和飞利浦之间已经存在一个专利许可协议，只是许可价格还没有确定。小米要求法国法院：（1）宣布小米已经拥有飞利浦的标准必要专利许可；（2）命令飞利浦根据飞利浦向欧洲电信标准协会提交的声明，与小米就该许可的条款进行谈判，包括 FRAND 许可费率；（3）或者，如果双方不能在 2 个月内就 FRAND 许可费率达成协议，则由法国法院设定该费率的条款；（4）在另一种备选方案中，如果 6 个月内未确定该费率，则命令欧洲电信标准协会更改标准，使飞利浦的标准必要专利不再是标准必要专利。

2021 年 2 月，法国法院承认其对涉及欧洲电信标准协会的 FRAND 许可诉讼具有管辖权。2021 年 4 月，飞利浦对法国法院发起管辖权异议。2021 年 12 月初，飞利浦的管辖权异议被法国法院驳回，法国法院再次确认了自己对全球 FRAND

许可费率的管辖权。其中一个理由是，法国法院认为欧洲电信标准协会的总部设在法国南部的尼斯。

（二）双方陈述

在英国诉讼中，飞利浦方面主张小米不是自愿被许可方，因此要求英国法院通过判决的方式来认定小米侵权。飞利浦就未来的被许可方获得 FRAND 许可所必须达到的条件进行了陈述：（1）未来的被许可方必须表示愿意根据欧洲电信标准协会《知识产权政策》第 6.1 条获得原告相关知识产权的许可；（2）未来的被许可方必须善意地协商、同意并履行 FRAND 原则的许可；（3）未来的被许可方必须按照该领域公认的商业惯例行事。

小米认为自己是自愿被许可方，英国没有管辖权，且该案与康文森无线许可有限公司（以下简称"康文森"）诉华为的判例 [①] 存在明显的不同，英国法院不应当使用康文森诉华为的判例来类推自己对该案具有管辖权（但英国法院提出了不同意见，裁定自己拥有管辖权）。

（三）英国法院引用康文森诉华为案来说明对于这起专利侵权纠纷，自己有管辖权

在判决书中，英国的法官回顾了康文森诉华为案：

2017 年 7 月，康文森在英国起诉华为专利侵权，请求法院认定其提出的全球许可要约符合 FRAND 原则，如果法院认为不符合 FRAND 原则，则请求法院裁定 FRAND 许可费率，并寻求禁令以阻止华为侵权行为。

华为则认为，英国法院对康文森的域外专利的有效性不具备管辖权，英国法院受理案件违背国际私法上的方便法院原则。华为据此提起管辖权异议。

2018 年 4 月 16 日，英国法院驳回了华为关于司法管辖权的异议。华为对有关管辖权的裁决提起上诉，后英国上诉法院于 2019 年 1 月 30 驳回了该上诉。在该案中，英国法官引用康文森诉华为案来说明在英国法中，一旦专利权人确定

---

① Unwired Planet v Huawei [2020] UKSC 37 at [60]。

专利权有效并被侵犯，他（指专利权人）就有初步权利通过禁令来防止其财产权进一步受到侵犯。

法官引用康文森诉华为案，将专利权的属地性质与欧洲电信标准协会的FRAND原则的相关立场进行了对比。法官承认欧洲电信标准协会提供全球许可符合FRAND原则，认为该原则应当像该组织所公布的标准一样具有国际效力。但法官也认为，欧洲电信标准协会没有义务检查被宣布为标准必要专利的专利实际上是否是必要的，欧洲电信标准协会也没有义务对任何此类专利的有效性或状态作出判断。欧洲电信标准协会将决定权留给相关各方，如果他们愿意，可以通过法院诉讼程序或其他争端解决办法来解决专利有效性的问题。英国法院引用康文森诉华为的案例说明：关于专利的有效性和是否侵权的问题，应该由专门对该专利有管辖权的司法辖区来确定。

（四）英国法院认为，FRAND原则不影响英国法院审理该案或者是发出禁令

首先，英国法官认为，"所选专利中的某项专利的FRAND原则更适合由其他司法辖区来审理"不能成为不在专门监管所选专利的执行的司法辖区审理专利有效性和是否侵权的理由。

其次，禁令和FRAND原则之间不存在冲突。英国法院引用康文森诉华为案，认为如果标准必要专利的专利权人就其在一个司法管辖区拥有的标准必要专利对当地的实施者提起侵权诉讼，并证明其合理性，则可能会出现两种结果。第一种情况是，如果证据表明，处于当事人地位的自愿许可方和自愿被许可方有意愿在该司法管辖区获得符合FRAND原则的许可协议，但标准必要专利的专利权人拒绝向被许可方（实施者）提供这样的许可协议，那么法院不应该发布禁令。第二种情况是，如果实施者拒绝接受该司法管辖区的符合FRAND原则的许可协议，那么标准必要专利的专利权人可以向法院申请发出禁令，以限制进一步的侵权行为。

如果证据表明，处于当事人地位的自愿许可方和自愿被许可方有意愿确立一

个全球 FRAND 许可协议，那么该许可协议需要符合行业惯例，且不会具有歧视性；但如果标准必要专利的专利权人拒绝向实施者授予该许可协议，那么该禁令申请应再次被驳回。

最后，英国的既定判例强化了这一点，即不存在标准必要专利的专利权人单方面的 FRAND 声明或 FRAND 救济。

（五）英国法官阐述了对在中国法院审理和法国法院审理该纠纷的看法

英国法官认为至少在各方没有达成协议的情况下，中国法院没有管辖权去确定全球 FRAND 许可协议的条款。

英国法官对小米为什么认为法国更适合审理这个案件作了推测，小米还没有确定飞利浦将能够在这个法国诉讼中提出什么主张。

英国法官认为，法国法院是否会实际决定 FRAND 许可协议的条款，仍存在很大的不确定性；法国法院很有可能指示各方自行谈判条款和 / 或任命一名专家确定条款。因此不能确定法国法院的判决一定会影响到英国法院的判决。[①]

三、法律分析

（一）标准必要专利的矛盾属性给专利权人及实施者带来的困难

以通信行业为例，具有竞争关系的制造商生产的基础设施和设备需要相互通信，手机需要可供携带，消费者从一个司法管辖区到另一个司法管辖区都可以使用他携带的手机。然而，专利权的两个属性阻碍了这一发展：其一，专利权人的表面权利是通过强制令禁止在专利权所属国家管辖范围内使用其专利，这有可能扰乱使用该专利的设备的全球市场；其二，专利垄断的国家性迫使那些在寻求保护其垄断地位的专利权人在明显对其有利的国家的法院提起诉讼。

专利权的这两个属性使得专利权人要保护一项在另一个国家制造的设备中使用、在许多国家销售并为全球消费者使用的专利是有一些难度的；而由于利益的

---

① 参见：https://www.bailii.org/cgi-bin/format.cgi?doc=/ew/cases/EWHC/Patents/2021/2170.html&query=(China)。

驱动，专利权人往往会要求过高的专利许可费，给相关标准的使用和推广带来困难，不利于该行业的发展，导致标准代表的公共利益的实现受到阻碍。

（二）在该案中英国法院认定自身管辖权的原则和判例基础

英国法院在处理管辖权问题时有一条原则是有效性原则。所谓有效性，就是指管辖权的实际可行诉讼场合，被告于诉讼提起时身处英国，则英国法院有可能对他实施合法的诉讼程序；有些案件的被告虽不在英国，但只要能对该人送达传票，则也可以确定英国法院的管辖权。因此英国法院和英国媒体均强调了小米确认收到传票，由此英国诉讼就变成了可能有效的诉讼。

另外，英国既有的标准必要专利纠纷相关判例包括华为与无线星球国际有限公司之间、华为与康文森之间、中兴与康文森之间的案件。

（三）英国法院对专利实施者进行 FRAND 抗辩的看法

在英国的法官看来，标准必要专利权利人与欧洲电信标准协会之间形成第三方利益合同，标准必要专利权利人作出的 FRAND 许可承诺有拘束力。但这仅仅能表明：如果专利权人拒绝签订符合 FRAND 原则的许可合同，法院可以拒绝其请求侵权禁令的救济；如果被许可方拒绝签订符合 FRAND 条款的许可协议，法院应给予专利权人侵权禁令救济。但在专利侵权案例中，不存在 FRAND 声明或 FRAND 救济的独立权利。

（四）一国法院是否能裁判全球许可费率还存在争议

英国法院在这起侵权案件中确认了自己的管辖权，并在裁决书中提出自己将会在审判中解决许可费率的问题。小米则希望由法国法院来裁判全球许可费率。

目前，大部分学者、法院认为由一国法院来裁判全球许可费率是不合理的。最主要的理由就是这种做法违背专利权的地域性。基于专利权的地域性，专利权只能通过一国国内的法定程序产生，也只能通过国内的法定程序被认定为无效或者被侵权，一国法院无权对另一国的专利权作出评价。

但是笔者认为，小米希望由一国法院来裁判全球许可费率是可以理解的。从所有标准必要专利权利人的利益来考虑，如果法院拒绝裁判全球费率，标准必要专利权利人就无法正常收取许可费，因为只有标准必要专利权利人在一个国家提起诉讼，实施者才会被迫支付一个国家的许可费，这可能会增加实施者恶意拖延、拒绝支付许可费的风险。虽然如果向不同的国家提起诉讼，裁定的费率可能会有高有低，但是在双方合意的前提下，裁判的费率符合 FRAND 原则，那么对权利人和实施者就是有益的。而且各国法院为了实现提升自己国际话语权、获取更多诉讼收入等目的，在裁判质量、诉讼效率等方面可能会展开良性竞争，是值得鼓励的。

最重要的是一国法院裁判全球 FRAND 许可费率并不会侵犯别国司法管辖权。确定许可费率实际上不以判断专利有效性、必要性为前提，而且即使判断专利有效性、必要性是确定许可费率的前提，也可以先推定标准必要专利的有效性来进行费用的裁定，毕竟确定许可费率实际上是一项解决当事人之间合同争议的纯粹私法问题。

四、经验启示

（一）充分协商

标准必要专利许可的时间、地域范围、费率等条件本质上是由市场决定的，当事人在充分谈判之后，为标准必要专利确定最符合其市场价值的许可条件。只有当事人经过充分谈判仍无法达成一致时，才通过诉讼解决争议。但是，当事人考虑到在不同国家法院裁判的全球 FRAND 许可费率差别可能很大，可能在尚未充分谈判的情况下抢先在对己有利的国家提起诉讼。在这种情况下，如何确定合理的费率就成了一个难题。

为了减少法律资源的浪费和提高效益，并且使市场能够充分发挥优先适配资源的作用，政策制定者应当进行标准必要专利谈判许可纠纷的研究和探索，以便鼓励标准必要专利许可费率纠纷的双方当事人进行充分协商，在协商不成的情况下，再将问题抛向法院。

（二）积极参与全球知识产权规则治理

目前来看，各国法院都已经开始积极地直接或者间接参与到裁判两个民事主体之间的全球 FRAND 许可费率的程序中，越来越多的专利权人或者实施者也开始寻求在一个国家的一起诉讼中确认全球的 FRAND 费率。由一国法院来合理地裁判全球 FRAND 许可费率，有助于提高标准必要专利纠纷的全球治理效率，因此各个国家的法院裁判全球 FRAND 许可费率案件的数量和质量，将成为当事人选择诉讼地的重要标准。因此，中国法院也不得不以积极的姿态参与这场竞争。

（三）强化自身标准必要专利许可费率谈判力

如今中国成为全球最大的 5G 市场，中国企业将在标准必要专利全球管理体系中具有不可估量的地位。在这种情况下，笔者认为，中国企业可以先强化自身标准必要专利许可费率谈判力。首先，中国企业应当增强企业自主科技研发创新能力，加大企业拥有自主知识产权的积累和全球范围内的知识产权保护，获得更多谈判筹码；其次，中国企业应当加强自身合规管理体系的建设，防范知识产权风险，在出现问题时有能力积极解决，也能避免被谈判的对方占据诉讼先机；最后，中国企业在谈判中应当更多地展现自己积极主动的态度。

11

美国LUND公司与天铭科技专利侵权纠纷案

>

一、基本情况

（一）案例信息

司法辖区：美国

审理机关：美国加利福尼亚中区联邦地方法院

案件编号：8:17-CV-01914

审理法官：Cormac J. Carney

知识产权类型：专利、版权

纠纷类型：侵权纠纷

重点产业：汽车配件

起诉日期：2017 年 10 月 31 日

判决日期：2021 年 3 月 26 日

审理结果：双方达成和解，天铭科技同意在涉诉专利到期失效前停止在美国制造、使用、销售、许诺销售涉诉产品或将产品出口至美国，双方向法院提出撤回所有诉讼和反诉的请求

（二）涉案知识产权信息

原告美国 LUND 公司拥有的多项可伸缩车辆踏板专利，以及可伸缩车辆踏板安装指南的版权。

涉诉专利为美国 LUND 公司拥有的电动踏板专利族。

（三）涉案当事人信息

原告：LUND Motion Products, Inc.（美国 LUND 公司）

被告：T-Max Hangzhou Technology Co., Ltd.（杭州天铭科技股份有限公司）；T-Max Qingdao International Trading Co., Ltd.（青岛天铭国际贸易有限公司）；T-Max Qingdao Industrial Co., Ltd.（青岛天铭工贸有限公司）；T-Max Industrial H.K.Co., Ltd.（香港天铭实业有限公司）（以下统称"天铭科技"）

二、基本案情

（一）案件事实

原告于 2017 年起诉天铭科技侵犯了其多项可伸缩车辆踏板专利以及踏板安装指南的版权，要求法院判令被告侵权，禁止被告在美国进行使用、进口、销售等任何专利侵权行为及复制、发行等版权侵权行为，并要求支付高达法定赔偿额 3 倍的侵权赔偿，包括原告方的律师费用。

1. 专利侵权

原告美国 LUND 公司是世界领先的汽车配件供应商。涉案专利产品系该公司持有专利权的可伸缩车辆踏板，该踏板附着在车辆的侧面，可向外伸展用作台阶，并可向内缩回至车底。

2013 年，美国 LUND 公司收购 AMP Research 公司包括该专利在内的所有资产，并制造了 PowerStep TM 系列产品，多年来被各大汽车制造商所使用，如林肯、通用汽车、雪佛兰等。美国 LUND 公司对此拥有大量的专利组合。

天铭科技是中国企业，生产汽车零部件和配件在美国境内推广、销售，并向分销商和制造商进口可伸缩车辆踏板。天铭科技曾向 Rocky Ridge 公司出售了可伸缩车辆踏板。Rocky Ridge 公司是一家专业汽车装备商，既直接向客户销售，也通过独立经销商网络销售定制汽车、卡车和房车。其为福特等汽车制造商在汽车上安装专业设备，最终通过制造商销售给消费者。多年来，Rocky Ridge 公司在自产车辆和制造商委托制造车辆上安装的均为美国 LUND 公司制造的 PowerStep 产品。随着天铭科技的出现，Rocky Ridge 公司开始安装其生产的可伸缩车辆踏板。在其网站上，Rocky Ridge 公司将这些踏板描述为"Power Step Boards"或"Power Side Steps"。除此之外，天铭科技还通过设立网站、参加博览会等方式进行市场营销。

原告指出被告方所生产的 T-MAX Step 产品存在侵犯其专利权的行为，并将侵权产品在美国销售给其原有客户。

美国改装行业协会（SEMA）贸易展系"一流的汽车专业产品全球贸易盛会"，美国 LUND 公司及 AMP Research 公司获得了该展会的诸多奖项。原告指出，被告曾派代表出席美国改装行业协会贸易展，2015 年及 2016 年原告参与展会并展出包含 PowerStep 在内的诸多产品。因此原告主张被告必然知晓 PowerStep 系列产品及其安装指南。除此之外，原专利所有人 AMP Research 公司也曾起诉过被告存在侵权行为。在此情形下，被告仍然向美国销售其生产的 T-MAX Step 产品，是故意进行的侵权行为。

涉案专利的原所有权人 AMP Research 公司曾对天铭科技美国子公司提起过不止一次专利侵权诉讼，其中就包括天铭科技的可伸缩车辆踏板，最终法院判决天铭科技构成侵权并颁布禁令。原告主张鉴于此段历史，天铭科技知晓美国 LUND 公司拥有广泛的知识产权组合，可以保护其行业领先的技术。

2. 版权侵权

美国 LUND 公司享有 PowerStep 产品安装指南中有效且可强制执行的版权。

原告主张被告至少可以通过 AMP Research 公司的公开网站访问 LUND 公司产品的安装指南或衍生作品，并已在美国复制、发行且将继续在美国复制和发行侵犯其版权的安装指南，其中内容公然抄袭了美国 LUND 公司 PowerStep 产品安装指南的关键部分，例如演示如何安装的图像及安装过程中的步骤。

同时原告主张被告还诱导其美国客户复制、发行侵权的安装指南，以及创造未经授权的衍生作品。被告这样做的目的是促进对侵权安装指南的使用。如前所述，原告主张被告对 PowerStep 产品是知情的，仍复制和发行安装指南，因此其对侵犯版权的行为存在故意。

综上所述，原告主张天铭科技通过在美国销售、许诺销售、进口和 / 或使用侵权的 T-Max Steps，以及提供安装、使用、翻新和 / 或维修 T-Max Steps 所需的指导、指南、手册、使用培训和 / 或其他材料，积极诱导经销商、零售商、分销商和客户，直接侵犯了原告持有的三项专利，且天铭科技明知自己的行为会构成侵权。

（二）判决结果

2021 年双方签署和解协议，天铭科技同意在涉诉专利到期失效前停止在美国制造、使用、销售、许诺销售涉诉产品或将产品出口至美国，双方向法院提出撤回所有诉讼和反诉的请求。

三、法律分析

该案中美国 LUND 公司主张天铭科技存在侵权行为，并要求法院发布禁令，其诉状中着重强调天铭科技抢占了原本属于美国公司的市场份额及客户群体。但实际上涉诉专利采用四连杆机构技术，而天铭科技在踏板生产中采用的为拥有自主知识产权的六连杆机构技术，双方的技术核心点和结构存在差异，在实际应用中均能实现使机构伸缩运动的功能。因此从本质上来看，美国公司发起诉讼意图阻止天铭科技进入美国市场。天铭科技公司有两个选择：一是不应诉，退出美国市场，这意味着放弃全球最大的美国汽车改装市场；二是应诉，维护企业的合法权益，进入美国汽车改装市场。公司积极应诉虽然是一个漫长和艰辛的过程，但最终仍有可能胜诉或与对方达成和解；而不应诉则很有可能败诉，将面临在国外禁售相关产品，让出国外市场的境况。该案中天铭科技积极应诉，最终经过三年的时间达成和解，将损失降到最低。

在涉外专利侵权纠纷中要促成双方和解，中国企业要善于利用自己手中的专利牌或采取一切可能的手段。一般提起专利侵权诉讼的，往往是同行业的企业。因此，中国企业一旦遭遇起诉，要从自己拥有的专利出发，寻找原告侵犯自己专利的证据，并据此反诉原告，从而给原告增加压力，以促成和解。但有效对抗也并非平白无据地起诉对方，否则，就会适得其反。有效对抗不限于以自己所有的权利为依据，还可以通过其他的途径起诉，只要找到原告违反法律规定的地方都可以起诉，并且也不仅限于原审法院。被告如要起诉，在另案起诉时的角色便转换为原告，对提起诉讼有一定的主动权。只要能够有效打击和遏制对方，并使对方陷于被动的地位，被告在和解谈判中的形势就会好很多。

对于该案的管辖问题，该案原告主张天铭科技在美国加利福尼亚州受属人管辖，因为其符合最低联系原则，即美国的长臂管辖。加利福尼亚州是美国诸多拥有长臂管辖规定的行政区之一，其民事诉讼法典第 410.10 条规定："本州法院可以基于任何事由行使管辖权，只要行使该权力不会违反本州宪法和美国宪法的规定。"即使加利福尼亚州的立法被认为是全美"最长臂"的规定，但是从诸多的判例来看，法院仍然谨慎地遵循"最低联系"尤其是"物理联系"的标准，如被告公司在加利福尼亚州有营业地，或者诉争的交易至少与该州发生过一些哪怕最微小的联系。该案原告主张天铭科技在该州进行了案涉专利产品的销售，故而符合最低联系原则。

在跨国知识产权诉讼中，管辖权的确立是一国法院裁决特定纠纷，主导和参与国际知识产权治理规则的前提。同一纠纷由不同国家法院的管辖将适用不同的实体法，可能导致不同的裁判结果。近年来在一些涉及中国企业与美国企业间的跨国知识产权诉讼中美国法院频繁将长臂管辖作为争夺司法管辖权的工具，积极扩张其司法管辖权范围，导致相关中国企业因此遭遇诉讼和海外经营拓展受限的双重困境。美国长臂管辖政策表面上打着促进竞争、维护市场秩序、保护知识产权、打击恐怖主义的旗号，但其实质是打击和美国企业竞争的企业，维护美国国家利益。因此，深入分析美国法院的长臂管辖制度对我国企业和司法的影响并研究、制定相关对策具有紧迫性和重要的现实意义。在新的国际形势下，如何有效维护司法管辖权、为中国企业参与国际竞争提供有力的司法支撑，应成为当前完善我国司法制度面临的重要任务，也是我国正在推进的国家治理体系和治理能力现代化的内在要求。

在美国应诉时，被告可以基于法院对该被告无管辖权请求法院不受理诉讼，及基于法院对该诉讼案件而言并非有管辖权的法院请求法院撤销诉讼；或虽然两个法院都有管辖权，但其中一个法院比原告起诉的法院更适合审理该案，因而被告请求法院撤销原告之诉。如被告能成功地请求法院撤销诉讼而使原告重新在对其不利的法院另行起诉，从时间及诉讼的进行上，对被告都非常有利。

在全球化的大环境下，参加国外展会往往是中国企业走向世界的重要一环。然而，中国企业在外国展会上总是会意想不到地碰到各种各样的知识产权问题，导致出国参展反而变成了开拓国外市场的"绊脚石"。正如该案中美国 LUND 公司以天铭科技与其一同参加了美国改装行业协会贸易展，而主张天铭科技知晓其专利，进而故意实施了专利侵权行为。但参展产品一般是最先进的研发成果，故因其结构、原理、核心技术等能否仅因参展而被抄袭仍存疑。实践中，参展企业在参展前，可就参展产品和材料的知识产权问题进行检索审查，排除侵犯他人知识产权的可能性；尤其要注意相关知识产权在参展地的申请注册情况，因为在中国享有知识产权并不意味着在参展地必然也享有相应的知识产权。

四、经验启示

近年来，国际经贸关系错综复杂，贸易保护主义抬头迹象明显。受此影响，外贸企业遭受境外知识产权纠纷案件明显增多。世界未来的竞争就是知识产权的竞争。企业作为知识产权创造、运用、保护和管理的主体，只有从战略高度充分认识和把握这一趋势，采取积极主动的措施，把创新、知识产权保护与企业发展战略充分结合起来，才能有所作为，赢得国际市场竞争优势。因此，企业掌握国际知识产权规则、做好海外知识产权布局、提升知识产权国际化水平，做到知己知彼，在保护好自己知识产权的同时又尊重他人知识产权，并充分运用知识产权规则参与竞争十分重要，而且是形势发展的必然。只有这样，企业才能在激烈的国际市场竞争中立于不败之地，使"走出去"的步伐迈得矫健、行稳致远。

首先，企业在进入海外市场前，应充分了解同类企业在国外的知识产权状况、所在国家或地区法律制度以及知识产权诉讼环境。企业从事境外销售或赴境外参展，前期应聘请专业知识产权服务机构对自身销售或参展的产品所涉及的技术、商标、著作权是否侵犯该国专利、商标、著作权，以及违反其他法律法规的规定进行分析或调查；经分析或调查后如果发现有侵权情况存在，可对自己的产品进行改进，避免侵权结果的发生，同时对可能面临的风险制定预案，以便后续从容应对。

企业到境外参展，很难完全避免知识产权纠纷。很多参展企业出于成本的考虑，会选择躲避。然而，面对法庭临时禁令和在当地的诉讼，一味躲避只会令对方胜诉，进而导致中国企业在当地的声誉受到损害。无论是否侵权，都要理性、依法对待。当企业在展会所在国家或地区境内被控侵犯知识产权时，应及时收集影响对方知识产权权利稳定性的证据及确认自身权利合法有效的证明材料，聘请知识产权专业服务机构对是否构成侵权进行评估，并应尽快组建应诉团队。①

企业应积极应对知识产权纠纷，根据所在国家或地区法律法规及相关国际条约，维护自身的合法权益。在解决纠纷过程中应优先通过商业谈判或调解的方式解决知识产权纠纷。应诉前应当了解清楚对方的目的：如果对方的目的在于争夺市场，通过专利限制竞争对手的生产规模，那么可以采用专利许可的方式，包括技术交叉许可和专利互换的方式达成和解。如果对方仅仅是为了使用费，那就把握好谈判的时机，以合理的价格达成和解。总而言之，企业应综合分析事态发展并据此决定是否与对方和解及和解谈判策略，这样对企业而言不仅免去了诉讼的风险，又可以守住国际市场。若双方就纠纷解决协商一致，此时应签署书面协议并向法院申请结案；若双方未能达成和解，在法院作出判决后，企业应综合分析上诉可能带来的结果、上诉费用、上诉胜算概率等，决定是否上诉及有关策略。

其次，世界上绝大多数国家都有知识产权合法使用抗辩权等公众权利救济制

---

① 许传宏. 展会知识产权问题探析 [J]. 国际商务（对外经济贸易大学学报），2006(5)：94- 封三.

度，企业应根据案件审理国知识产权相关法律的规定充分行使抗辩权。诉讼中，企业还可依照案件审理国法律的规定就对方知识产权是否有效等向案件审理国法院提起反诉。

再次，美国专利法对于故意侵权规定了高昂的惩罚性赔偿，即法定的三倍赔偿额并附加律师费。考虑到一般专利案件的赔偿额和律师费很高，所以三倍赔偿是非常严厉的惩罚。为了避免惩罚性赔偿，首先可考虑请律师出具不侵权或者专利无效的法律意见；如果被告在被指控侵权前请律师对产品作分析，并出示不侵权书面意见，该书面法律意见将有可能使故意侵权的指控不攻自破。如果诉讼开始前不做足功课，官司打到赔偿阶段，便很难避免惩罚性赔偿。

最后，企业应将维权活动情况进行整理总结，吸取经验教训，以加强知识产权风险的预见性，提升企业海外知识产权维权保护能力。

12

Velodyne与禾赛科技专利侵权纠纷案

>

一、基本情况

（一）案例信息

司法辖区：美国

审理机关：美国加利福尼亚北区联邦地方法院

案件编号：5:19-cv-04742-EJD

审理法官：Edward J. Davila

知识产权类型：专利

纠纷类型：侵权纠纷

重点产业：激光雷达技术

起诉日期：2019 年 8 月 15 日

判决日期：2020 年 10 月 1 日

审理结果：双方和解

（二）涉案知识产权信息

原告 Velodyne Lidar，Inc. 拥有多项激光雷达相关的标准必要专利，本案涉及的美国专利 US7969558B2（以下简称"558 号专利"）为该公司旋转式激光雷达技术的基础专利。

（三）涉案当事人信息

原告：Velodyne Lidar，Inc.（以下简称"Velodyne"）

被告：Hesai Photonics Technology Co., Ltd.（上海禾赛科技有限公司，以下简称"禾赛科技"）；Suteng Innovation Technology Co., Ltd.（深圳市速腾聚创科技有限公司，以下简称"速腾聚创"）

二、基本案情

（一）案件情况

2019 年 8 月 15 日，原告 Velodyne 在美国加利福尼亚北区联邦地方法院起诉禾赛科技和速腾聚创侵犯了其 558 号专利（高分辨率激光雷达系统），要求法院判令禾赛科技和速腾聚创停止侵权、赔偿 3 倍的侵权损失费用并颁发一份永久禁令。该专利涉及基于激光雷达的 3D 点云测量系统，可用于自动驾驶、高级驾驶辅助系统（ADAS）、机器人视觉和其他各种应用。同时，Velodyne 还在美国国际贸易委员会(ITC)启动了侵权指控，请求一份针对禾赛科技的有限排除令。

558 号专利在美国经历过一次专利无效审查。Velodyne 在 2016 年使用这件专利起诉了正在快速成长期的激光雷达新秀 Quanergy 公司专利侵权。当时 Quanergy 公司积极应诉，就 558 号专利向美国专利审判与上诉委员会提出了无效复审请求，但是结果对 Quanergy 公司来说很不理想。2019 年 5 月，美国专利审判与上诉委员会作出裁决，维持了 558 号专利的有效性。也正是在美国专利审判与上诉委员会确定 558 专利维持有效后的 3 个月，Velodyne 在美国起诉禾赛科技和速腾聚创两家中国公司专利侵权。

接到侵权指控后，禾赛科技就在德国法兰克福 / 美茵地区法院对 Velodyne 提起诉讼，指控 Velodyne 侵犯其在德国申请的旋转式激光雷达专利。2019 年底，Velodyne 决定不直接在中国市场销售激光雷达，而是通过代理模式发展。

2020 年，禾赛科技又在中国上海知识产权法院指控 Velodyne 侵犯其中国旋转式激光雷达专利。

（二）判决结果

2020 年，禾赛科技与 Velodyne 达成了全球和解协议，并签署了《诉讼和解与专利交叉许可协议》，协议不仅涵盖众多旋转式激光雷达产品，而且涵盖双方现有和未来的全部专利，禾赛科技与 Velodyne 将撤销双方在美国、德国和中国涉诉的所有案件。根据《诉讼和解与专利交叉许可协议》，禾赛科技与 Velodyne 均在协议中否认对另一方的专利存在侵权行为，并约定在全球范围内交叉许可双方现有和未来的专利。禾赛科技向 Velodyne 支付和解费用，包括一次性的专利许可补偿费及后续按年支付的专利许可使用费。

三、法律分析

纵观该案，从本质上讲就是 Velodyne 感觉自身垄断地位和利益被侵蚀，必须拿出手段解决越来越强的竞争对手，希望通过 558 号专利打乱禾赛科技在激光雷达市场发展的布局，提出针对禾赛科技的永久禁令并索赔 3 倍的侵权损失费用。但是该案自 2019 年开始至 2020 年双方签署《诉讼和解与专利交叉许可协议》结束，该系列案件不像其他案件经过了冗长的时间去进行大量的专利侵权诉讼程序和专利无效程序，而是速战速决，在一年左右的时间里结束了双方的专利大战，达成了和解协议，签署了对双方都有利的《诉讼和解与专利交叉许可协议》。

根据双方签订的《诉讼和解与专利交叉许可协议》，禾赛科技与 Velodyne 均在协议中否认对另一方的专利存在侵权行为，并约定在全球范围内交叉许可双方现有和未来的专利。虽然双方均否认存在侵权行为，但禾赛科技选择和解是否在另一方面认定了其有一定侵权的可能性，我们不得而知。如果继续诉讼将面临败诉的风险，而一旦败诉就将面临美国政府颁布永久禁令并对 Velodyne 受到的侵权损害进行 3 倍赔偿的风险，这并不是禾赛科技想要的结果。

在该案中，禾赛科技对此次和解提出的理由是"考虑到发起和应对国际诉讼的费用和机会成本", 禾赛科技同意向 Velodyne 支付和解费用, 包括一次性的专利许可补偿费及后续按年支付的专利许可使用费。该协议有效期限至 2030 年 2 月 26 日, 在协议有效期内, 双方承诺不再针对旋转式激光雷达领域向对方提起任何专利诉讼。

该协议有效期届满时, 禾赛科技在美国被 Velodyne 指控侵权的旋转式激光雷达相关专利的保护期亦将届满, Velodyne 也将无法依据该专利继续指控使用人侵权。也就是说, 此次和解不仅包括了和解费, 还包括了未来 10 年一揽子的专利许可费。而这些和解费与许可费的基础都是 558 号专利, 直到该专利期限届满为止。对于禾赛科技来说, 虽然支付了高额的许可费用, 但是在协议期间禾赛科技可以不用费时费力进行诉讼, 并且在 10 年之内都不会被 Velodyne 在相关领域起诉。在如今, 自动驾驶行业正处于高增长阶段, 禾赛科技可以致力于在 3D 传感应用市场进行多样化发展。从某种意义上来说, 禾赛科技赢得了此次博弈的胜利。

我国当事人一旦发生和美国有关的知识产权纠纷, 如果是想直接进行法院诉讼, 由于跨国关系, 当事人有必要先了解美国的基本诉讼制度以及相关费用。根据不同的诉讼类型, 在具体诉讼时效的长短上, 各州有所不同。例如, 在纽约州违约之诉的时效长达 6 年; 而在加利福尼亚州, 书面协议违约的诉讼时效为 4 年, 口头协议违约的诉讼时效则为 2 年。而这种漫长的诉讼时效还不包括因为各种原因延误审判的情况, 这就会产生大笔无法预测的费用。因此, 禾赛科技以"考虑到发起和应对国际诉讼的费用和机会成本"为由提起和解是合理且明智的。

在该案中, Velodyne 不仅在美国加利福尼亚北区联邦地方法院对禾赛科技提起了诉讼, 还在美国国际贸易委员会启动了侵权指控, 请求针对禾赛科技的有限排除令。有限排除令为美国 337 调查的救济措施, 排除令是 337 条款中最重要也是最具威慑力的处罚措施, 由美国海关执行, 禁止被列入申请书的外国企业的侵权产品进入美国市场。因此可以认为, 美国 337 调查的介入也是促进此次专利侵权纠纷迅速落幕、达成和解的原因之一。

337 调查是美国国际贸易委员会根据申请人(原告)的请求来调查被告是否

存在违反 337 条款的行为。[①]337 调查案件的审理速度相比于美国联邦地方法院知识产权案件的审理速度要快许多，平均在 12 ～ 18 个月就会有最终的决定。一旦被判定违反 337 条款，美国国际贸易委员会便能够颁布排除令，禁止被告向美国进口侵权产品，并且还可发出禁止令，对已经进口到美国的侵权产品限制其进一步流通与销售。救济措施没有确定的有效期，除非美国国际贸易委员会认为侵权情形已不存在，否则排除令可在涉案知识产权有效期内一直执行。对于美国企业来说，只需向美国国际贸易委员会进行申请并证明侵犯自己专利权即可；而对于中国企业来说，证明没有侵权则非常复杂，并且留给中国企业的时间也很短。337 调查一般时间仅为 12 ～ 18 个月，一旦败诉，该企业商品将会被禁止进入美国，不仅该企业会受到损失，有关的上下游企业也会受到损失，即使中国企业胜诉，也要支付昂贵的成本。而大部分的中国企业都缺乏相关人才与准备，往往在面对 337 调查的时候极其被动。调查显示，中国企业应对 337 调查的胜诉率很低，在所有的处理结果中，中美双方更多采取的是和解的解决方式，还有很多企业直接不应诉，放弃美国市场。基于此种情况，禾赛科技与 Velodyne 最终化干戈为玉帛也不失为双赢的事情。

面对国际诉讼与美国 337 调查和解是否为最优方案？答案是否定的。虽然上述案件因为和解取得了好的效果，但是不代表我们面对所有的国际诉讼和 337 调查都应该选择和解的方式。我们要有主动出击、保护自身知识产权的意识，应该从被动应诉向主动出击转变。

首先，中国企业要积极应诉，避免被认定为缺席被告。一旦被告在初裁中被认定为缺席被告，则将被视为其放弃所有出席、送达文件和抗辩的权利。原告往往会发起即决裁决（简易裁决）申请以尽快获得调查结果。在被告缺席的情况下，若无相反证据，原告所主张的事实将被推定为真实的，该推定将极大程度降低原告的举证义务。其次，可以合理利用程序规则，向原告施加压力。例如，作为美国国际贸易委员会提供的一种快速的证据开示、事实查明和裁决机制，"百日程序"

---

① 金桢烨 . 美国涉华非关税贸易壁垒分析及应对措施：以 337 调查为例 [J]. 产业创新研究，2022 (23)：105-107.

(100-day proceeding)旨在优先解决 337 调查程序中是否符合"国内产业要求"、专利是否有效等前置性问题。通过合理利用 337 调查的程序规则，该程序授权行政法官在案件开始后 100 日内对具有决定性影响的事项进行裁决。中国企业通过合理利用"337 调查"的程序规则，由此向原告施加压力，可能实现迫使原告撤诉或和解等目的。再次，337 调查的原告需要举证证明满足"国内产业要求"，国内产业要求包括"技术要件"和"经济要件"两个部分。[①] 关于"技术要件"，对于每件声称被侵权的专利，原告均需证明其所提供的产品已实施其所主张专利的至少一项权利要求。关于"经济要件"，原告须证明对于每一件其所主张的专利，美国国内均在"工厂和设备"、"劳动力和资本"或"对于专利的开发"方面存在"实质性的"投资。因此作为被告可以通过证明原告的证据不足以证明其满足"国内产业要求"而获得有利判决。最后，企业在研发过程中，要注重加强知识产权管理体系建设，对于创新成果或使用的商标及时申请专利、注册商标等保护。同时，在产品出口前了解出口目标国境内知识产权法律制度和管理体系，自主完成该国相关知识产权、相似企业及类似产品检索，确定不存在知识产权冲突后再出口，以免诉累。

四、经验启示

（一）化专利侵权纠纷为合作

从以上的介绍可以看出，禾赛科技和 Velodyne 在此次专利侵权纠纷案中速战速决，用和解和许可的方式解决了纠纷。中国企业与国外跨国企业竞争是全面的竞争，跨国企业不仅有市场竞争的经验，而且也有格外丰富的诉讼经验和技巧。中国企业和企业家应该对此给予高度的关注，在面对专利侵权纠纷时，不是只有侵权诉讼这一个选项。侵权诉讼往往费时费力，可能我们在花费了很多财力、物力之后得到的结果仍然是不理想的。这时化专利侵权纠纷为合作是一个很好的解决办法。

---

① 郭以君 . 我国进口贸易知识产权保护的困境和制度完善 [D]. 成都：西华大学，2020.

一方面，在专利侵权纠纷中如果被指控侵权人发现自己确实存在侵权行为，需要继续使用专利技术，为了避免可能输掉侵权诉讼而面临更大的损失，可以与专利权人协商签订实施许可协议并达成解决方案。另一方面，在专利侵权纠纷中如果被指控侵权人不一定构成专利侵权，但由于专利侵权诉讼费时费力，为了尽快结束纠纷，被指控侵权人可以从第三方购买专利。以此为筹码，与原告诉称的侵权专利达成交叉许可从而解决侵权纠纷。

（二）强化我国企业应对 337 调查的能力

在"中国崛起"与"美国优先"的大国竞争下，337 调查扩大了中美在知识产权领域的摩擦风险。从立法背景来看，337 调查是带有浓厚贸易保护主义色彩的贸易工具，实质是为了保护美国国内产业。美国为了符合国际规则，未来更有可能利用贸易保护较为隐蔽的 337 调查来打压我国有希望获得领先地位的领域。面对来势汹汹的 337 调查，首先，要加强重点产业知识产权在美布局能力，在美国拥有可与之抗衡的知识产权才能增加竞争的主动权。增强企业在美国的知识产权布局意识，加大宣传知识产权产生的经济效益，鼓励企业主动在美国布局知识产权。同时，拓宽知识产权布局渠道，对于美国已经布局完善的技术领域，企业通过许可或收购的方式获得高价值知识产权，增加与美国企业的竞争筹码。其次，我国可以构建应对 337 调查的服务体系，加速企业国际化发展。为了使企业能更加积极地应对 337 调查，该服务体系具体可以有以下几个功能。（1）预警：建设预警防控平台，提升美国 337 调查的预警能力；（2）援助：在企业遭遇美国 337 调查时提供援助；（3）反馈：建立针对遭遇美国 337 调查的企业的跟踪反馈通道，鼓励被调查企业加强自主创新，发挥美国 337 调查的"学习效应"。最后，我国企业要进行知识产权的战略布局，熟悉 337 调查规则，储备相关的法律人才，建立相关的关系网络。由此，我国企业才能在外国的地盘，利用外国的法律，保护自己的利益。

13

美国Vitaworks IP公司与湖北远大生命科学与技术有限责任公司等多家公司专利侵权纠纷案

>

一、基本情况

（一）案例信息 1

司法辖区：美国

审理机关：美国新泽西联邦地方法院

案件编号：2:17-cv-12358

审理法官：Claire C. Cecchi

原告：Vitaworks IP，LLC

被告：Hubei Grand Life Science And Technology Co.，Ltd.（湖北远大生命科学与技术有限责任公司）；Wild Flavors and Specialty Ingredients（USA）Inc.

知识产权类型：专利

纠纷类型：侵权纠纷

重点产业：生物医药

起诉日期：2017 年 12 月 1 日

判决日期：2020 年 6 月 12 日

审理结果：原告主动撤诉

（二）案例信息 2

司法辖区：美国

审理机关：美国专利审判与上诉委员会

案件编号：IPR2018-01767、IPR2018-01766、IPR2018-01768

审理法官：Erica A.Franklin、Timothy G.Majors、Erica A.Franklin（按照案件编号排序）

无效请求人：Hubei Grand Life Science and Technology Co., Ltd.（湖北远大生命科学与技术有限责任公司）

被请求人：Vitaworks IP, LLC

知识产权类型：专利

纠纷类型：无效宣告

重点产业：生物医药

起诉日期：2018 年 9 月 28 日

结案日期：2019 年 7 月 18 日

审理结果：请求人撤诉

（三）案例信息 3

司法辖区：美国

审理机关：美国国际贸易委员会

案件编号：337-TA-1146

审理法官：Lisa R.Barton

原告：Vitaworks IP, LLC; Vitaworks, LLC

被告：A to Z Nutrition, Inc.; Ampak Company, Inc.; Armada Nutrition LLC; Atlantic Chemicals Trading of North America, Inc.; Crossroad Ingredients LLC; Emote International, Inc.; Epikix, Inc.; Fuchi Pharmaceutical Co., Ltd.; Hubei Grand Life Science and Technology Co., Ltd.（湖北远大生命科学与技术有限责任公司）；

Fuerst Day Lawson(USA), Ltd.; Glanbia Nutritional(NA), Inc.; Greating Shipping Co., Ltd.; Green Wave Ingredients, Inc.; Hard Eight Nutrition, LLC; JSW Enterprises, LLC; Jiangyin Huachang Food Additive Co., Ltd.（江苏江阴华昌食品添加剂有限公司）; N.V.E., Inc.（N.V.E. Pharmaceuticals, Inc.）; Natural Ingredient Corp.; Pacific Rainbow International Inc.; Pharmachem Laboratories, Inc.; Prinova USA, LLC; Qianjiang Yongan Pharma Co., Ltd.（湖北潜江永安药业股份有限公司）; SEM Minerals, L.P.; Shandong Xinhua Pharmaceutical USA. Inc.; Signo, LLC; Stauber Holdings, Inc.（Stauber Performance Ingredients, Inc.）; Uniprime International, LLC; Wild Flavors, Inc.

知识产权类型：专利

纠纷类型：337 调查

重点产业：生物医药

起诉日期：2019 年 1 月 31 日

判决日期：2019 年 4 月 25 日

审理结果：被告胜诉

（四）涉案知识产权信息

在美国 Vitaworks IP, LLC（以下简称"Vitaworks IP 公司"）诉湖北远大生命科学与技术有限责任公司（以下简称"远大生命科学"）的专利侵权诉讼中，涉及 6 件专利，分别为 US9428451B2（由碱金属羟乙基磺酸盐生产牛磺酸的循环工艺，以下简称"451 号专利"）、US20160340300A1（牛磺酸的生产工艺，以下简称"300 号专利"）、US20150299113A1（由碱金属羟乙基磺酸盐和碱金属乙烯基磺酸盐生产牛磺酸的循环工艺，以下简称"113 号专利"）、US9573890B2（牛磺酸的生产工艺，以下简称"890 号专利"）、US20150299114A1（由碱金属羟乙基磺酸盐和碱金属乙烯基磺酸盐生产牛磺酸的循环工艺，以下简称"114 号专利"）、US9428450B2（从碱金属牛磺酸盐生产牛磺酸的方法，以下简称"450 号专利"）。

远大生命科学对其中的 3 件专利提起无效宣告请求，分别是 451 号专利、450 号专利和 890 号专利。

而后 Vitaworks IP 公司和 Vitaworks，LLC（以下简称"Vitaworks 公司"）申请美国国际贸易委员会对全球 28 家企业发起 337 调查，涉及 5 件专利，分别是 US10040755B2（碱金属牛磺酸盐的生产工艺，以下简称"755 号专利"）、300 号专利、890 号专利、US2018014899A1（碱金属牛磺酸盐的生产工艺，以下简称"899 号专利"）、US9745258B1（生产牛磺酸的循环过程，以下简称"258号专利"）。其中 755 号专利、899 号专利和 258 号专利为新增专利，300 号专利和 890 号专利在之前的专利诉讼清单中有涉及。

上述三个案件共涉及 9 件专利，该 9 件专利均涉及牛磺酸的生产过程、生产工艺及生产方法，发明人均为胡某。胡某系美籍华人，华中科技大学硕士，美国马凯特大学博士。

（五）涉案当事人信息

上述三个关联案件中，涉及的原告为 Vitaworks IP 公司和 Vitaworks 公司。

Vitaworks IP 公司是胡某于 2015 年 10 月 26 日在美国新泽西州成立的公司，同时也是涉案专利的专利权人。Vitaworks IP 公司在中国有 16 件专利 / 专利申请，专利申请时使用的中文名称为"维生源知识产权有限责任公司"。

Vitaworks 公司是胡某于 2016 年 11 月 8 日在美国新泽西州成立的公司。原告声称 Vitaworks 公司是部分涉案专利的独占被许可人①。

专利侵权诉讼中涉及被告远大生命科学，337 调查涉及 3 家中国被告，分别是远大生命科学、湖北潜江永安药业股份有限公司（以下简称"永安药业"）和江苏江阴华昌食品添加剂有限公司（以下简称"华昌食品添加剂"）。

远大生命科学（原黄冈市富驰制药有限责任公司）系远大医药（中国）有限责任公司旗下子公司，是较大的牛磺酸生产企业之一，始建于 1995 年 5 月，

---

① 指经专利权人许可在合同约定的时间和地域范围内，以合同约定的使用方式对专利进行独占性实施。

1996 年 3 月生产牛磺酸。公司主要生产原料药牛磺酸、食品添加剂牛磺酸、饲料添加剂牛磺酸，目前正在打造全球较大的牛磺酸生产基地，生产牛磺酸有 20 多年之久，是行业资质较老的专业牛磺酸生产厂商。

永安药业成立于 2001 年，是一家拥有自主知识产权的国家高新技术企业。经过多年的发展，公司形成了以食品及药品添加剂牛磺酸生产销售为主体、以环氧乙烷及减水剂相关产品和保健产品生产销售上下游延伸的总体格局。公司自行独创的牛磺酸"环氧乙烷"生产工艺，获科技部颁发的"火炬计划"证书。

华昌食品添加剂成立于 2007 年 8 月，目前已形成了年产 1 万多吨高品质的营养强化剂——牛磺酸——的规模，产品质量符合中国 GB 14759、日本 JP15、美国 USP32 标准要求。

上述三个案例的基本情况参见附表 13-1 至附表 13-3。

二、基本案情

（一）案件事实

2017 年 12 月 1 日，Vitaworks IP 公司向新泽西联邦地方法院提出，远大生命科学侵犯其专利权，涉案专利包括 451 号专利、300 号专利、113 号专利、890 号专利、114 号专利、450 号专利，涉案产品为传统牛磺酸生产工艺、方法。该案立案日期是 2017 年 12 月 1 日，结案日期是 2020 年 6 月 12 日，案件结果是原告以主动撤诉而结案。

2018 年 9 月 28 日，基于 Vitaworks IP 公司提出的专利侵权诉讼，远大生命科学向美国专利审判与上诉委员会提出 451 号专利、450 号专利和 890 号专利无效宣告请求。

在侵权诉讼和无效程序进行的过程中，2019 年 1 月 31 日，Vitaworks IP 公司和 Vitaworks 公司根据 337 条款规定向美国际贸易委员会提出申请（申请编号：3360），主张对美出口、在美进口及销售的特定牛磺酸（2- 氨基乙磺酸）侵犯了其专利权，请求美国国际贸易委员会发布有限排除令、禁止令。

牛磺酸是一种含硫的非蛋白氨基酸，在人体内起重要作用，被广泛应用于医药、食品添加剂、饲料等领域，美国、日本等多个国家已规定在婴幼儿食品中必须添加牛磺酸。统计数据显示，全球90%以上的牛磺酸产于我国，我国牛磺酸产业在全球市场中颇具优势，美国市场则是我国牛磺酸企业最重要的市场之一，美国国际贸易委员会颁布排除令和禁止令将导致我国牛磺酸产业遭受重大的损失。

从胡某申请的关于牛磺酸的专利布局情况来看，其专利涉及中国、加拿大、日本、德国、西班牙等多个国家，其十分重视牛磺酸技术的全球化保护。

永安药业是全球最大的牛磺酸生产企业之一，其在上市公告中披露，根据公司2017年度经审计的财务数据，牛磺酸出口美国的数量占总销售数量的比例约为22%，若美国国际贸易委员会在337调查中对公司作出不利的裁决，可能对公司业绩有较大的负面影响。同样地，远大生命科学和华昌食品添加剂也是国内优质的牛磺酸生产企业。三家被诉中国企业高度重视此次诉讼，团结一致，积极应诉，聘请了专业团队代理此次诉讼。

在337调查中，根据原告起诉状中所描述的"美国国内产业要求"的"经济要件"，被告永安药业、远大生命科学和华昌食品添加剂果断请求美国国际贸易委员会启动"百日程序"，请求美国国际贸易委员会在100天内首先确定申请人是否满足国内产业要求的经济要件。2019年2月28日，美国国际贸易委员会发送立案通知，支持被告的"百日程序"请求，指定行政法官在立案之后100天之内先确定申请人是否满足国内产业要求经济要件。2019年4月10日，该案行政法官颁布该案初步裁决，同意原告撤诉。

（二）判决结果

337调查案中，原告迫于"百日程序"的举证压力，于2019年4月1日向美国国际贸易委员会提出撤销申请并终止全部调查的申请。2019年4月25日，美国国际贸易委员会作出部分终裁，基于原告的撤销申请终止该案调查。4月26日，美国国际贸易委员会作出终裁，决定不复审行政法官同意申请人撤诉的初步裁决。这意味着，中国企业仅耗时仅 1 个月，就取得了这起 337 调查的最终胜利。

随着 337 调查中国企业的胜利，Vitaworks IP 公司在 2017 年提出的专利侵权诉讼也以原告主动撤诉而结案。

三、法律分析

包括远大生命科技在内的一些中国企业，之前均采用的是传统的方法来制备牛磺酸，该传统方法包括如下步骤：将环氧乙烷和亚硫酸氢钠结合，形成乙硫酸钠；氨解乙硫酸钠以产生牛磺酸钠、二金黄酸钠和三金黄酸钠盐的混合物；从该混合物中除去过量的氨；用硫酸中和该混合物，形成金黄、二金黄酸钠和三金黄酸钠以及硫酸钠的溶液；从二金黄酸钠和三金黄酸盐中分离金黄酸和硫酸钠；丢弃剩余的"母液"，其中包括二金黄酸钠和三金黄酸钠盐以及其他硫酸盐废物。

上述传统制备牛磺酸方法的缺陷在于：牛磺酸的产率从大约为 75%，其产生的母液中包含大量的二金黄酸钠、三金黄酸钠盐和其他硫酸盐等废物，而处理此类物质的成本非常高。

Vitaworks IP 公司所持有的 451 号专利、450 号专利和 890 号专利公开了新的反应方法，这些反应方法将牛磺酸的产率从 75% 大幅提高到 85% 以上，甚至可以达到 100%，大大降低了生产成本，并大幅减少或消除了传统牛磺酸生产工艺的母液废水排放。Vitaworks IP 公司提供相关证据用于证明远大生命科学已经开始采用了上述专利中的新方法生产牛磺酸。

在远大生命科学对 451 号专利提起的无效请求中，无效请求人远大生命科学提供了多篇对比文献，无效请求人认为，451 号专利公开了一种由碱金属硫氰酸盐生产牛磺酸的循环方法：（a）将过量的氨加入碱金属硫氰酸盐溶液中，并在一种或多种催化剂的存在下使该溶液进行氨解反应，以产生碱金属硫酸盐、碱金属二金酸盐、碱金属三金酸盐和未反应的碱金属硫甲酸盐的混合物；（b）从（a）所得的混合物中回收过量的氨，并用硫酸中和该溶液，以获得牛磺酸在碱硫酸盐、碱二金黄酸盐、碱三金黄酸和碱二硫黄酸盐溶液中的结晶悬浮液；（c）从（b）

所得的结晶悬浮液中分离牛磺酸以提供母液；（d）将母液的 pH 调节为碱性以将母液中存在的牛磺酸转化为碱性牛磺酸并防止牛磺酸结晶，并通过进行蒸发结晶和通过固液分离冷却结晶从母液中除去碱硫酸盐；（e）将（d）所得的母液返回到（a）所得的混合物，用于进一步氨解碱金属二金黄酸盐、碱金属三金黄酸酯和未反应的碱金属乙硫黄酸盐。该方法将氨解反应的已知副产物返回到反应系统中，在反应系统中这些副产物进一步氨解以提高牛磺酸的总收率。该专利已经公开了一种"循环"工艺，其中相同的副产物被反馈到相同的氨解反应中以产生牛磺酸，上述方法是本领域技术人员众所周知的。

在 337 调查中，三家中国企业请求美国国际贸易委员会启动"百日程序"成为该案的焦点。337 调查的"百日程序"由美国国际贸易委员会在 2013 年 6 月开始颁布试点计划，以检验提前审理 337 调查中决定案件成败的问题是否可以降低各方的诉讼成本以及缩短案件审理时间。经过将近 5 年的试点之后，"百日程序"于 2018 年正式纳入 337 调查的程序规则中。根据"百日程序"相关制度的要求，美国国际贸易委员会在 337 调查立案时可以就决定案件成败的问题，即要求行政法官在立案后的 100 天之内提前进行审理并作出决定。在没有"百日程序"的情况下，是否存在国内产业的裁定通常包含在行政法官的初裁中，自立案起通常要 1 年左右。2013 年至今，美国国际贸易委员会在 11 起 337 调查中启动了"百日程序"，启动的大部分理由是申请人可能无法满足美国"国内产业要求"的经济要件。正是因为启动了"百日程序"，为企业快速赢得不满足 337 调查基本要求或在决定性问题上存疑的案件提供了可能，将应诉对企业的影响降到最低，为通过低成本取得快速胜利创造了条件。

2021 年 5 月 12 日，美国国际贸易委员会颁布了一项新的试点计划，允许行政法官就某些特定问题在全面听证之前提前作出临时初步裁决（interim initial determinations, 以下简称"临时初裁"）。与 2013 年开始试点并于 2018 年"转正"的"百日程序"类似，该临时初裁试点计划也是为了提前解决 337 调查中的重要问题，以满足 337 条款下要求美国国际贸易委员会尽早完成 337 调查的法定要求。但与"百日程序"相比，新出台的试点计划赋予了行政法官更多管理案件的权限。

具体来说，是否启动"百日程序"由美国国际贸易委员会来决定，行政法官无权决定是否可启动"百日程序"，但其有权启动临时初裁试点计划。此外，落入临时初裁试点的问题范围也比"百日程序"更加宽泛，不限于决定案件成败的问题。美国国际贸易委员会指出可以纳入该试点计划的问题应当是：（1）可以决定案件成败或者在全面听证之前可以解决重大问题的事项；以及（2）有利于促成和解或者有助于解决当事方的全部争议。美国国际贸易委员会列举了可能落入该试点计划的问题，包括是否侵权、专利是否有效、是否有起诉资格以及是否满足美国国内产业要求等。该试点计划适用于 2021 年 5 月 12 日之后启动的所有 337 调查，在此之前启动的调查由主审法官自由裁量是否可以适用该计划。

四、经验启示

在面临 337 调查时，企业应合理高效运用"百日程序"快速获胜。首先，要积极应诉，在原告提起 337 调查申请时，原告通常期待被告不出庭，自动获得缺席裁决，或者希望被告败诉。因为原告一旦胜诉，可能获得的救济威力是巨大的，被告所有的产品将可能被排除出美国市场。因此，被诉企业不能坐以待毙，要敢于应诉，变被动为主动。

其次，要采用合理、灵活的应诉策略。涉诉企业应当在第一时间对起诉状及案件相关文件进行初步分析，判断是否有启动"百日程序"的可能和必要。如要提出启动请求，应在规定的时间内尽早提出申请，并在美国国际贸易委员会决定是否立案的 1 个月时间内积极应对，积极与美国国际贸易委员会沟通。精准恰当地选取启动事由与范围，是成功说服美国国际贸易委员会启动"百日程序"的关键。这有赖于涉诉企业与律师密切沟通，仔细分析案情与相关适用法律，包括美国是否存在国内产业、申请人是否有权提起诉讼、涉诉专利是否有效等，并对"百日程序"启动事由相关规则的实务发展予以密切关注。中国企业也可以充分利用已经启动的"百日程序"作为谈判筹码，达成有利的和解方案。

此外，多家涉诉企业可考虑联合应诉。"百日程序"所涉及的"决定性问题"

通常更多地与申请人自身相关，是各家涉诉企业选择应诉后所要处理的共性问题，如"国内产业要求"、可专利性、专利所有权等。在一定程度上，"百日程序"的制度设计导致其与联合应诉模式具有契合性，各家企业应当团结一致，联合应诉以降低应诉成本，提升应诉效果。

附表 13-1　专利侵权诉讼案件基本情况

原告	被告	案号	相关诉讼	立案日期	结案日期	涉案产品	涉案专利	审理机关	案件结果
Vitaworks IP, LLC	Hubei Grand Life Science And Technology Co., Ltd.	2:17-cv-12358	2:20-cv-00335 2:20-cv-00336	2017-12-01	2020-06-12	传统的牛磺酸生产工艺、方法	US9428451B2 US20160340300A1 US20150299113A1 US9573890B2 US20150299114A1 US9428450B2	新泽西联邦地方法院	原告主动撤诉

附表 13-2　专利无效请求案件基本情况

专利号	无效请求人	提交时间	立案/结案日期	被请求人	决定号	被请求无效的权利要求	审查结果	决定状态	相关案件
US9428451B2	Hubei Grand Life Science and Technology Co., Ltd.	2018-09-28	2019-07-18	Vitaworks IP, LLC	IPR2018-01767	1～8	All instituted claims invalidated/cancelled	终止	3: 16-cv-05321 2: 17-cv-12358 2: 17-cv-06849 2: 16-cv-05321
US9428450B2	Hubei Grand Life Science and Technology Co., Ltd.	2018-09-28	2020-04-02	Vitaworks IP, LLC	IPR2018-01766	1, 3～7	All instituted claims invalidated/cancelled	最终书面决定	3: 16-cv-05321 2: 17-cv-12358 2: 17-cv-06849 2: 16-cv-05321
US9573890B2	Hubei Grand Life Science and Technology Co., Ltd.	2018-09-28	2019-07-18	Vitaworks IP, LLC	IPR2018-01768	1, 3～10	All instituted claims invalidated/cancelled	终止	337-TA-1146 2: 17-cv-12358 2: 17-cv-06849

附表 13-3 337 调查案件基本情况

原告	被告	案号	相关诉讼	立案日期	结案日期	涉案产品	涉案专利	审理机关	案件结果
Vitaworks IP, LLC Vitaworks, LLC	Hubei Grand Life Science and Technology Co., Ltd.; Jiangyin Huachang Food Additive Co., Ltd.; Qianjiang Yongan Pharma Co., Ltd.	337-TA-1146	—	2019-03-06	2019-04-25	传统的牛磺酸生产工艺、方法	US10040755B2 US20160340300A1 US9573890B2 US20180141899A1 US9745258B1	美国国际贸易委员会	被告胜诉

14

广东埃力生高科技有限公司与美国国际贸易委员会及阿斯彭气凝胶公司337调查上诉案

>

一、基本情况

（一）案例信息

司法辖区：美国

审理机关：美国联邦巡回上诉法院

案件编号：2018-2042

审理法官：Evan J. Wallach、Todd M. Hughes、Kara F. Stoll

知识产权类型：专利

纠纷类型：对美国国际贸易委员会裁决的上诉

重点产业：气凝胶复合材料

判决日期：2019 年 8 月 27 日

审理结果：维持原裁决

（二）涉案知识产权信息

第三人阿斯彭气凝胶公司拥有 US7078359B2 号美国专利（以下简称"359号专利"），涉及气凝胶复合材料。

（三）涉案当事人信息

上诉人：Guangdong Alison Hi-Tech Co.（广东埃力生高科技有限公司①）

被上诉人：International Trade Commission（美国国际贸易委员会）

第三人：Aspen Aerogels, Inc.（阿斯彭气凝胶公司）

二、基本案情

（一）案件事实

广东埃力生高科技有限公司（以下简称"埃力生"）是一家气凝胶绝缘产品的制造商，受到美国国际贸易委员会在不正当竞争调查后下达的有限排除令的限制。该禁令部分基于美国国际贸易委员会的最终裁定，即埃力生的产品侵犯了美国国内制造商阿斯彭气凝胶公司（以下简称"阿斯彭"）拥有的359号专利。埃力生提起上诉，主张359号专利的某些权利要求中关于"蓬松有弹性的纤维"的表述不是确定的。埃力生公司还质疑该委员会的最终裁决，即"359号专利的某些权利要求在预先公开和显而易见的基础上不是无效的"。美国联邦巡回上诉法院经过审理，肯定美国国际贸易委员会的理由，并且认为美国国际贸易委员会的事实调查结果得到了实质性证据的支持，最终维持了美国国际贸易委员会第337-TA-1003号调查中的裁决。

1.涉案专利

阿斯彭于2016年向美国国际贸易委员会提起诉讼，称埃力生进口了某些复合气凝胶绝缘材料，侵犯了其多项专利，包括359号专利，违反了337条款。2017年9月，行政法官认为埃力生违反了337条款，并认为359专利的某些权利要求并不是无效的，而且埃力生进口被指控的产品侵犯了这些权利要求，因此美国国际贸易委员会颁布了一项有限排除令，禁止进口埃力生侵权的复合气凝胶绝缘材料。

---

① 现已更名为"广东埃力生科技股份有限公司"。

359 号专利名称为"带纤维的气凝胶复合材料"，旨在改进气凝胶复合产品。气凝胶最早出现于 20 世纪 30 年代，是一种非常轻的材料，具有优异的绝缘性能。为了形成气凝胶，凝胶的液体成分通过专门的干燥过程成为气体，在提取液体的同时保持凝胶的其余成分完整。由此产生的产品具有高多孔性和低密度，但也非常脆弱和易碎。为了提高柔韧性，气凝胶可以与纤维材料结合形成气凝胶复合材料，所得到的复合材料的力学性能将根据所使用的纤维材料以及它们的组合方式而变化。

359 号专利特别公开了一种使用"高纤维结构"或"高蓬松弹性材料"作为纤维材料的气凝胶复合材料。359 号专利将"蓬松有弹性的材料"定义为"一种纤维材料，表现出体积特性和一定的弹性"。根据 359 号专利，这种蓬松有弹性的纤维以一种保持或改善气凝胶热性能的方式加强了气凝胶的性能，同时提供了"高度灵活、可悬垂的形式"。359 号专利表明这是对现有气凝胶复合材料的改进，后者的柔韧性低，耐久性低，热性能较差。

2. 双方观点

在行政法官的审理程序中，埃力生认为短语"蓬松有弹性的纤维"是不确定的。法院驳回了埃力生的不确定性论点，采纳了 359 号专利对"蓬松有弹性的"的明确定义："一种纤维材料，表现出体积特性和一定的弹性（有或没有完全的体积恢复）。"行政法官强调"蓬松有弹性的"定义中的"体积特性"和"弹性"在说明书中有进一步的解释，并指出，如果"经过几秒钟的压缩后，它将恢复到至少原始厚度的 70%"，那么认为"具有足够的弹性"。然而，在解释这一术语时，行政法官也拒绝采用阿斯彭在说明书中解释"蓬松有弹性的"例子：一种材料"至少可压缩其自然厚度的 50%，并且具有足够的弹性，在压缩几秒钟后，它将恢复到其原始厚度的至少 70%"。埃力生请求美国国际贸易委员会审查行政法官的初步决定，该委员会确认了行政法官的解释，并拒绝审查关于不确定性的决定。因此，该委员会将行政法官关于不确定性的决定纳入其最终决定，没有修改或进一步评论。

在行政法官的审理程序中，埃力生还基于 US5306555A 号美国专利（以下简称"555 号专利")质疑 359 号专利的有效性。555 号专利的名称为"气凝胶基复合材料"，公开了制造包含纤维的各种气凝胶基复合材料的方法。该专利描述了一系列具有不同特性的复合材料。359 号专利的说明书承认 555 号专利是现有技术，并明确区分 555 号专利的复合材料与 359 号专利中公开的复合材料相比具有高弹性模量和相对较高的热导率。埃力生在一份要求对 359 号专利进行双方复审的请求书中引用了 555 号专利，但美国专利商标局专利审判与上诉委员会驳回了这一请求，认为埃力生没有证明 555 号专利公开了一种"蓬松有弹性的……纤维"。鉴于这一证据，以及双方专家的证词，行政法官驳回了埃力生基于 555 号专利的在先公开和新颖性质疑，并维持了原审裁决。

（二）判决结果

法院确认了行政法官关于"高蓬松弹性纤维"的解释，并拒绝审查关于权利要求不确定的裁决。因此，法院将行政法官的不确定性裁决纳入其最终决定，没有修改或进一步评论。行政法官驳回了埃力生基于 555 号专利对 359 号专利权利要求有效性的质疑，法院确认了这一决定，只是作了一些没有争议的细微修改。

三、法律分析

（一）案例特点

该案中，埃力生对美国国际贸易委员会质疑关于不确定性、预期性的裁决。美国联邦巡回上诉法院通过审查国际贸易委员会的事实调查结果，以获得实质性证据，并重新作出法律裁决。

关于实质性证据的认定，在美国判例法体系下，实质性证据必须足以"证明如果审判是由陪审团进行的,当陪审团试图从中得出结论时,不应当干扰陪审团"。"实质性证据也不是一个固定的证据量"，并且在审判程序中"只能根据当事人所承担的举证责任来确定"。实质性证据还必须"考虑到记录中任何有损于其分量的内容"。因为专利权是假定有效的，挑战美国国际贸易委员会者必须以明确和令人信服的证据证明无效。因此，美国联邦巡回上诉法院审查了美国国际贸易委员会对"实质性证据"作出无效判定的事实调查结果，确定这些调查结果是否"由一个理智的人可能认为清楚和令人信服的证据所建立"，以及这些调查结果是否"构成法律上判定无效的充分谓词"。

该案主要的争议点在于涉案专利权利要求中的短语"蓬松有弹性的……纤维"是否是确定的，以及涉案专利是否被在先技术公开从而丧失新颖性。美国联邦巡回上诉法院通过对美国国际贸易委员会的裁定进行实质性证据认定，最终得出结论。

（二）法院观点

在美国联邦巡回上诉法院对上诉案的审理所涉及的诸多问题之中，如何解决以下两个问题是最关键的：

第一，上诉人埃力生认为阿彭斯所拥有的 359 号专利说明中的短语"蓬松有弹性的……纤维"是不确定的，而美国国际贸易委员会作出的裁决认为是确定的。

第二，上诉人埃力生还基于 555 号专利质疑 359 号专利权利要求的有效性。

针对上述第一个问题，美国联邦巡回上诉法院认为，专利说明书必须"以一项或多项权利要求结尾，特别指出并明确要求申请人认为是其发明的主题"。根据说明书和审查历史来看，专利权利要求书应合理确定地告知本领域技术人员发明的范围。*Nautilus* 案确立的"合理确定性"标准反映了"语言的固有局限性"和"对所要求的内容提供明确告知"之间的"微妙平衡"。它"要求清晰，同时认识到绝对精确是不可能实现的"。它还考虑到这样一个事实，即"存在少量的不确定性"是"确保适当激励创新的代价"。与这些原则一致，法院已经解释了"专利权人不需要为了符合确定性要求而以数学精度定义他的发明"。相反，"充分的权利要求所必需的精确程度取决于主题的性质"。涉及程度条款的权利要求书的专利在发明的背景下"必须为本技术领域的技术人员提供客观的界限"，通过内在证据（如专利的权利要求书、数字、书面描述或起诉历史）和外在证据提供必要的客观界限。

在上诉中，质疑美国国际贸易委员会关于 359 号专利的权利要求 1、7 和 9 不是确定的裁决。埃力生辩称，被质疑的术语不确定，因为"蓬松有弹性的纤维"是一个没有确切界限的不确定的程度术语。上诉法院同意"蓬松有弹性的"是一个程度术语，但认为埃力生追求的是超出法律要求的"数学精度"水平。

基于 359 号专利的书面描述，法院认为被质疑的权利要求不是不确定的。首先，359 号专利的书面描述为短语"蓬松有弹性的……纤维"提供了明确的定义。根据 359 号专利，"纤维材料"通常被理解为"通常用于被子衬里、填料或包装，或作为隔热毯的纤维材料"。"蓬松有弹性"被明确定义为"一种纤维材料，显示出体积特性和一定的弹性"。权利要求说明书解释，如果纤维"可以被压缩以去除空气（体积），但又能恢复到基本的原始大小和形状"，那么该材料"具有足够的弹性"。如果"含有足够少的单丝（或纤维），与相同材料的非增强气凝胶体相比，它不会显著改变增强复合材料的热性能"，那么也是"蓬松有弹性的"。其次，359 号专利还详细介绍了一种"蓬松有弹性的……纤维"，书面描述解释说，在气凝胶复合材料中使用高强度的黏结剂作为增强材料，"最大限度地减少了气凝胶的无支撑体积，同时避免了气凝胶热性能的大幅下降"。最后，359 号专利的书面描述详细讨论了根据所要求保护的发明制造的七个气凝胶复合材料示例，以及相应的测试结果。

因为"书面描述是决定一个程度术语是否不确定的关键"，美国联邦巡回上诉法院认为上述证据足以证明该专利的权利要求是确定的。除此之外，法院认为专利审查历史也支持其结论。专利审查员强调，说明书将"高弹性纤维"定义为"表现出体积特性和一定弹性的纤维材料"，并基于该术语区分现有技术。外在证据也进一步支持了"蓬松有弹性"的客观界限。一本技术词典证实，"纤维"和"弹性"是与 359 号专利中使用的含义一致的专业术语，证据证明，本领域技术人员可以合理地理解该发明的范围。

总而言之，359 号专利的书面描述提供了足够的细节，使本领域普通技术人员了解"蓬松有弹性的……纤维"的含义。因此，美国联邦巡回上诉法院得出结论，权利要求 1、7 和 9 不是不确定的。

针对第二个问题，美国联邦巡回上诉法院确认了行政法官的初步决定，即 359 号专利的权利要求 1、7 和 9 不是 555 号专利在先公开的，也不会是显而易见的。

法院认为，只有当权利要求的每一个要素都明确或固有地在单一现有技术文献中公开时，专利权利要求才会如预期的那样无效。法院确认了行政法官的裁定，即 555 号专利没有预先公开 359 号专利的权利要求 1、7 和 9。根据埃力生的观点，555 号专利的实施例 1-B 展示了与"蓬松有弹性的纤维"结构相同的"体积特性和一些弹性"属性。埃力生还认为，555 号专利的实施例 2 具有与 359 专利中披露的气凝胶复合材料相同的低密度和热特性。埃力生因此认为，本领域普通技术人员会认识到在 555 号专利中披露的"玻璃棉"是一种在 359 专利的权利要求书中提到的"蓬松有弹性的纤维"。

美国国际贸易委员会驳回了埃力生的论点，支持阿斯彭的专家证词。该证词表明，"玻璃纤维"和"玻璃棉"各自描述了一大类材料，这些材料本质上并不"蓬松有弹性"。关于实施例 1-B，该委员会认可 555 号专利中所述的体积特性和弹性反映的是复合材料的性质，而不是其纤维，人们不能必然地将复合材料的体积特性和弹性归因于其中所含的纤维。关于实施例 2，该委员会指出，双方的专家一致认为，低密度本身"并不能固有地产生高弹性"。

上诉法院相信美国国际贸易委员会的裁决有实质性证据的支持。本案中，埃力生应当承担更高的证明责任，即清楚而令人信服地证明"玻璃棉"或另一种 555 号专利披露的纤维必然呈现出"蓬松有弹性的"特性。359 号专利本身明确讨论并区分了 555 号专利，专利审查员在审查期间也考虑了这一点，后来该委员会驳回了埃力生的申请。此外，阿斯彭的专家用行业参考资料支持的详细证词反驳了埃力生的专家证词，而埃力生的专家仅仅展示了一张从维基百科上摘取的玻璃棉的照片，他认为这张照片没有任何支持的分析或测试。埃力生实际上要求美国联邦巡回上诉法院重新权衡证据，而在实质性证据审查中法院可能并不会这么做。美国联邦巡回上诉法院最终得出结论，美国国际贸易委员会可以合理地认定，555 号专利没有预先公开 359 号专利的权利要求 1、7 和 9。因此，美国联邦巡回法院认为，权利要求 9 不是 555 号专利预先公开的，也不会是显而易见的。[①]

四、经验启示

气凝胶材料与传统材料相比有长寿命、高效率、轻量化的优势，绝热保温的作用无可替代。从专利检索数据来看，2010 年开始至今，气凝胶专利申请量和申请人数增长迅速。从发明专利的技术方向来看，目前主要集中在气凝胶制备工艺及设备上，这也是气凝胶产业化需要重点突破的方向。从国内气凝胶专利申请情况来看，气凝胶产业目前处于产业化初期，已经有大批企业和研发机构涌入这一领域。该案为气凝胶行业敲响警钟：气凝胶行业必须提前进行专利布局，抱团发展，加强专利提前布局意识，提高知识产权保护意识。

我国的气凝胶产业与欧美同时起步，技术水平处于第一梯队。但这一时期出现了企业的产品同质化、技术缺乏创新、知识产权不够完善等问题。对于气凝胶行业企业，应当结合经营策略、产品技术研发方向、市场竞争现况、财务容许范围以及不同法域专利法律法规考虑决定，做好专利布局，提高竞争者规避设计难度和研发成本，对抗或牵制竞争对手，并且在遭遇专利威胁时增强自身的谈判和反击能力。

气凝胶行业企业进行海外专利布局时，首先要理解专利权的意义；其次识别出竞争对手，或者潜在竞争对手的身份及其商业活动范围；最后通过严谨的评估程序，在企业能承受的范围内决定布局的国家或地区。在明确布局目标时，应看重在竞争对手制造、使用、许诺销售、销售、进口产品的国家或地区进行布局。如果竞争对手是跨国企业，较有效益的做法是在竞争对手的销售地和制造地布局专利，通常在打击面最大的国家或地区优先布局。

除此之外，气凝胶行业企业在进行专利布局时，也应当考虑各国或地区司法

---

① 占善刚，张一诺.知识产权确认不侵权之诉受理条件实证研究 [J]. 知识产权，2020（3）：27-46.

实务趋势。在美国，通过法院体系判定侵权可以取得高额赔偿，但法院轻易不给予禁令；在德国，专利权人容易获得诉前禁令（在诉讼发生前核发禁令），便于在海关或展场上直接查扣产品，竞争对手不易事先察觉；在英国，法院不单单解决英国境内的专利争议，更有机会一次性解决全球专利侵权问题。除此之外，维权成本、维权时程、专利权人胜诉率和专利无效概率等都应该被纳入评估，以筛选出最适合布局的国家或地区。我国气凝胶行业企业只有提高知识产权保护意识，提前进行必要的海外专利布局，才能有效提高自身遭遇专利威胁时的谈判和反击能力，避免该案类似情况的发生。

15

锐哲公司与杭州骑客公司337调查案

>

一、基本情况

（一）案例信息

司法辖区：美国

审理机关：美国国际贸易委员会

案件编号：337-TA-1000

审理法官：Charles E. Bullock

知识产权类型：专利

纠纷类型：侵权纠纷

重点产业：车辆产业（平衡车）

起诉日期：2016 年 3 月 22 日

判决日期：2017 年 7 月 28 日

审理结果：被告胜诉

（二）涉案知识产权信息

US8738278B2 号美国专利（以下简称"278 号专利"），名称为"具有可独立移动的足部放置部件的两轮自平衡车"（Two-wheels，self-Balancing

Vehicle With Independly Movable Foot Placement Sections）。

（三）涉案当事人信息

原告：Razor USA LLC（锐哲公司）；Inventist, Inc.（英凡蒂公司）；Shane Chen（陈星）

被告：Alibaba Group Holding Ltd.（阿里巴巴集团控股有限公司）；Alibaba.com Ltd.（阿里巴巴有限公司）；Hangzhou Chic Intelligent Technology Co., Ltd.（杭州骑客智能科技有限公司）；Contixo Co.（美国 Contixo 公司）；ZTO Store（美国 ZTO 公司，又名 ZTO Trading, Inc.）；CyBoard LLC（美国 CyBoard 公司，又名 Shark Empire Inc.）；Genius Technologies（美国 Genius 科技公司，又名 Prime Capital）；GyroGlyder.com（美国 GyroGlyder.com）；HoverTech（美国 HoverTech 公司）；InMotion Entertainment Group LLC（美国 InMotion 娱乐集团有限公司）；Soibatian Corporation（美国 Soibatian 公司）；Jetson Electric Bikes LLC（美国 Jetson 电动自行车有限公司）；Joy Hoverboard（惠州市奥格企业有限公司，又名 Huizhou Aoge Enterprise Co., Ltd.）；Shenzhen Kebe Technology Co.,Ltd.（深圳市凯贝科技有限公司）；Leray Group（Leray 集团，又名 Shandao Trading Co., Ltd.）；Modell's Sporting Goods, Inc.（莫德尔体育用品有限公司）；Newegg Inc.（美国 Newegg 公司）；PhunkeeDuck, Inc.（美国 PhunkeeDuck 公司）；Powerboard（美国 Powerboard 公司，又名 Optimum Trading Co.）；Shareconn International, Inc.（Shareconn 国际有限公司）；（Shenzhen Chenduoxing ElectronicTechnology Ltd.（深圳市辰多星电子科技有限公司）；（Shenzhen Jomo Technology Co., Ltd.（深圳市九摩科技有限公司）；Shenzhen R.M.T. Technology Co., Ltd.（深圳市瑞玛特科技有限公司）；Shenzhen Supersun Technology Co., Ltd.（深圳市超晟科技有限公司）；Skque Products（美国 Skque Products 公司）；Spaceboard USA（美国 Spaceboard 公司）；Swagway LLC（美国

Swagway 公司）；Twizzle Hoverboard（美国 Twizzle 公司）；Uwheels（美国 Uwheels 公司）

二、基本案情

（一）案件事实

2016 年 3 月 22 日，锐哲公司、英凡蒂公司和陈星向美国国际贸易委员会提出 337 调查申请，并且于 2016 年 3 月 23 日、4 月 12 日、4 月 13 日、4 月 18 日和 5 月 5 日分别补充了其立案调查的申请内容，指控对美出口、在美进口和在美销售的部分电动平衡车侵犯了其 278 号专利，涉嫌虚假广告宣传、虚假陈述和不公平竞争，请求美国国际贸易委员会发布一般排除令或有限排除令和禁止令。

2016 年 5 月 20 日，美国国际贸易委员会投票决定对部分电动平衡车启动 337 调查。涉案产品是类似于滑板的两轮电动车 ① 。

2016 年 8 月 10 日和 11 月 17 日，美国国际贸易委员会分别发布了不审查行政法官的初步裁决（第 11 号和第 22 号命令）的通知，终止了基于同意令规定和拟议同意令对美国 Contixo 的调查，以及基于同意令规定、拟议同意令及和解协议对美国 InMotion 娱乐集团有限公司的调查。

美国国际贸易委员会分别于 2016 年 10 月 19 日和 27 日发布了其决定不审查行政法官的最终初步裁决（第 19 号和第 20 号命令）的通知，分别终止了对 278 号专利的权利要求 9 和该专利的权利要求 4 的调查。美国国际贸易委员会分别于 2016 年 9 月 7 日、10 月 11 日和 12 月 13 日发布了其决定不审查行政法官的初步裁决（第 14 号、第 18 号和第 26 号命令）的通知，认定被告美国 GyroGlyder.com、美国 Soibatian 公司、美国 PhunkeeDuck 公司、深圳市九摩科技有限公司、深圳市凯贝科技有限公司、深圳市超晟科技有限公司、美国 Twizzle 公司、美国 Uwheels 公司、惠州市奥格企业有限公司、深圳市辰多星电子科技有限公司、Shareconn 国际有限公司、深圳市瑞玛特科技有限公司、美国 CyBoard 公司、美

---

① 参见：https://www.usitc.gov/press_room/news_release/2016/er0520ll599.htm。

国 HoverTech 公司、Leray 集团和美国 Spaceboard 公司缺席。

2017 年 1 月 17 日，美国国际贸易委员会发布通知，决定不审查行政法官的最终初步裁决（第 27 号命令），出于正当理由终止对美国 Genius 科技公司的调查。2017 年 2 月 15 日，美国国际贸易委员会发布通知，决定不审查行政法官的最终初步裁决（第 42 号命令），批准原告根据《美国 1930 年关税法案》第 337 条（以下简称"337 条款"）（a）款第（1）项 A 目提出的无异议动议，终止对其《兰哈姆法》、普通法和州不公平和欺骗性贸易惯例指控的调查。

2017 年 5 月 26 日，行政法官发布了关于补救和担保的最终初步裁决和建议裁决。最终初步裁决认定阿里巴巴不是其他被告的代理人，因此不在 337 条款的管辖范围内。它还认定，被告方被指控的产品都没有侵犯 278 号专利，但基于将投诉书中的指控视为真实，所有缺席的被告方被指控的产品都侵犯了原告所主张的专利。最终初步裁决还认定，就 278 号专利而言，国内产业要求的技术方面未得到满足。然而，初步裁决和建设裁决的封面页指出，违反 337 条款的行为被认定；初步裁决和建议裁决的第 75 页指出缺席被告的侵权行为被认定，并且单独发布的《关于违反 337 款的初步裁决和关于补救和担保的建议裁决的通知》（2017 年 5 月 26 日）（以下简称《关于 ID 的通知》）指出，认定存在违反 337 条款的行为。2017 年 6 月 5 日，行政法官发布了一份勘误表，澄清没有违反 337 条款，因为原告没有满足国内产业要求的技术方面。他还于 2017 年 6 月 5 日发布了更正后的初步裁决和建议裁决及《关于 ID 的通知》；但是，初步裁决和建议裁决第 75 页的错误没有得到更正。美国国际贸易委员会澄清，勘误表也适用于初步裁决和建议裁决的第 75 页，并更正该页，删除关于违法被告已被认定违法的声明；且适用于同一页的脚注 47，并更正脚注，将"侵犯 278 号专利"替换为"违反 337 条款"。

2017 年 6 月 12 日，美国国际贸易委员会下属的不公平进口调查办公室（OUII）、原告、被告杭州骑客智能科技有限公司（以下简称"骑客公司"）以及三名被告（美国 Swagway 公司、莫德尔体育用品有限公司和美国 Newegg.com）组成的团体分别提交了请求对最终初步裁决进行审查的申请书。2017 年

6月20日，不公平进口调查办公室、原告、被告美国 Jetson 电动自行车有限公司、被告阿里巴巴以及四名被告（美国 Swagway LLC、莫德尔体育用品有限公司、骑客公司和美国 Newegg.com）组成的团体分别对反对申请书提交了回应。

美国国际贸易委员会审查了这项调查的记录，包括初步裁决、当事各方要求审查的申请书。具体而言，美国国际贸易委员会决定审查以下两个问题：（1）最终初步裁决的认定，即委员会对阿里巴巴没有管辖权；（2）最终初步裁决对缺席被告侵权行为的分析。

在对问题（1）的审查中，美国国际贸易委员会决定对最终初步裁决的认定，即其对阿里巴巴没有管辖权不采取立场。在对问题（2）的审查中，美国国际贸易委员会撤销了初步裁决第39页最后一段（以及第72页第5段和第83页第1句）中原告认定缺席被告侵犯了278号专利的调查结果。这些被告因未对投诉及调查通知作出回应而被判侵权。337条款（g）款第（1）项规定了适用于发布违约救济的条件和程序。鉴于美国国际贸易委员会决定不审查最终初步裁决的其余部分，包括但不限于278号专利的国内行业要求的技术部分未得到满足，在337条款（g）款第（1）项下的分析是没有意义的。

（二）判决结果

美国国际贸易委员会确认了初步裁决没有违反337条款的结论，并终止调查。委员会决定的权限包含在经修订的《美国1930年关税法案》第337条（《美国法典》第19编第1337条）以及《委员会惯例和程序规则》（《美国联邦法规汇编》第19编）第210部分中。①

三、法律分析

骑客公司"337调查"案胜诉为中国"智"造赢得了良好的国际形象。该案被《美中时报》评为"2016年美中经贸十大新闻"之一，并成功入选商务部"应诉337"经典案例；该案是国内中小企业应对海外贸易知识产权纠纷的典型案例，

---

① 参见：https://www.usitc.gov/secretary/fed_reg_notices/337/337_1000_notice_07282017sgl.pdf。

为国内中小企业知识产权维权和运营打下了坚实的基础。

"337 调查"源自 337 条款，针对的对象是进口产品侵犯美国知识产权的行为以及进口贸易中的其他不公平竞争，调查的主要程序包括申请、立案、应诉、听证前会议、取证、听证会、行政法官初裁、美国国际贸易委员会复议并终裁。337 调查在性质上是一个准司法程序，其立法目的是针对向美国出口产品中的不公平贸易行为，但实际上已经成为美国一个强有力的贸易保护手段。

因此，对于国内面向美国市场的出口企业而言，在不断提高自主创新能力、加强企业知识产权管理的同时，一旦遭遇 337 调查，应当积极应诉，争取胜诉或取得谈判的筹码与原告庭外和解。如果采取不应诉的"鸵鸟政策"，美国国际贸易委员会就会缺席判决，这就意味着被调查的产品将长期甚至永久地失去美国市场。

以下简要分析中国应诉企业的主力军——骑客公司在这起 337 调查中的应诉策略。

骑客公司在答辩时否认了原告的一切指控，并采取了积极的应诉策略。

首先，从专利权利要求的界定角度进行抗辩。

原告陈星在美国国际贸易委员会启动这起 337 调查的同一天，以权利要求语言存在错误为由，向美国专利商标局提交了再颁程序（reissue）的请求，试图修改扩大权利要求保护范围。再颁程序是美国专利法中的一项特殊程序，允许专利权人纠正授权专利的错误和修改授权专利，但授权后两年内不允许扩大权利要求范围。

骑客公司认为，原告的这一举动说明涉案专利存在一定的问题。据此，骑客公司迅速作出反应，向美国国际贸易委员会提交动议，要求原告在进行 337 调查和再颁程序之中二选一。原告放弃了再颁程序，选择继续进行 337 调查程序。但这也把涉案专利的瑕疵公之于众。随后，骑客公司利用了这一点，从专利权利的界定角度入手进行抗辩。

骑客公司指出，涉案专利权利要求 1 中"足部放置部件""控制逻辑""基本上"等用语，以及权利要求 4 中"第一和第二足部放置部件安装于足够柔韧的框架上，使得第一和第二足部放置部件在用户的重量下相对于彼此可独立移动"的表述，都是不清楚的，因此权利要求的保护范围有争议。骑客公司紧抓这一点，认为原告对权利要求的解释过于扩大，按照常规理解，这些用语和表述应当具有较窄的含义，从而证明自己的产品不侵权。

其次，从国内产业要求角度进行抗辩。

337 调查的成功条件之一，是原告必须满足国内产业要求。国内产业要求包括经济方面和技术方面。其中，经济方面要求证明国内产业存在，具体规定了以下经济标准：在工厂和设备上有重大投资；在劳动力和资本上有重要的运用；在研发上有大量投资，包括工程设计、研发与许可。只要满足以上任一条件就满足了国内产业要求中的经济方面。原告证明了经济方面的要求已被满足。

骑客公司就国内产业要求的技术方面进行了抗辩。在技术方面，原告需证明其国内产品利用了专利权利要求中的一项或多项。骑客公司指出，原告的"Hovertrax"产品没有利用权利要求 1，国内产业要求的技术方面不能得到满足，因此这起 337 调查缺乏基础，请求美国国际贸易委员会终止调查。

最后，充分利用其他程序进行反击。

骑客公司在积极应诉此次 337 调查的同时，也在国内外开展了专利反击战。

在美国，2016 年 5 月 19 日，骑客公司委托美国奥睿律师事务所在加利福尼亚中区联邦地方法院对锐哲公司提起专利侵权诉讼，声称其侵犯了骑客公司 USD7377233 号外观设计专利。2016 年 8 月 24 日，骑客将锐哲公司诉至加利福尼亚中区联邦地方法院，声称其侵犯了骑客公司 US9376155B2 号发明专利。

在国内，2016 年 1 月 4 日，骑客公司向原国家知识产权局专利复审委员会请求宣告 337-TA-1000"337 调查"案涉案专利对应的中国实用新型专利（专利号：ZL201320128469.4）无效。这件专利被业内视作"不可绕开的行业最早基础专利"。2016 年 7 月 1 日，原国家知识产权局专利复审委员会最终作出无效宣告请求审查决定，宣告陈星的该项专利权全部无效。

四、经验启示

从国内近些年来应对 337 调查的成功案例中可以提炼总结出一些有益的经验，归纳起来主要有以下几个方面。

（一）积极应对，组建应诉团队

337 调查一般涉及知识产权侵权问题，因此应诉工作的专业性和技术性很强。调查对象应诉时需要尽快在企业内部选择了解涉案产品技术和销售情况的人员与律师对接，结合企业自身情况确定应诉策略。企业应积极应诉，成立应诉团队（成员包括企业内部相关职位的员工与外部的律师团队）积极对涉案专利进行深入分析解读，从专利权利保护范围限缩性解释、国内产业要求不满足等方面进行抗辩。

由于 337 调查程序对时限有严格的规定，如调查起始日起至调查结束日只有 45 天，美国国际贸易委员会发布的救济令自发布之日起生效并于发布之日后的第 60 日起具有终局效力，因此团队成员必须要有紧迫感，提高工作效率。

（二）未雨绸缪，注重知识产权风险管理

在产品出口前，企业应提前做好准备，进行全面的专利检索，评估产品侵犯出口目标国专利的风险并根据评估的结果及时作出调整，如对产品的技术方案进行修改，以降低侵权风险。对于无法规避的核心专利，也可以尝试与专利权人进行许可谈判，或者与进口商协议由进口商承担侵权的责任，或者购买可以覆盖侵权风险的知识产权保险产品。

（三）实现研发痕迹管理

不论是 337 调查还是国内的知识产权诉讼，都需要调查对象或当事人提供相应的实体证据。这就要求企业在技术创新的活动中注重知识产权的常态化管理，切实落实研发过程的痕迹记录，将产品开发从立项、原型设计、小规模生产到量产的关键阶段的成果物和技术资料都妥善保存。

总之，在全球经济一体化和中美贸易摩擦的背景下，中国企业涉美 337 调查的案件数量和企业数量都呈持续增长的态势。中国企业对此要有清醒的认识，在平时的日常运营中就要做好知识产权管理工作，苦练内功，做好预案，以便在未来遭遇 337 调查时可以从容应对，积极维护企业的利益，不断提高中国企业在全球的影响力。

（四）综合应战

面对国际纠纷，企业要有专利综合应战的策略。骑客公司在美国法院起诉锐哲公司专利侵权，并在中国对美国 337 调查案涉案专利对应的中国专利提起无效宣告请求，反映了骑客公司专利综合战的策略，表明了骑客公司坚决维护自身权益的决心，同时这对于锐哲公司显然也是不小的打击。企业可以通过反诉原告侵权，或请求宣告原告专利权无效等行为进行反击。如果能找到有利的专利，采取反诉侵权的方式，这样具有很强的杀伤力，能起到强有力地打乱原告阵脚的作用；如果能使其专利被认定无效，则更是釜底抽薪。

在本案中除了参与在美国的 337 调查程序，骑客公司还在中国国内有所行动。骑客公司向原国家知识产权局专利复审委员会请求宣告美国 337-TA-1000 案涉案专利对应的中国实用新型专利无效并获得支持。这一招算是给陈星等人敲了一个警钟，表明了中国平衡车行业与其对抗的决心。并且骑客公司之后也在美国境内对陈星一方的公司提起了专利诉讼。骑客公司化被动为主动，成功转移原告公司的视线，最终获得了诉讼的胜利。

（五）组建相关联盟

企业应当组建相关联盟，增强抗风险能力。以平衡车企业为例，中国平衡车企业积极组建专利池联盟。专利池是一种由多个专利权人组成的专利许可交易平台，平台上专利权人之间进行横向许可，或者统一许可条件向第三方开放进行横向和纵向许可，许可费率由专利权人决定。其表现形式有企业专利池和行业专利池两种。专利池的初衷是加快专利授权，促进技术应用。进入专利池的公司可以使用"池"中的所有专利从事研究和商业活动，而不需要就"池"中的每件专利寻求单独的许可，"池"中的公司彼此间甚至不需要互相支付许可费。"池"外的公司则可以通过一个统一的许可证，自由使用"池"中的所有知识产权。通过组建专利池可形成降低专利许可交易成本和专利诉讼成本等优势。并且作为一个行业联盟，在与跨国公司等实力强大的主体集体谈判时，可以增加谈判的筹码。

16

博通与丰田等多家公司337调查案

>

一、基本情况

（一）案例信息

司法辖区：美国

审理机关：美国国际贸易委员会

案件编号：337-TA-1119

审理法官：Dee Lord、Lisa Barton

知识产权类型：专利

纠纷类型：侵权纠纷

重点产业：新能源汽车和零部件

起诉日期：2018 年 5 月 7 日

判决日期：2020 年 4 月 30 日

审理结果：被申请人无违规行为

（二）涉案知识产权信息

原告博通公司持有的多项芯片通信专利，与汽车芯片行业高度相关，具体情况如表 16-1 所示。

表 16-1　337-TA-1119 "337" 调查案涉案专利信息

公开号	标题	技术方向
US7437583B2	一种灵活的时钟门控制方法及系统	电路结构
US7512752B2	用于像素获取请求接口的系统、方法和装置	电学和视频处理
US7530027B2	具有图形窗口控制机构的图形显示系统	
US8284844B2	支持多种标准的视频解码系统	
US8902104B2	用于组合测量和确定不同卫星定位系统之间的时钟偏移的方法和装置	卫星导航系统
US6937187B2	用于形成动态模型以定位卫星接收器的位置的方法和装置	

（三）涉案当事人信息

申请人：博通公司（Broadcom Corporation，以下简称"博通"）

被申请人：

瑞萨（包括 Renesas Electronics Corporation、Renesas Electronics America Inc.）

先锋公司（包括 Pioneer Corporation、Pioneer Automotive Technologies, Inc.）

丰田（包括 Toyota Motor Corporation、Toyota Motor North America, Inc.、Toyota Motor Sales U.S.A., Inc.、Toyota Motor Engineering & Manufacturing North America, Inc.、Toyota Motor Manufacturing Indiana, Inc.、Toyota Motor Manufacturing Kentucky, Inc.、Toyota Motor, Manufacturing, Mississippi, Inc.、Toyota Motor Manufacturing, Texas, Inc.）

松下（包括 Panasonic Corporation、Panasonic Corporation Of North America）

电装（包括 Denso Ten Limited、Denso Ten America Limited、Denso Corporation、Denso International America、Denso Manufacturing

Tennessee, Inc.、Denso Wireless Systems America, Inc.）

JRC（Japan Radio Co.,Ltd.）

（四）涉案产品

1. 丰田

丰田普锐斯汽车；86804-47330（普锐斯Ⅲ导航系统套件）；86840- 06011（带 Wi-Fi 热点的凯美瑞导航系统）；86804-0E280（汉兰达接收器）；86804-08040（赛那导航装置）；86804-02070（卡罗拉导航系统套件）；86804-06180（凯美瑞接收器）；86804-06100（凯美瑞导航系统接收器）。

2. 松下

松下主机，如 130105、104020、104069、50021 和 112905 部件；嵌入丰田的导航装置，如 86804-0E280（汉兰达接收器）、86804-08040（西耶那导航装置）、86804-07120（亚洲龙导航主机）；松下 MN2WS0210A3UB SoC。

3. 电装

头部单元，例如 MMA00002、MM910406 和 MM100046，被纳入被告丰田的导航装置，包括 86804-06180（凯美瑞接收器）、86804-02070（卡罗拉导航系统套件）和 86804-06100（凯美瑞导航系统接收器）。

4. 瑞萨

R-Car H2 SoC、R-Mobile A1 SoC。

5. 日本无线电公司（JRC）

包含 CCA-700 模块的 JRC TS0072、JRC TS0066、JRC 7DLTS0103。

二、基本案情

（一）案件事实

该案是博通于 2018 年 5 月 7 日向美国国际贸易委员会申请发起的对丰田、

瑞萨、松下、电装等数十家公司的 337 调查，① 而此前博通已于 2017 年秋季向德国法院提起了对大众和奥迪的涉 18 件专利的诉讼。

欧日车企在此之前一直在防守非专利实施主体（NPE）的大规模诉讼，而没有料到是芯片制造商博通首先发起上述诉讼。回顾博通上一次作为原告发起诸多诉讼还是在 2010 年。

博通之所以发起这场专利猛攻，是因为其新任 CEO——陈福阳（Hock E. Tan）于 2015 年上台，也是因为博通此时被 Avago 收购。自从被强硬的成本控制高手陈福阳掌控以来，博通对其专利运营的手段明显更加激进：在 2016 年和 2017 年，它还起诉了包括索尼、亚马逊、联发科和 LG 电子在内的八家高科技公司。在汽车芯片领域，2015 年起博通就有了车载蓝牙、Wi-Fi 和 5G 芯片 BCM89359、BCM89072 等产品并进行宣传。或许是因为销量收益没有达到预期，博通转而投向专利诉讼，一是为了收获专利许可费与侵权赔偿，二是为了争夺下游厂商客户，此外还能扩大自身产品的宣传。

博通在芯片领域专利布局完整，技术实力雄厚，技术涵盖服务器 / 存储网络、数字电视、移动通信、蓝牙、GPS 等多个领域，用于在家庭、办公室和移动环境中实现语音、数据和多媒体的有线和无线传输。截至 2022 年 8 月，博通 / Avago 在全球范围内拥有有效专利 1.37 万件，在美国的有效专利过万，其余主要分布在欧洲、韩国等国家和地区。自 2012 年起，博通加强了在中国的专利布局。通过 IPC 分类布局可以发现，博通在 H04L（数字信息的传输）、H04B（信息传输，包括监控和测试设备以及噪声和干扰的抑制和限制等）、G06F（电数字数据处理）和 H04W（无线通信网络）等领域具有较多的专利申请，占比分别为 36.6%、22.5%、15.6% 和 14.4%，基础半导体芯片技术（H01L，半导体器件）仅占比 4.7%，这反映出博通在通信领域整合了从芯片到产品应用的完整产业链。

2018 年 5 月 7 日，位于美国加利福尼亚州圣何塞的博通公司向美国国际贸易委员会提出 337 立案调查申请，主张对美出口、在美进口和在美销售的该产品侵犯了其专利权（美国注册专利号：6937187、8902104、7512752、7530027、

---

① 参见：https://www.usitc.gov/press_room/news_release/2018/er0607ll964.htm。

8284844、7437583)，请求美国国际贸易委员会发布有限排除令、禁止令。

2018 年 6 月 7 日，美国国际贸易委员会投票决定对特定信息娱乐系统及其组件以及包含该产品的汽车（Certain Infotainment Systems, Components Thereof,and Automobiles Containing the Same）启动 337 调查（调查编码：337-TA-1119）。

2020 年 4 月 30 日，美国国际贸易委员会发布公告称，对特定信息娱乐系统及其组件以及包含该产品的汽车作出 337 调查部分终裁：不存在侵权行为并终止案件。

（二）判决结果

该案最终博通败诉：2019 年 11 月 18 日，行政法官裁定被申请人无违规行为；2020 年 2 月 26 日，美国国际贸易委员会也维持原裁定，认定被申请人没有违反 337 条款。[①]

2020 年 6 月 25 日，博通不服关于美国国际贸易委员会对 US7437583B2 号专利和 US7512752 号专利的裁决结果，向美国联邦巡回上诉法院提起上诉。2022 年 3 月 8 日，美国联邦巡回上诉法院宣布博通败诉。

三、法律分析

（一）争议焦点

该案争议焦点有各项专利是否被侵权、专利有效性、权利要求保护范围的确定、丰田对美国产业的影响、博通是否在美国有专利相关产业等。虽然该案的结果是不违规，但是仍有部分专利权利要求被行政法官认定了侵权，可见认定调查结果违规不仅由侵权这一项构成，还包括专利的有效性、申请人是否在美国国内存在相关产业等。

该案为汽车领域零部件厂商案件，以往汽车领域交叉许可的专利行为较多，

---

① 参见：https://www.usitc.gov/secretary/fed_reg_notices/337/337_1119_notice_04302020sgl.pdf。

而博通却对汽车半导体供应商直接申请发起了 337 调查，可能会引发相关产业的系列诉讼。

（二）法院观点

关于 US7437583B2 号专利的侵权问题，博通指控瑞萨制造、销售和 / 或进口的 SH7769 SoC（system on chip，单片系统）直接侵权。瑞萨被指控进口的 SoC 包括 SH7769 等型号。麦克奈尔（McNair）博士代表博通审查了瑞萨 SoC 的内部代码，认为可以对应上 "determines for at least one gate whether said gate is ON or OFF"，还确定了 SH7769 硬件手册的一部分描述。罗伯特·科尔韦尔（Robert Colwell）博士代表被申请人认为该专利没有引用 "任何给定时间" 的权利要求，因此权利要求中不会有这样的限制，而在特定情况下受保护的可能性并不排除认定违反此限制的可能性。

博通认为，根据 SH7769 的源代码和硬件手册，这足以证明瑞萨对博通应承担侵权责任。麦克奈尔博士解释说，此处查看的硬件源代码已编译并发送给瑞萨电子的客户。

瑞萨对博通的直接侵权指控提出异议，称其并未在美国的 SoC 上加载侵权软件代码。然而，337 条款下的相关调查与物品在进口时的状态有关，而不是在物品进入美国之后看是否安装了软件（"直接或间接侵权，必须基于进口的物品以满足 337 条款的要求"）。瑞萨对其使用侵权软件代码制造和销售其 SoC 没有异议，并且瑞萨已提出不会对博通关于进口和销售进口产品的指控提出异议。因此，瑞萨至少通过销售和进口被指控的 SH7769 SoC 直接侵犯了 583 号专利的权利要求 17 和 18。

博通还指控电装和丰田制造、销售和 / 或进口采用瑞萨 SH7769 SoC 的主机和汽车直接侵权。麦克奈尔博士审查了电装产品的源代码，以确认侵权软件是在电装的某些产品上编译的。他认为，丰田产品是集成了带有侵权 SH7769 SoC 的主机的车辆。电装和丰田已承认进口，并且不争辩这些产品将瑞萨生产的 SoC 与侵权软件结合在一起，因此，电装和丰田至少通过销售和进口含有被指控

SH7769 SoC 的产品直接侵犯了 583 号专利的权利要求 17 和 18。

博通进一步指控瑞萨、电装和丰田基于诱导侵权和共同侵权的实际间接侵权。诱导侵权需要"诱导侵权的特定意图和行动"的证据，这一意图要求证明侵权人"知道诱导行为构成专利侵权"。"共同侵权"的意图要求侵权人知道"该组件专门设计的组合涉嫌专利侵权"。为了满足这一知识要求，博通在调查中引用了另一个 337 调查案例（调查编号：337-TA-910），该案例涉及依赖于某些电视机、电视接收器、电视调谐器及其组件，当时美国国际贸易委员会认为"337 条款起诉书的送达可以作为间接侵权的证据"。博通声称，前述案件建立了"专利知识和侵权理论"，在瑞萨 R-CarH3/M3、R-CarH2 和 R-mobile Al SoC 集成的电装主机中，博通对权利要求 17 和 18 的侵权指控基于并入电装主机的 SH7769 SoC，记录中没有证据表明被告对麦克奈尔博士提出的这种侵权理论知情。因此，博通未能证明其间接侵权责任。

关于 583 号专利的美国国内产业问题，麦克奈尔博士根据 583 号专利的权利要求 25 和 26 分析了这些产品，认为博通的国内工业产品符合权利要求 25 前序部分的限制。被申请人辩称，由博通识别的软件不包含在博通已识别的国内工业产品中。博通未能识别出任何实施权利要求 25 的"时钟树驱动器"限制的实际物品，因此未能满足国内产业对该权利要求的技术要求。

关于 752 号专利的显而易见性问题，现有技术发明人福斯特（Foster）公开了一种带有输入端口的内存访问单元，用于接收来自运动预测处理单元的请求，但博通辩称，这些请求不是权利要求 2 所要求的"像素块"。福斯特的披露描述了一个"数据块"，没有指定像素，但苏布拉曼尼亚（Subramanian）博士解释说这是对像素数据的引用。运动补偿单元是在"视频解码器实现"的上下文中描述的，法官同意被申请人的观点，即本领域的普通技术人员会理解福斯特的"数据块"本质上是指满足要求"像素块"的权利要求限制的图像数据块，进一步要求"用于从对像素块的请求生成地址列表的逻辑，其中地址列表对应于存储像素块中的像素的存储器中的地址"，并且苏布拉曼尼亚博士确定了福斯特的物理地址。福斯特透露："视频解码器的访问模式是相对已知的，因为处理器是在逐块或逐宏块的基础上工作的。""每个选定的请求都被转发到：物理地址生成器，其中与请求相关联的逻辑地址被转换为物理地址，用于访问与内存接口。"此外，如上所述，福斯特指出"运动补偿单元可能正在生成对其正在处理的数据块的请求"。福斯特因此公开了对权利要求 2 的限制。由于上述原因，福斯特因此预测了 752 号专利的权利要求 2。

权利要求 4 对权利要求 2 增加了附加限制，"其中逻辑根据地址列表和访问地址所需的库访问生成访问请求"，并且苏布拉曼尼亚博士指出了福斯特中描述的重新排序请求调度程序的操作，特别是，福斯特描述了"具有两个存储体（每个存储体 512 字节）的内存芯片"，其中"请求调度程序对请求进行重新排序，以便每个操作都转到对面的存储体，从而充分利用数据传输通道并最大化可用的带宽"。福斯特因此预测了 752 号专利的权利要求 4。

权利要求 5 对权利要求 2 增加了附加限制，"其中逻辑基于地址列表和每个请求的大小生成访问请求用于来自运动预测处理单元的像素块"，并且苏布拉曼尼亚博士确定了福斯特描述的某些"突发"请求以满足此限制。首先，博通认为福斯特对"正在处理的数据块的请求"的描述表明该数据块已经被处理并且没有被请求，正如权利要求 2 所要求的那样。但是很明显的是在上下文中，其请求声称："此处理通常会生成一系列共 8 个请求，每个地址由一个固定值分隔。"苏布拉曼尼亚博士指出请求生成器"从识别器 / 选择器接收请求单元 / 突发信息"。福斯特说："此信息包括识别信息，例如，请求单元、请求的大小以及逻辑地址。"然后，该信息用于"通过逻辑地址生成器生成推测性超前请求"。博通辩称，前瞻请求生成器不会生成在权利要求 1 和 2 的上下文中标识的"访问请求"，正如沃尔夫博士所解释的，前瞻请求生成器尝试在收到请求之前对其进行预测，生成"推测性前瞻请求"，这些请求与从内存请求输入到内存接口产生的"物理地址请求"分开。法官同意博通的观点，即这些前瞻请求不能满足权利要求 2 的限制，该权利要求生成的地址"对应于存储像素块中像素的存储器中的地址"。因此，福斯特对前瞻请求生成器的披露没有预见到权利要求 5。作为满足此限制的替代方案，苏布拉曼尼亚博士确定了在福斯特的说明结尾处关闭，讨论本发明的其他应用。具体来说，"共享内存的数据请求必须符合已建立的系统总线协议，并针对短突发进行优化以避免控制总线（并防止其他设备访问存储器）。"另外，"对于专用内存，数据请求可以重新排序，甚至可以根据推测进行预取，并且必须针对交替存储库中的长时间突发进行优化，以充分利用所有可用的访问时间并最大限度地减少开销。"博通对苏布拉曼尼亚博士关于福斯特的这些披露的意见提出异议。博通认为福斯特仅描述了根据请求的目的地调整突发的大小，而权利要求 5 要求根据请求的大小生成访问请求。法官同意博通的观点，即福斯特中描述的突发大小调整不符合权利要求 5 的限制，因此，被申请人未能证明福斯特预期到这一主张。

最终法院认定 583 号专利的权利要求 17、18 项有效且被侵权，但不满足美国国内产业要求；583 号专利的权利要求 25、26 未被侵权；752 号专利无效；最终经 337 调查，被申请人均不存在专利侵权违规行为。

四、经验启示

从该案可以看出，汽车芯片领域的诉讼特点是侵权产品涉及上下游，欧美诉讼的专精化，以及专家证人、律师的重要性。当一个企业的产业内市场份额扩大时，其侵权被诉风险也随之增加。

该案说明汽车芯片领域的专利具有可诉性，并且在一定程度上能够取证。汽车芯片领域目前涉及下游半导体供应商和上游供应商之间的诉讼不多，但博通依然给汽车芯片领域带来了诉讼风险。当行业发展逐渐成熟，应当警惕相关诉讼风险。

从 583 号专利侵权纠纷案件可以看出，权利要求技术特征撰写方式对于侵权范围判定有影响。当企业、科技创新人员等在申请一件专利时，能够解决技术问题且包含了全部必要技术特征的技术方案是一个边界；当独立权利要求中记载的技术特征小于该边界时，则无法得到授权；当独立权利要求中记载的技术特征大于该边界时，应当将超出部分的技术特征放入从属权利要求中进行保护，从而加大专利权的保护范围，提高模仿者绕过专利的壁垒。

该案中，博通已经在 337-TA-1047 案中将 US8284844B2 号专利用于诉讼，该案被申请人成功发现了这一点——当时的判决文件显示美国国际贸易委员会已经认定相关权利无效，体现了被申请人方面对于相关诉讼有利信息已经进行了尽职调查。

随着通信技术的快速发展，其与汽车产业融合发展是社会前进的必然趋势。由于缺乏前期的通信技术及芯片技术的积累，传统车企需要面临更大的技术挑战和专利风险。为了更好地适应数字经济时代的发展，传统车企可从以下方面着手：

第一，积极与专利权人进行专利许可转让谈判，获得合法有效的专利使用权。传统车企通过许可谈判，可快速助力其进行数字转型。除了获取使用权，传统车企也可根据产品的需要、技术发展趋势等多方因素，通过收购兼并、技术转让等方式获得有效的专利权，消除潜在的专利侵权风险和障碍。

第二，加大技术研发力度，做好专利布局。专利许可或转让虽然可以快速帮助传统车企追赶数字化发展潮流，但是实现企业的永续发展终究需要企业自身具有强大的技术实力，因此传统车企需加强技术研发，掌握行业新技术，从而形成优势产品。除此之外，车企进行数字化转型之前便需要优化专利布局，充分发挥高价值专利优势，降低后续的专利维护成本。①

---

① 曹丽冉. 美国半导体公司博通接连对传统汽车企业发起专利侵权诉讼 [EB/OL]. (2019-01-02)[2024-05-28]. http://ip.people.com.cn/GB/n1/2019/0102/c179663-30498434.html.

17

大疆公司与山田晃专利异议案

>

一、基本情况

（一）案例信息

司法辖区：日本

审理机关：日本特许厅

案件编号：异议 2018-700718

审理法官：久保竜一（久保龙一）

知识产权类型：专利

纠纷类型：侵权纠纷

重点产业：新一代信息技术

起诉日期：2018 年 9 月 5 日

判决日期：2020 年 2 月 7 日

审理结果：驳回关于 6293369 号专利的权利要求 27 和权利要求 32 的专利异议

（二）涉案知识产权信息

专利号为 6293369、名称为"无人机、运载系统、无人驾驶飞行器控制方法及无人机控制程序"发明专利（以下简称"6293369号专利"）。该专利技术方案如下：无人驾驶飞行器包括存储多个区域的存储单元、从多个区域中选择具有最高优先级的候选作为无人驾驶飞行器的目的地的选择单元，以及到所选择的目的地的路线。变更单元，当确定目的地不适合该目的地的航班时，将选择单元选择的目的地变更为具有次高优先级的候选。

（三）涉案当事人信息

专利权利人：深圳市大疆创新科技有限公司

深圳市大疆创新科技有限公司（以下简称"大疆"）于2006年成立，是全球领先的无人飞行器控制系统及无人机解决方案的研发商和生产商，客户遍布全球100多个国家。通过持续的创新，大疆致力于为无人机工业、行业用户以及专业航拍应用提供性能最强、体验最佳的革命性智能飞控产品和解决方案。

异议申诉人：山田晃

山田晃是日本山田知财事务所的所长辩理士[①]。根据日本特许厅的信息，该事务所2015～2019年的专利申请量仅有1件。

二、基本案情

涉案专利共包括34项权利要求，其权利要求1请求保护一种无人航空器，具体如下：

一种无人航空器，具有：

存储多个区域的存储部；

从所述多个区域中选择优先级最高的区域作为目的地的选择部；

在判定为去往所选择的所述目的地的路径不适宜飞行的情况下将由所述选择部选择的所述目的地变更为优先级次高的区域的变更部。

异议申诉人于2018年9月5日向日本特许厅提出了专利异议申诉。

---

① 相当于我国的专利代理师。

日本特许厅在审查之后，于 2018 年 12 月 6 日发出了取消[1] 理由通知书，指出权利要求 1、2 以及 27 ～ 34 所涉及的发明不具备创造性。

2019 年 2 月 27 日，专利权人提出意见书，未对权利要求书进行修改。然而这并没有能改变日本特许厅的看法，日本特许厅于 2019 年 3 月 29 日发出取消理由通知书（决定预告），维持了之前的认定。

对此，专利权人于 2019 年 7 月 2 日进一步提出了订正请求及答复，对权利要求书进行了订正。其中，对权利要求 1 进一步限定了如下内容：

> 无人航空器具有判定所选择的去往所述目的地的路径是否适合飞行的判定部。

在 2019 年 7 月 31 日从日本特许厅接到专利权人对权利要求进行了订正的通知后，异议申诉人于 2019 年 8 月 27 日提出意见书，日本特许厅审查了双方意见之后于 2019 年 9 月 30 日再次发出取消理由通知书（决定预告），在认可专利权人进行订正的基础上，进一步指出权利要求 1、2、9 ～ 17 以及 19 ～ 34 所涉及的发明不具备创造性。

作为具体的理由，日本特许厅指出，对权利要求 1 进一步限定的"判定部"在说明书中有明确的依据，且属于进一步限定，符合订正的要求。

然而，日本特许厅虽然认定涉及"判定部"的内容构成了涉案发明相对于现有证据的区别点，但是进一步指出，在现有证据已经记载了服务器与移动体构成的系统中在服务器一侧进行类似判定处理的这一基础上，考虑双方之间的通信能力，将"判定部"转而设置在移动体一侧是本领域技术人员可以适宜设定的事项，没有特别的难度。

对此，专利权人于 2019 年 12 月 13 日再次提出了订正请求及答复，对权利要求书重新进行了订正。订正后的权利要求 1 如下：

一种无人航空器，具有：

存储成为配送货物的目的地的候选的多个区域的存储部；

---

[1] 对应异议申诉程序的结果，其效果是专利权归于消灭；与无效程序下的"无效"类似，但也存在一些区别（不能"取消"已经消灭的权利）。为了与"无效"相区别，本文中直接使用"取消"这一表述。

从所述多个区域中选择优先级最高的区域作为配送所述货物的所述目的地的选择部；

在判定为去往所选择的配送所述货物的所述目的地的路径不适宜飞行的情况下将由所述选择部选择的配送所述货物的所述目的地变更为优先级次高的区域的变更部。

在此之后，日本特许厅终于在 2020 年 2 月 27 日作出了异议决定，在认可专利权人所作出的订正的基础之上，维持了专利权全部有效。

作为具体的理由，日本特许厅指出，专利权人在订正中对"多个区域""目的地"进行的限定属于范围的缩减，在说明书中存在明确的依据，也没有导致保护范围的扩大，符合订正的要求。

并且，根据现有证据中的方案，并没有对一个货物赋予多个配送目的地的情况，虽然考虑到配送效率而将多个配送目的地与配送顺序一并存储属于公知技术，但即使将这样的公知技术与现有证据组合，也难以想到订正后的权利要求 1 中的涉及"选择部"和"变更部"的结构。此外，就专利异议申诉人主张的"当货物配送的过程中无法实现对当初目的地的送达的情况下，只能是在停止配送直到可以实现对当初目的地的送达，或者送往下一目的地中进行择一，而当停止配送显然会降低配送效率的情况下，改送至优先级次高的目的地属于自然选择下的通常行为"的意见，日本特许厅认定：即使这样的"通常行为"成立，也不能说对一个货物赋予多个配送目的地在货物配送中属于"通常行为"，即"配送一个货物时，在不能送往优先级最高的配送场所时将其送往优先级次高的配送场所"不能说属于"通常行为"，因此不能采纳异议申诉人的主张。

三、法律分析

（一）日本的专利异议程序的演进

日本的专利异议程序，是在 2014 年的日本特许法修改后导入的制度。在此之前，日本曾经采取过授权前的异议申诉制度（1994 年废止）、授权后的异议申诉制度（2003 年废止），在现行的专利异议程序设立之前，与中国当前的专利制度一样，日本专利授权后只能通过无效程序对专利的有效性发起挑战。

然而随着异议申诉制度的废止，日本无效审判的数量并没有发生预想的激增，显示对于异议申诉的需求没有得到很好的消化，同时考虑到从时间等各方面成本来说，无效程序远大于异议申诉程序，因此对授权后专利进行再评估的机会反而减少，认为缺少异议程序会降低专利质量的声音也不断出现。

在此背景下，日本又重新导入了现行的专利异议制度。

（二）日本的专利异议程序的特点

日本现行的专利异议程序，是在专利授权之后启动、用于让第三方对已授权专利的有效性发起挑战的程序。虽然乍看之下像是无效程序的一部分，但如上文所述，其制度设计的初衷正是为了解决单一无效程序所存在的一些问题，因此其在诸多方面与无效程序存在显著区别，例如：

（1）任何人均可以提起专利异议申诉；

（2）提起异议申诉的时限是在专利权授权公告之日起 6 个月内；

（3）申诉理由仅限于公益性的理由，不包含权利归属问题；

（4）为减轻当事人负担而采取书面审理；

（5）即使专利被维持，申诉人也无法进一步申诉；反之若专利被取消，专利权人可以向日本知识产权高级裁判所提出行政诉讼；

（6）在准备作出取消专利决定的情况下，审理合议组会告知专利权人这一可能（决定预告），从而让专利权人可以自主进行订正以争取专利权的维持。

以上几个方面，是专利异议程序与同属于专利授权后对专利有效性发起挑战的无效程序较为显著的区别。

（三）异议程序适用的分析

从上述的专利异议程序的特点出发，该案中关于异议程序适用值得关注的要点如下。

首先，该案的专利异议申诉人，是一个不知名的小型专利事务所的所长辩理士，考虑到大疆公司在行业中的领先地位，以及涉案专利的货物配送用无人航空器属于物流配送行业这一较为专业的细分领域的情况，该案的专利异议申诉人看起来更像是与大疆公司存在竞争关系的日本同行为了掩饰自己的真实身份而刻意选择的"稻草人"。由于根据日本特许法的规定，无效程序只有利益相关方可以提起，因此相比会暴露自己真实身份的无效程序，异议申诉显然适合作为一种隐名攻击手段来利用。

其次，在该案的异议决定中，引用专利权人的主张的内容少到甚至只有一处，且仅仅是用于辅助审理人员对订正后内容的解释和认定，因此从形式上看，可以说异议决定更像是日本特许厅自主进行的审查工作的一环。这是因为，出于减轻申诉人负担的目的，异议程序中弱化了当事人之间的对抗，希望通过设定为没有口头审理和以受理单位的职权审理为主的形式来减轻双方当事人的负担。该案的审理过程也清晰地反映了这一特点。

最后，关于针对异议申诉的回应，大疆公司一方陈述了三次意见，并且后两次还一并提交了订正，最终使得专利权在订正的基础上得到了全部维持。这正是得益于审理合议组两次发出决定预告，专利权人能够在充分了解合议组的判断倾向的前提下，对请求保护的范围不断作出有针对性的调整，这也使得专利权人一方的利益得到了比较好的保障。

另外，从该案技术方案的角度出发，作为其技术要点的"优先级最高的配送地址无法配送的情况下转往优先级次高的配送地址进行配送"的技术思路，客观上的确和人们的惯常认识比较接近。然而由于异议申诉人提供的证据中不存在为一个配送货物赋予多个配送地址的情况，合议组即以此理由认定：当一个配送货物有多个配送地址时，最优地址不可行时转往次优地址这样的技术思路是不能根据现有证据容易想到的。这也体现了日本审理异议申诉时对于"容易想到"的适用极为克制。这反映了其在程序设计上在对异议申诉人给予极大便利的同时，在判断实体方面更倾向于维持已经作出的授权决定，以此形成了对异议申诉人与专利权人的利益的某种均衡考量。

四、经验启示

对于该案，从出海日本企业的角度，有以下几个方面值得注意。

（一）积极应对

日本的异议程序在中国没有完全对应的程序，作为专利权人的中国企业，可能在接到自己的专利权被他人提出异议这一通知时，还不清楚这究竟会导致什么后果，应当如何应对，甚至消极放置。另外，日本专利异议程序的应答期间为取消理由通知书发送日起90天内，考虑到国际的信息传递，时间也并不富裕。对于不了解日本异议程序的中国企业来说，难免发生手忙脚乱的情况。

然而如上文所述的那样，从实体角度来看，异议程序对于专利权人相对友好，除了可以根据审理合议组的判断倾向不断调整保护范围，在判断的过程中，审理合议组也更为倾向维持之前已经作出的授权决定。

因此专利权人应该采取积极应对的态度，尽快准备答复意见，并根据审理合议组已经提示的结论，提出有针对性的订正，争取专利权获得维持的有利结果。

（二）主动利用

如上文所述，由于中国没有与日本的异议程序完全对应的程序，因此中国企业在应对日本存在的妨碍自己商业行为的专利时，可能比较容易想到的还是通过无效程序对相关专利提起无效审判，而容易忽略异议程序。

然而由于日本的无效程序只有利益相关方可以提起，因此并不能像中国的专利实务中经常采取的通过他人名义提起无效那样来隐藏自己的真实身份。另外，因为商业上交织的关系，以及舆论可能带来的影响，客观上也会形成阻碍。同时无效程序在各种成本上也相对比较高，这些都会对制定合适的应对策略造成障碍。

与无效程序相对，异议程序由于在程序上非常简便，且完全可以利用该程序实现以隐名和低成本进行攻击，因此有必要将其作为有效的工具予以充分考虑。

当然，由于可以提出异议申诉的期间较短，因此这也需要对相关领域的专利申请动向保持持续关注，从而能在第一时间发现对自己的商业行为不利的专利，以便能够及时应用异议程序。

（三）针对性订正

根据对 2018 年数据的统计，通过订正专利文件最终获得权利维持的占到了日本全部异议申诉案件的半数，显示出订正对于专利权维持有着巨大影响。该案中，大疆公司通过针对取消理由通知书进行针对性修改，缩减保护范围，最终成功维持了绝大部分权利要求的有效。

值得注意的是，大疆公司所提交的订正并非一步到位，有一个逐步限缩的过程，而合议组也向专利权人提供了再次修改的机会。这个过程也再次印证了日本的异议程序在实体上对于专利权人来说相对友好，因此订正时也可以在限缩的节奏上进行适当考虑。

此外，在异议申诉审理期间，专利权人可以向合议组提出面会或者电话会晤的请求，而这也显然有助于专利权人理解合议组的意向，确定能够得到合议组认可的修改方向。该案的公开记录中虽然无法确认是否采用了这一措施，但这无疑是专利权人在异议申诉程序中应当积极考虑的有效手段。

18

山德士制药和梯瓦制药与百时美施贵宝生物制药专利无效纠纷案

>

一、基本情况

（一）案例信息

司法辖区：英国

审理机关：英国高级法院的英格兰和威尔士的商业和财产法庭

案件编号：[2022] EWHC 822（Pat）

审理法官：Justice Meade

知识产权类型：专利

纠纷类型：专利无效纠纷

重点产业：生物制药

起诉日期：2020 年 11 月

判决日期：2022 年 4 月 7 日

审理结果：原告胜诉

（二）涉案知识产权信息

百时美施贵宝生物制药有限公司拥有的欧洲专利，专利号为 UK1427415B1，发明名称为"治疗血栓栓塞疾病的阿哌沙班"。

（三）涉案当事人信息

原告：Sandoz Limited（山德士制药有限公司）；Teva Pharmaceutical Industries Limited（梯瓦制药工业有限公司）

被告：百时美施贵宝生物制药有限公司（以下简称"百时美施贵宝"）

二、基本案情

（一）案件事实

山德士制药有限公司（以下简称"山德士制药"）和梯瓦制药工业有限公司（以下简称"梯瓦制药"）向法院要求撤销百时美施贵宝名下的一项专利，该专利的权利要求涉及一种名为阿哌沙班的化合物，该化合物由百时美施贵宝销售，用于治疗血栓栓塞性疾病。阿哌沙班的治疗用途取决于其作为 Xa 因子抑制剂[①]的活性。对于阿哌沙班本身来说，其已经被证明是一种有效的 Xa 因子抑制剂和一种有效的治疗方法。然而原告对被告专利的核心攻击点在于，该专利不可能使阿哌沙班具有任何有用的 Xa 因子抑制活性——要么在治疗中有用，要么用于任何其他目的。按照常理来说，检验该专利的可信性（plausibility）应当通过参考 WO2003/026652A1（以下简称"652 号专利"）公布的专利申请来进行。事实上，百时美施贵宝在加拿大也曾进行过此类诉讼，并且在加拿大获得胜诉。然而由于加拿大和英国两国的适用标准不同，此前的诉讼对于该案的审理没有参考意义，当然被告也并没有提出应当参考之前的案件来进行审理的诉求。该案中，法院的议题主要包括以下几项。一是一些公知常识的问题。由于该案涉及生物、化学等方面的知识，因此有很多事情需要明确。二是缺乏可信性。缺乏可信性并不能直接作为撤销专利的理由。三是 Xa 因子抑制剂的含氮杂环的明显性。四是（仅仅梯瓦制药提出）权利要求 1～6 超出了专利的技术贡献，特别是对于产品本身的权利要求是无效的。

原被告双方在案件中各传唤了三名专家作为自己的证人和技术团队，而案件

[①] 一种抗凝剂或血液稀释剂。

中的特殊之处就在于专家对 Xa 因子抑制剂相关知识的熟悉程度是不同的，即有的专家其实是不懂和涉案专利相关的知识的。

在案件审理过程中，涉案双方实际还提出了许多其他的问题。这些问题因被法院认为是一些无关紧要的事情，被法院驳回后没有作为审理的重点。比如说百时美施贵宝曾提出阿哌沙班作为一种强效和选择性的 Xa 因子抑制剂，已经被证明是一种非常重要和广泛使用的药物，并且其在最后提交的书面材料中也认为前述事实是案件中的"核心问题"，有关研究人员甚至还因研发获奖。主审法官认为这些问题是不相关的，评估专利的合理性应当基于 652 号专利进行，关于阿哌沙班已经被证明出的结论不具备参考性。再比如说原告方（山德士制药和梯瓦制药）声称，在优先权日前后，规模大的创新者会故意不提供化合物本身的专利申请数据，以实现广泛的保护。这种做法可以不泄露其商业意图或对其竞争对手有用的技术信息。因此原告方认为这种做法会导致要么 652 号专利中遗漏了关于阿哌沙班的测试数据，要么就是申请人实际上根本就没有进行任何此类的测试。法官认为这些说法也是不相关的，并且其也无法评估是否有这样的做法或者有哪些数据没有被纳入 652 号专利及其被遗漏的原因。法官的任务就是评估 652 号专利是否使所依赖的阿哌沙班的质量和用途具有可信性。

主审法官认为缺乏可信性本身并不是直接撤销的理由，可信性是根据创造性和充分性产生的。在一些与适用可信性有关的法律原则案件之中，主审法官认为只需处理这些案件中的三个核心问题。

第一，在"Agrevo 案"[①] 中，阿格瑞沃（Agrevo）是一种三唑类药物，涉案权利要求针对的是化合物本身，没有使用上的限制。但是说明书中却声明了阿格瑞沃作为除草剂的用途。上诉人认为，《欧洲专利公约》（EPC）第 56 条没有明确要求专利申请的主题必须解决技术问题，因此必须在不考虑解决任何技术问题的情况下认定创造性问题。然而欧洲专利局上诉委员会的意见与之相反，其认为对于那些实用性不可信的化合物，唯一的技术贡献是提供其他化合物，而这不可能具备创造性。

---

① T939/92 *Agrevo/Triazoles*。

第二，在"Warner-Lambert v Generics 案"[①]中，法官认为对于可信性的分析应当考虑专利权人在说明书中公开的贡献。而百时美施贵宝在这方面做得不够好，其在讨论事实时所持可信性理由并不是源于"652号专利"的任何内容，而是来自他认为是公知常识的事项，但并不是百时美施贵宝的贡献，可信性理由来源于此不具有说服力。

第三，在"Fibrogen v Akebia 案"[②]中，法官讨论了权利广度的问题，即在一类化合物中是否还有比专利中指明的化合物更有用的化合物。在这一问题上，法官认为答案分成两部分：第一是对于这种类型的权利要求，在正常情况下技术人员必须能够在专利中提到的那些化合物之外找出一些化合物，这些化合物属于所要求的类别，因此可能具有治疗效果。第二是对于本领域技术人员来说，给定结构类中的任何合理的化合物，必须在正常情况下应用测试，并找出它是否是一个请求保护的化合物。法官认可了原告的观点，百时美施贵宝在申请专利时显然没有进行该项工作[③]。

（二）判决结果

该案中，法官得出的结论如下：

第一，涉案专利因缺乏可信性而无效。

第二，以缺乏技术贡献为由攻击131的明显性也是成功的，但并没有增加任何内容。因此这一项意义不大。

第三，法官拒绝对梯瓦制药基于权利要求超过技术贡献的明显性攻击作出裁决。

第四，对专利的拟议修正在形式上是可以允许的，但不能纠正无效性。

三、法律分析

（一）案例特点

该案的特点比较鲜明，涉及药品的专利问题。药品的专利问题相对于其他专

---

① *Warner-Lambert v Generics* [2018] UKSC 56。

② *Fibrogen Inc v Akebia Therapeutics Inc* [2021] EW cA civ 1279。

③ 参见: https://www.bailii.org/ew/cases/EWHC/Patents/2022/822.html。

利问题属于少数，特别是国内由于药品专利的数量较少，药企的维权意识比较弱，相关纠纷比较少。在《我不是药神》这一电影热映后，药品的专利问题才成了讨论的热点，然而社会关注的焦点更多地放到了如何平衡人们的生命健康和药企的专利利益之间。事实上，随着我国药品事业的快速发展与全球化的不可逆进程，我国药企势必面临更多的国际官司，海外维权现象将会越来越多，很多国家的企业开始仿制我国的先进药品。然而由于在药品研发过程中药企需要付出巨大的成本，因此药品被仿制的后果是极为严重的，损失是巨大的。因此，助力我国药企增强海外维权能力是我们研究该案件的目的所在。

药品专利纠纷的一大特点就是专业性强。药品的实质是化学物质，因此药品专利纠纷实质上就是要通过分析比较不同的化合物来进行判定。法院由于不具备专业的药品技术人员，因此处理此类案件是十分棘手的。在该案中，法官在分析可信性问题时参考了另外三个案例，通过分析其他案例中的要点来对该案进行剖析，进而认定涉案专利因缺乏可信性而无效。因此我国企业在应对海外维权时，也应当重点关注之前的判决。而该案的焦点问题就是判断百时美施贵宝的专利申请是否具备可信性，因此药品专利纠纷中应当特别关注药品的可信性问题；一旦不具备可信性，法院就可以宣布该专利无效。

（二）争议焦点

正如前述，该案的争议焦点就在于百时美施贵宝的专利药品是否具备可信性。可信性的判断主要是依据前述三个案件中的核心问题来进行的。

（三）法院观点

首先，对于唯一的技术贡献是提供新化合物，而该新化合物的实用性（utility）不可信时，不可能具有创造性。上诉人认为应当在不考虑解决任何技术问题的前提下去认定创造性的问题，但是这显然是不正确的，因为如果不考虑解决的技术问题的话对于一项专利是没有任何意义的。长期以来，专利垄断的范围应当与其技术贡献相适应，并且基于其技术贡献，这是一个普遍接受的法律原则。如果一项专利没有任何技术贡献或者技术贡献程度不达标，但是却有着超强的专利垄断程度，这是与专利制度相违背的。属于有效权利要求的一切技术方案都必须具备创造性。如果不是这样，就必须修改权利要求以排除显而易见的主题内容，从而证明垄断的合理性。此外，从这一法律原则可以看出，对一个技术人员根据现有技术会做什么这一问题的回答，在很大程度上取决于他所要实现的技术成果，因此法院会根据对所要求的主题物所取得的技术成果的客观评估，与根据技术现状所取得的成果进行比较，来决定显而易见性问题。因此我们可以得知，如果一项成果只是为了获得进一步的化合物，那么所有已知的化合物都同样适合作为结构改造的起点，不需要发挥创造性的技能。因此，对于本领域技术人员来说，给定结构类别（或基本上任何类别）中的任何合理化合物，必须能够在没有不当负担的情况下应用测试，并确定它是否为要求保护的化合物。从这些考虑中可以看出，仅仅从这种技术问题的一系列可能的解决方案中任意选择，不能涉及创造性。换句话说，为了获得一项专利，对这种化合物的选择不能是任意的，而必须有一个迄今为止未知的技术效果来证明，这种技术效果是由那些将所要求的化合物与其他众多化合物区分开来的结构特征造成的。总之，对技术贡献的评估必须提供现在所要求的化合物的实际技术原因，以区别于其他大量理论上可能的化合物。因此在对专利进行衡量时，如果一项化合物的唯一的技术贡献是提供其他化合物，那么该专利是不具备创造性的。

其次，"专利交易"是现代专利法的基础，在英国和欧洲专利局的判决中都得到了认可。"专利交易"指的是授予专利的法律基础，发明者获得垄断权之后，作为回报，其应当公开他的发明，并在垄断期满后将其奉献给公众使用。而专利垄断的范围，如权利要求书中所定义的，应与该专利的技术贡献相一致，以使其得到支持或证明。同时在说明书中也必须披露一些理由，以证明权利要求中隐含的疗效是真实的。可信性不是一个具有自身生命力的独特的有效性条件，而是一个必须证明专利有效性的必要标准。同时，可信性也不是一个艺术术语，其内容不可避免地受到法律背景的影响。在本案中，法官提出以下几点：一是一个产品对于治疗某一特定疾病有疗效的主张必须是可信的；二是仅断言具有效果不具有可信性，而且仅仅披露它可能具有效果并不比断言更好；三是所声称的治疗效果很可能因为说明书显示某物值得尝试的原因而变得可信，即不仅仅是因为它有一种抽象的可能性，而是因为披露了合理的科学理由来预期它很可能有效；四是充分性是披露的一个特点，这些事项必须从专利中显现出来，披露的内容应当可以由专业技术人员的普通常识加以补充或解释，但是如果专业技术人员不能从中得出结论，那么专利权人能够证明该产品可以合理地预期在指定的用途中发挥作用是不够的。因此在分析专利的合理性时，应当考虑专利权人在说明书中公开的贡献。在该案中百时美施贵宝正缺乏这一点，其认为的可信性仅仅源于公知常识事项而非参考 652 号专利的任何内容，而公知常识并不是专利权人在说明书中公开的贡献。

最后，对于专利的可信性要求除了上述两项，还应当涉及对化合物的鉴定。其中存在的一个问题是能够鉴定多少化合物才达要求。该案法官认为需要分成两部分：第一是对于这种类型的权利要求，技术人员必须能够在没有不适当的负担的情况下，在专利中提到的那些化合物之外找出一些化合物，这些化合物属于所要求的类别，因此可能具有治疗效果；第二是任何技术人员仅依照说明书提供的方法便能够制造出给定结构类中的任何合理的化合物，并且检测是否属于要求保护的化合物。

四、经验启示

（一）增强对有关真实案例的学习与理解

通过以上分析可以看出，药品专利侵权纠纷案件难度极高，法官在审理案件时会考虑非常多的因素进行综合判断。我国药企很少能够有这方面的诉讼经验，一旦需要进行海外维权，很容易就会陷入不知所措的困难境地。由于国外已有许多该方面的经典判决，我国法院、海关、药企、律师事务所等相关机构均应当学习国外有关药企纠纷的典型案例，为可能到来的诉讼做好准备，避免被打个措手不及。

（二）增强对药品专利可信性的审查与监督

从该案中可以看出，药品专利的可信性问题是一个非常棘手的问题。百时美施贵宝作为一家各项经验十分丰富的药企，仍然无法避免专利无效的困境，我国药企应当吸取其教训，检查自己在专利申请过程中是否有不足。同时我国主管部门在药品专利审批时也应当认真学习国外法院的判例，了解其对专利可信性的要求，并且适时调整国内关于药品专利的审查要求，尽可能与国际接轨，助力国内药企在海外维权时能够更积极主动，减少海外侵权所带来的损失。

19

Lutec及宁波耀泰与Cascade及Forum 外观设计侵权纠纷案

>

一、基本情况

（一）案例信息

司法辖区：英国

审理机关：英国高级法院的英格兰和威尔士的商事和财产法庭

案件编号：IP-2020-000085

审理法官：David Stone

知识产权类型：外观设计

纠纷类型：侵权纠纷

重点产业：户外照明

起诉日期：2020 年 8 月 14 日

判决日期：2021 年 7 月 9 日

审理结果：原告胜诉

（二）涉案知识产权信息

该案所涉及的知识产权类型为注册共同体外观设计（RCD），两项 RCD 的
公开号分别为 EU0005409270001S 和 EU0005409270002S，均于 2006 年 6 月 5

日提交申请, 均将"外部灯"列为外观设计所保护的产品。每项RCD包括4张附图, 分别如图 19-1 和图 19-2 所示。

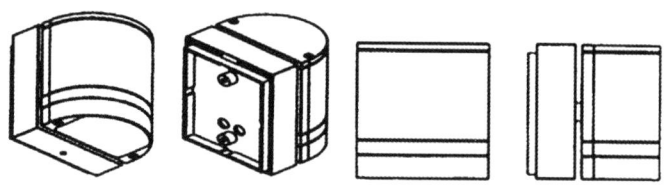

图 19-1　EU0005409270001S 附图

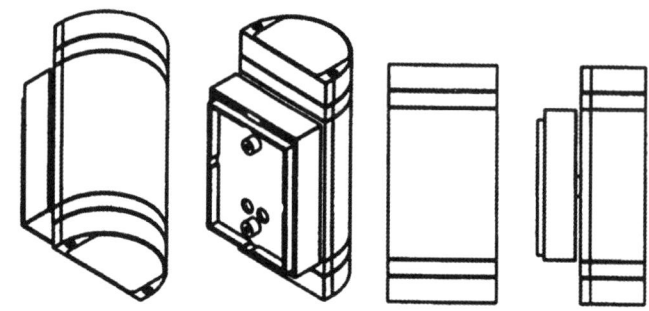

图 19-2　EU0005409270002S 附图

（三）涉案当事人信息

原告: Lutec（UK）Limited; Ningbo Utec Electric Co., Ltd; Lampekonsulenten A/S

宁波耀泰电器有限公司（以下简称"耀泰"）成立于 2006 年, 总部位于浙江省余姚市, 是一家集照明灯具、灯具配件、新型电子元器件、电器产品的制造、生产及销售于一体的企业。耀泰拥有自营进出口权, 能独立与国外用户建立良好的合作关系, 其产品已销往美国、欧洲、澳大利亚、中东、南美、非洲、日本等 65 个国家或地区, 已建立全球性的销售网络。Lutec（UK）Limited（以下简称"Lutec"）是耀泰在英国的子公司, 而"Lutec"是耀泰的品牌及商标。在该案中, 原告 Lutec 及耀泰请求将外观设计权利人增加为共同原告, 经法官批准, 权利人 Lampekonsulenten A/S（以下简称"Lampekonsulenten"）成为第三原告。

被告：Cascade Holdings Limited；Forum Lighting Solutions Limited

Cascade Holdings Limited（以下简称"Cascade"）是一家英国的灯具制造及销售商。Forum Lighting Solutions Limited（以下简称"Forum"）是一家英国节能灯具的设计者和经销商，其在英国从事贸易已有 60 多年，是英国一些大零售商最欢迎的装饰照明供应商。

二、基本案情

2020 年 8 月 14 日，原告 Lutec 及耀泰根据《欧盟理事会共同体外观设计保护条例》（以下简称《欧共体外观设计条例》）共同起诉被告 Cascade 及 Forum 的 Helios 系列灯具产品侵犯了其所拥有的两项 RCD。对此，被告 Cascade 及 Forum 承认在英国销售过 Helios U/D 和 Helios U&D 灯具，但否认侵犯了原告的外观设计权。

2021 年 6 月 25 日，高等法院副法官大卫·斯通作出判决，被告 Cascade 及 Forum 的 Helios U/D 和 Helios U&D 灯具均侵犯了原告的外观设计权。[①]

三、法律分析

（一）认定侵权所适用的法律

《欧共体外观设计条例》第 10 条规定：

"1. RCD 授予的保护范围应包括任何不会给知情用户带来不同整体印象的设计；

"2. 在确定保护范围时，应考虑设计者进行设计的自由度。"

对于 RCD 侵权的判定，主要包括以下六个步骤。

---

① 参见:https://www.bailii.org/cgi-bin/format.cgi?doc=/ew/cases/EWHC/IPEC/2021/2259.html&query=(IP-2020-000085)。

（1）确定该外观设计拟采用或者拟应用的产品所属的行业。

（2）识别知情用户（informed user）并在这样做后确定：（a）知情用户对现有技术的了解程度；（b）知情用户在比较（如果可能的话，直接比较）设计中的关注程度。

（3）确定设计者进行设计的自由度。

（4）评估 RCD 与有争议的设计之间的比较结果，同时考虑：（a）相关行业；（b）设计者的自由度；以及（c）这些设计对知情用户产生的整体印象，这些用户会记住任何已向公众提供的早期设计。

（5）比较中忽略仅由技术功能决定的设计特征。

（6）在某些情况下，知情用户可能会区分各项外观设计的要素，对相同点或不同点给予不同程度的重视。这可能取决于产品相关部分的实际意义、它在使用中的可见程度或其他因素。

（二）英国脱欧后 RCD 的变化

根据《英国脱欧协议》中的规定，在"脱欧过渡期"结束之后，RCD 将无法再在英国直接获得保护。①

换句话来讲，自 2021 年 1 月 1 日起，如果人们想在英国以及欧盟剩下的 27 个成员国中为自己的外观设计获得保护的话，那么其将不得不分别向英国知识产权局以及欧盟知识产权局提交申请。

不过，对于那些在"脱欧过渡期"结束之前就已经完成注册工作的 RCD 而言，将能够继续在英国获得保护。具体来讲，在过渡期前就完成注册的 RCD 可以保留最初的申请日期和原优先权日，拥有与此前相同的法律地位（前提是申请人是根据英国的法律提交申请或者是进行注册的），并可作为一件完全独立于此前 RCD 的英国外观设计来进行转让、许可以及续展。

如果企业、组织或者个人未能在"脱欧过渡期"结束之前提交自己的 RCD

---

① 参见：https://www.gov.uk/government/publications/new-withdrawal-agreement-and-political-declaration。

申请或者进行公开的话，那么其将有 9 个月的时间来在英国提出获得相同保护的请求。不过，在这种情况下，上述企业、组织或者个人需要支付一定的申请费用，而且该申请必须符合英国的审查与公开规定。

（三）双方的争议焦点

该案中，双方的争议焦点主要包括以下两点。

1. 产品的形状和线条以及外部装饰是否是专利产品的重要特征

从涉案 RCD 附图可以明显看出，两项 RCD 都是线条图，灯曲面线条之间的空间是空白的。在该案中，被告代理人认为，这是 RCD 与两款被控侵权产品的区别，这两款产品的表面有多个平行的脊或槽。即在线条图中，空白的空间是没有表面装饰的。

法官指出，在 "Procter & Gamble Co v Reckitt Benckiser（UK）Ltd 案"（[2007]EWCA Civ 936：[2008]ECDR 3；[2008]FSK 8）中，RCD 是用线条图来说明的，这些设计显然只关注外部形状。主审法官和上诉法院都认为，RCD 显然是针对其产品形状的，应适当地比较涉案产品的形状，其表面上的图形（或设计的物理体现）是无关紧要的。通常，许多线条图只显示物理形状，虽然它们可以显示色彩和装饰，但它们通常不如照片或 CAD 图像适合用于此目的，因为照片或 CAD 图像可以轻松显示细微的阴影、轮廓以及装饰，例如颜色和装饰。因此，虽然每个 RCD 图像都必须在其自身的上下文中进行解释，但与 CAD 图像相比，线条图更有可能被解释为不排除装饰。即最广泛的权利要求可以通过仅显示设计轮廓的图纸来实现。相比之下，照片不仅指定了形状，还指定了表面结构和材料，从而相应地缩小了保护范围。

此外，没有装饰亦可以成为 RCD 的一个特征，即使图像由线条组成。在 "Samsung Electronics（UK）Ltd v Apple Inc 案"（[2013] ECDR 1；[2013] FSR 9）中，线条图包括一个或两个小特征（开口扣和边缘周围的边缘），自然暗示没有其他装饰。

2. 涉及侵权的专利产品要注意考虑知情用户的整体印象

法官按照前文提到的六个步骤进行分析，具体如下。

（1）确定拟采用或拟应用外观设计的产品所属的行业。

双方一致认为相关行业为户外照明。

（2）识别知情用户。

双方就知情用户的身份达成一致，将知情用户描述为"有兴趣为家庭和 / 或商业场所购买户外灯具的公众成员"。

（3）确定设计者进行设计的自由度。

如上所述，被告人在审讯前承认，户外灯的设计者的自由度是非常高的。与"H&M Hennes & Mauritz BV & Co KG v OHIM 案"（EU:T:2015:617;[2015] ECOR 20）中设计者的设计自由度有限的产品相比，这具有要求涉嫌侵权的设计远离注册设计以免侵权的效果。因此，被告的律师明确承认涉案 RCD 享有"广泛的保护范围"。

（4）评估涉案 RCD 与有争议的设计之间的比较结果，同时考虑：（a）相关行业；（b）设计者的自由度；以及（c）这些设计对知情用户产生的整体印象，这些用户会记住任何已向公众提供的早期设计。

法官认为，在判断时必须站在知情用户的立场上，评估涉案 RCD 和 Helios 产生的整体印象产品，而不是简单地列出相同点和不同点，也不是在它们之间来回切换。虽然考虑各项设计之间的异同是适当的，但重要的是每项设计在考虑设计语料库和设计师的自由度的情况下给知情用户带来的整体印象。

（5）比较中忽略仅由技术功能决定的设计特征。

据称，涉案 RCD 的任何特征都不是完全由技术功能决定的。

（6）在某些情况下，知情用户可能会区分各项外观设计的要素，对相同点或不同点给予不同程度的重视。这可能取决于产品相关部分的实际意义、它在使用中的可见程度或其他因素。

原告的律师提出，知情用户对灯前部的重视程度高于后部。从涉案 RCD 附图及被控侵权产品图可以明显看出，在涉案 RCD 和 Helios 产品中，灯本身是独立于底座或盒子的独立元件，灯通过底座或盒子连接到墙上。原告律师提出，知情用户将根据设计的使用方式评估设计。法官对此是认可的，在底座或盒子后部的连接机制的设计和 Helios 灯中的存在清楚地表明灯将连接到墙壁或其他表面（可能是栅栏）。当它如此连接时，灯的前部将是最明显的，因此这是知情用户在她 / 他的评估中最关注的设计部分。

基于上述分析，法官认定，将最吸引知情用户的是 Helios 产品中关于灯罩部分的特征，这些是安装灯后最明显的功能。后面的框将被知情用户视为不太重要，虽然差异可能会在其他灯具专利上显示，但它们不会使这样的知情用户产生其与 RCD 之间不同的整体印象，因此，根据知情用户的整体印象角度认定，Helios U/D 侵犯了公开号为 EU0005409270001S 的外观设计权，而 Helios U&D 则侵犯了公开号为 EU0005409270002S 的外观设计权。

四、经验启示

（一）在英国开展知识产权维权

作为中国企业，在进入英国市场之前，为了更好地维护自身利益，应当先进行专利海外监控工作，提前做好维权准备。根据企业自身的专利布局策略，利用多渠道长期监控类似产品并积极利用英国完善的知识产权法系进行维权。

遭遇侵权时可以考虑采取以下策略进行维权。

1. 收集证据

在权利被侵害的情况下，应视情况及时收集证据，并对证据进行公证。并且委托律师向侵权方发出律师函，通过协商的方式来解决，基于协商情况来决定是否提起诉讼。

2. 明确诉讼请求

经沟通无效的，可以提起侵权诉讼。在对方有进出口侵权物品的意向时，可以向海关申请查扣嫌疑物品。在紧急情况下，可以申请临时禁令，请求查扣嫌疑物品。

在提起侵权诉讼时，应确定起诉对象，即是否是直接侵权人或间接侵权人。但对于直接侵权和间接侵权的诉讼主张应有所区别。对于直接侵权，可以主张其赔付获得的收益、禁止其在英国境内出售产品等。对于间接侵权，可以主张其赔付相应的权利使用费用。

如果对法庭判决拒不执行的，可以请求法院强制执行。

当权利受到侵犯时，可以向法院提出的诉讼请求有：确认权利的请求、赔偿损失的请求、没收侵权的物质载体的请求、制止侵权行为或构成侵权威胁的行为的请求等。

3. 提起诉讼保全

其目的在于顺利和完整地恢复由于民事侵权行为而遭受侵害的权利人的权益。建议企业在具备一定的胜诉可能性时提起诉讼保全。作为权利人提出诉讼保全可以防止损失的扩大并保障在胜诉的情况下权益能够得到迅速的实现。

（二）外观设计中的侵权判定客体

1. "产品"范围的界定问题

欧盟通过规范的形式指出，外观设计保护范围所涉的"产品的指定"是指申请人在其申请书中必须清楚地包括一项对该申请保护的设计所运用的产品的指定，从而使得每一种产品能够被划归为唯一的一个洛迦诺分类。[①] 但是前述指定不妨碍共同体外观设计保护的范围。因此，欧共体对外观设计的保护并不仅限于依附在产品之上的外观设计。

2. 功能性特征的排除问题

涉及外观设计的功能性问题，我国《专利法》及其实施细则中都没有规定，最高人民法院在其《关于审理侵犯专利权纠纷案件应用法律若干问题的解释》第11条中表明：在进行外观设计侵权判定时，不应当考虑主要由技术功能决定的设计特征。

---

① 参见：《共同体外观设计审查指南》第6条。

在判定某项外观设计是否主要是功能性的，可以从以下几个方面进行分析：（1）产品的使用或其目的的实现是否存在其他的可替代性设计解决方案；（2）相关权利人是否在广告等宣传中利用外观设计的实用优点来吸引顾客；（3）该外观设计是否主要在于其功能性。

20

法拉利公司与迈萨锐设计公司等外观设计侵权纠纷案

>

一、基本情况

（一）案例信息

司法辖区：欧盟

审理机关：欧洲法院

案件编号：C-123/20，EU：C：2021：889

审理法官：E. Regan、C. Lycourgos、M. Ilešič

知识产权类型：外观设计

纠纷类型：侵权纠纷

重点产业：汽车

起诉日期：2020 年 1 月 30 日

判决日期：2021 年 10 月 28 日

审理结果：原告胜诉

（二）涉案知识产权信息

意大利法拉利公司对其限量生产的"FXX K"车型享有的一项或多项未注册外观设计权。

（三）涉案当事人信息

原告：Ferrari SpA（法拉利公司）

被告：Mansory Design & Holding GmbH（迈萨锐设计控股有限公司）；
WH

二、基本案情

（一）案件事实

意大利法拉利公司于 1947 年创办，是举世闻名的赛车和运动跑车的生产厂家，主要制造一级方程式赛车、赛车及高性能跑车。法拉利公司于 2015 年开始限量生产"FXX K"车型，其所配备的扰流板、尾翼以及底部扩散器使其空气动力学效能增加，在空气动力学套件的辅助下，"FXX K"车型可以达到 540 千克的下压力，保证行驶中的稳定性。为了对该型号的跑车进行推广，法拉利公司在 2014～2015 年分别通过新闻发布图片和电影向公众展示 FXX K 车型的侧视和前侧立体设计，也正因其出色的性能和充满动感的外观，FXX K 车型的售价曾一度高达 260 万美元。

迈萨锐设计控股有限公司（以下简称"迈萨锐设计公司"）成立于德国，是一家专门从事高端汽车个性化设计的改装企业。自 2016 年以来，迈萨锐设计公司仿造法拉利"FXX K"系列赛车最具特色的发动机罩的 V 形部分和前保险杠，并向法拉利公司"488 GTB"系列跑车的车主销售这些改装配件，其售价约为 25 万美元的"488 GTB"系列赛车外观与"FXX K"系列赛车的外观相似。

法拉利公司认为迈萨锐设计公司侵犯了其一项或者多项未注册外观设计专利，因此在德国杜塞尔多夫地区法院提起诉讼，希望法院可以颁布禁止令，以阻止迈萨锐设计公司在整个欧盟地区销售这些改装配件。然而，杜塞尔多夫地区法院以及杜塞尔多夫高等法院却先后驳回了法拉利公司的诉讼请求。这两个法院均认为，关于法拉利公司"FXX K"系列汽车的部分外观设计，由于其不满足独立性或形式一致性的最低要求，故不存在法拉利公司主张的未注册外观设计权。

法拉利公司对一审和二审法院的判决不服，遂将该案上诉至德国联邦法院。德国联邦法院认为该案判决的结果取决于法院对《欧共体外观设计条例》的解释，所以将该案提交给位于卢森堡的欧洲法院，向其寻求指导。最终，欧洲法院对该案件作出了裁决。

（二）判决结果

欧洲法院表示，如果一个局部外观设计是"产品或复杂产品的可见部分，并由特定的线条、轮廓、颜色、形状或纹理来明确其定义"，则其可被视为具有设计权的单个部件。因此，欧洲法院认可法拉利公司拥有型号为"FXX K"赛车的外观设计权，判决迈萨锐设计公司败诉。①

三、法律分析

（一）案例特点

本次法拉利公司诉迈萨锐设计公司外观设计侵权案的核心争议点就在于：法拉利公司"FXX K"系列套件是否能够被作为欧盟未注册外观设计，进而受到保护？

根据《欧共体外观设计条例》第 1 条第 2 款，欧盟为外观设计提供了两种形式的保护，分别为注册外观设计和未注册外观设计。其中，未注册外观设计获得保护的前提是，需在欧盟以规定的方式向公众提供。在保护对象、保护要求例如新颖性、创造性等方面，欧盟未注册外观设计与注册外观设计并没有任何区别，其因为其所具备的快捷、廉价的特点，为那些更新换代频繁、生命周期短暂的产品外观设计提供了一种高效的保护途径。

根据《欧共体外观设计条例》第 11 条，从在欧盟范围内向公众首次提供之日起，未注册外观设计可以自动获得为期 3 年的保护期。"向公众首次提供"包括向公众提供出版、展览、在贸易中使用或以其他方式披露等形式，从而在正常

① 参见：https://curia.europa.eu/juris/document/document.jsf?text=&docid=248287&pageIndex=0&doclang=en&mode=lst&dir=&occ=first&part=1&cid=241225。

的商业过程中可以合理地被在欧盟经营的相关行业的业内人士所知悉。但排除一种情况，即在明确或者隐含的保密条件下向第三人披露该外观设计。换言之，未注册外观设计在注册外观设计保护的路径之外，提供了另一种渠道的附加保护，其弥补了注册外观设计申请周期较长、手续相对复杂、费用颇高等不利因素，为实现《欧共体外观设计条例》所预设的目标提供了保证。

然而，值得注意的是，与未注册外观设计较低水平的形式要求相对应，其提供的保护也较注册外观设计薄弱许多。根据《欧共体外观设计条例》第 19 条第 2 款之规定，对于欧盟未注册外观设计，只有在有争议的使用是由于"抄袭"了受保护的外观设计时，权利人才享有阻止该使用行为的权利。换言之，德国迈萨锐设计公司的借鉴行为只有在被认定为是"抄袭"的情况下，法拉利公司的未注册外观设计才能受到《欧共体外观设计条例》的保护。

根据常理，德国迈萨锐设计公司对法拉利公司的"FXX K"系列汽车具有不容否认的极高概率的接触可能性，又根据知识产权领域的"接触＋实质性相似"原则，很容易判定迈萨锐设计公司的行为系抄袭。因此，该案的争议焦点则聚焦为法拉利公司能否作为未注册外观设计权利人而受到保护？换言之，欧洲法院在该案中需要考虑如下两个问题：首先，产品的个别部分的未注册外观设计能否因为产品整体图片的展示或披露而产生？其次，如果个别部分的未注册外观设计能够因为产品整体图片的展示或披露而产生，那么当该部分是一个组合产品不可分割的一部分时，应当用何种评价标准来评估其特有的外观特征？其是否必须显示出某种独立性和形式一致性？

（二）法院观点

针对该案的以上两个问题，欧洲法院经审理后，进行了以下判决和学理阐述。

首先，从外观设计的保护对象与未注册外观设计制度的设立目的来看。《欧共体外观设计条例》第 3 条 a 项确立了以下原则：外观设计的保护对象既包括产品整体的外观，也包括产品部分的外观，外观是外观设计保护的决定性因素，外观设计的个性特征也必须依赖外观设计定义所界定的构成外观设计的特征来评价。此外，《欧共体外观设计条例》的序言部分以及一些裁判在先的案例均已经表明，《欧共体外观设计条例》制定的目的是确保对欧盟地区的产品外观设计进行有效的保护，从而鼓励产品的创新、开发以及投资。相应地，未注册外观设计制度的设立目的也正是消除注册申请负担、以快速有效的方式保护市场生命周期较短的产品的外观设计，从而促进创新。因此，从该制度的创设目的来看，法拉利公司的诉求应当被支持。

其次，从产品部分或者构成部件的披露要求的角度进行分析。根据《欧共体外观设计条例》第 19 条之规定，未注册外观设计能够合理地被"相关行业的业内人士所知悉"即可，因此，如果法拉利公司将"FXX K"系列汽车的外观图片分发给了业内经营的商业主体，则满足了这一要求。此外，要实现通过向公众提供产品整体的外观设计而达到向公众提供一部分或者构成部件的外观设计，必须保证在提供产品整体的外观设计的时候可以明确地识别产品的该部分或者构成部件的外观，使得经营主体可以清楚、准确地获得未注册外观设计的权利信息。至于保护对象的可识别性要求，法律不应当要求设计者向公众单独提供产品的各个部分或者构成部件以获得未注册外观设计保护，即使是出于法律的确定性因素的考虑。否则，将有悖于《欧共体外观设计条例》关于未注册外观设计的立法目的，使其流于形式。

而在该案的实际操作中，法拉利公司的未注册外观设计可以被明确地识别就意味着，向公众提供的"FXX K"系列汽车图片，使得公众可以清楚地看见主张外观设计的产品的部分或者构成部件的特征。在与现有设计比较而进行个性特征的评价时，也有图片使之可以精确且确定地将主张权利的外观设计形象化。因此，为了评估作为欧盟外观设计的保护条件的个性特征，有争议的产品的部分或组合产品的构成部件必须是可见的，并由构成其特定外观的特征来界定，即由特定的线条、轮廓、颜色、形状和纹理来界定。这预示着产品的该部分或组合产品的该构成部件的外观本身能够产生整体印象，不会完全消失在产品整体中。

因此，针对以上两个核心问题，欧洲法院经审理和研判之后认为：法拉利公司向公众提供"FXX K"系列汽车宣传图的行为，已经构成向公众提供该产品一部分的外观设计或者作为组合产品的该产品构成部件的外观设计，因为该部分或者该部件的外观在法拉利公司提供整体外观设计图纸时可以明确地被识别。相应地，法拉利公司"FXX K"系列汽车的发动机罩的 V 形部分和前保险杠由具体的线条、轮廓、颜色、形状或者纹理可清楚地限定，该部分构成整辆法拉利赛车的一个可见部分，因此该部分的外观满足《欧共体外观设计条例》规定的个性特征的要件。

故综上所述，欧洲法院第五庭裁定，支持法拉利公司的诉讼请求，认可其拥有型号为"FXX K"的赛车的未注册外观设计，判决迈萨锐设计公司败诉。

四、经验启示

该案对一系列行业有着重大影响，特别是一些奢侈品牌和一些制造组件众多的复杂产品企业。其中，最直接的效果就在于，其确立了不必为获得对产品某一部分的未注册外观设计保护而单独对该部分进行披露的实践规则，进一步巩固了《欧共体外观设计条例》中未注册外观设计规则对于一些更新换代较快的特定产品的保护作用。此后，该案作为欧盟地区的一项指导性案例，对类似案件的判决提供指引思路。

然而，针对该案相似问题，需要给予重点关注的是，欧盟未注册外观设计以自动获得权利为特点，其权利获得方式不但与传统专利保护获得方式不一，相反还体现了其与著作权保护的相类似之处。权利主体通过对外观设计产品的整体披露，同时还获得了不确定多数的局部未注册外观设计，而这一特点将会增加外观设计权的不确定性。在此情况下，如果参照注册外观设计来确定未注册外观设计的保护范围的话，那么可获得保护的权利组合将非常丰富，业内商业主体很难确定所有这些权利的可能保护范围，因此也很容易在不经意间落入未注册外观设计的保护范围，进而陷入争诉纠纷中，将不利于商业主体的状态稳定与创新发展。①

因此，欧洲法院对待未注册外观设计的保护应当持审慎态度，给予其有条件、框架内的保护，切不可无限扩张其权利。由于产品的部分或者组合产品的构成部

① 参见：http://www.iprdaily.cn/article1_30191_20220112.html。

件的可识别性以及其可见性本身是一个极其具有挑战性的问题，因此欧盟地区应当规定未注册外观设计的权利人在提起侵权诉讼时应当指出构成其外观设计的个性特征是什么，并需要将其诉讼请求限制于产品被抄袭的那些部分。通过类似对权利人施加压力的方式，来减轻法院的判断负担，进而在最大程度上确保外观设计权的确定性。

21

思摩尔国际与跨境电商卖家商标侵权纠纷案

>

一、基本情况

（一）案例信息

司法辖区：美国

审理机关：美国纽约南区联邦地方法院

案例编号：1:19-CV-9895

审理法官：Valerie Elaine Caproni

知识产权类型：商标

纠纷类型：侵权纠纷

重点产业：电子烟

起诉日期：2019 年 10 月 25 日

判决日期：2021 年 6 月 9 日

审理结果：原告胜诉

（二）涉案知识产权信息

思摩尔国际旗下的深圳麦克韦尔科技有限公司（以下简称"思摩尔"）主张，百余家跨境电商卖家（以下简称"被告"）在某些海外电商平台上存在的销售假冒"CCELL"及"VAPORESSO"等品牌产品行为侵犯了思摩尔的商标权。

思摩尔在美国的注册商标信息如下：

1. CCELL

（1）No.5633060

申请日：2018 年 7 月 12 日

注册日：2018 年 12 月 18 日

尼斯分类：34

（2）No.5462670

申请日：2017 年 8 月 2 日

注册日：2018 年 5 月 8 日

尼斯分类：9

（3）No.5435824

申请日：2016 年 2 月 5 日

注册日：2018 年 4 月 3 日

尼斯分类：34

2. VAPORESSO

（1）No.4920266

申请日：2015 年 7 月 8 日

注册日：2016 年 5 月 22 日

尼斯分类：9、34、35

（2）No.6002643

申请日：2019 年 9 月 3 日

注册日：2020 年 3 月 3 日

尼斯分类：34

（三）涉案当事人信息

原告：深圳麦克韦尔科技有限公司（Shenzhen Smoore Technology

Ltd.）- 思摩尔国际（SMOORE）

深圳麦克韦尔科技有限公司成立于 2009 年，为提供雾化科技解决方案的全球领导者，旗下拥有一个自有品牌（VAPORESSO）和三个技术品牌（FEELM、CCELL、METEX），2020 年 7 月 10 日正式在香港联合交易所上市。

被告：A253481482 等百余名跨境电商卖家

被告主要是利用 DHgate（敦煌网）等跨境电商平台将在中国境内生产的假冒产品销往美国等地的跨境电商。

二、基本案情

（一）诉讼过程

2019 年 10 月，思摩尔针对某些海外电商平台上存在的销售假冒 "VAPORESSO" 及 "CCELL" 等品牌产品行为在美国联邦地区法院提呈商标侵权诉讼，主张 100 名被告在未获得思摩尔授权的情况下侵犯其 No.5633060 等五项美国注册商标，违反了美国《兰哈姆法案》第 1 条（15 U.S.C.§.1051），请求判决被告：

（1）根据 15 U.S.C.§.1117（a），裁定被告获利和原告实际损害赔偿，根据 15 U.S.C.§.1117（a）（3）条，增加自由裁量损害赔偿以及三倍的惩罚性赔偿；

（2）作为被告获利和原告实际损害赔偿的替代方案，要求被告承担因其故意侵权行为的惩罚性赔偿 200 万美元；

（3）裁定其他补偿性损害赔偿是公平和适当的；

（4）由法院发布初步和永久性禁令，命令和禁止被告及其关联公司、人员：

①以制造、进口、出口、广告、营销、促销、展示、许诺销售和销售等方式处理假冒产品；

②以任何方式直接或间接侵犯原告思摩尔的商标权；

③在任何产品上使用与原告思摩尔商标相关的复制品、仿冒品或彩色仿制品。

诉讼过程中，部分被告积极寻求和解。2021 年 6 月，美国纽约南区联邦地方法院作出缺席判决，判令 100 余名被告向思摩尔支付赔偿金总计 540 万美元，并永久禁售侵害思摩尔商标专用权的产品。

（二）侵权事实

在提出诉讼请求时，思摩尔主张，作为国际上领先的电子烟开发商、生产商、营销商和分销商，其在国际上拥有和经营多个电子烟品牌，包括但不限于"CCELL"及"VAPORESSO"。其中，最受消费者欢迎的品牌之一便是"CCELL"，主要用于推广和销售电子烟产品，即烟弹、雾化器、电池、一次性电子烟及相关配件。在思摩尔提出诉讼请求之前，思摩尔仅通过几家美国公司推广和销售其"CCELL"品牌电子烟产品。思摩尔另一个受消费者欢迎的品牌是"VAPORESSO"，主要用于推广和销售电子烟产品，即金属加热丝、储油仓、一次性电子烟及相关配件。思摩尔通过其全球合作伙伴推广和销售"VAPORESSO"电子烟产品，包括但不限于美国分销商、在线批发、在线零售商和连锁店。思摩尔的"CCELL"及"VAPORESSO"品牌电子烟自推出以来，取得了巨大的成功。此外，原告自 2015 年开始便在美国布局商标，获得了覆盖多个类别的"CCELL"及"VAPORESSO"商标权。

敦煌网是一个在线市场和电子商务平台，允许制造商、批发商和其他第三方卖家（如该案中的被告）直接向全球消费者（特别是居住在美国的消费者）宣传、分销、许诺销售、销售和运输其原产于中国的批发和零售产品。作为全球电子商务和数字零售市场的领导者之一，敦煌网已经在全球创造了数十亿元人民币的销售额，其中美国买家在敦煌网中占据了较大的比例。而该案的被告是通过在敦煌网及其他尚未发现的在线平台中的账户和商家店面进行销售，包括涉及"CCELL"及"VAPORESSO"品牌的假冒产品。

原告委托第三方机构进行调查，了解到被告的行为各不相同，包括但不限于：制造、出口、进口、广告、营销、推广、分销、展示、许诺销售和／或向美国消费者销售假冒产品，包括通过被告用户账户和商家店面向位于纽约州的消费者销售假冒产品。以上通过从被告的用户账户和商家店面的假冒产品列表进行取证。此外，被告均未得到原告或其任何授权代理人的授权，便在其假冒产品中使用与思摩尔产品几乎无区别的标志，其微小差异是普通消费者无法识别的。

（三）判决结果

如前文所述，在诉讼过程中，部分被告积极寻求和解。2021 年 6 月，美国纽约南区联邦地方法院作出缺席判决，判令 100 余名被告向思摩尔支付赔偿金总计 540 万美元，并永久禁售侵害思摩尔商标专用权的产品。[①]

三、法律分析

大体而言，这些针对跨境电子商户的侵权诉讼包括连环相扣的三部曲。如果被告不积极应诉，则这三部曲进展很快。

1. 第一步

以临时禁令[②]（temporary restraining order，TRO）冻结电子商户的店铺和支付平台账户。临时禁令的有效期限很短，一般不超过 14 天，但其无须经过听证程序，甚至无须通知被申请人，目的是有效防止被申请人在得知消息后转移财产或者毁灭证据等。

2. 第二步

在临时禁令失效之前（通常 1 周之内），原告提出颁布初步禁令（preliminary injunction）的动议（motion），以确保听证后颁布的初步禁令能够与临时禁令无缝对接。

3. 第三步

在颁布初步禁令后，很快就发出传票（summons），被告通常须在 21 日内应诉（出庭或递交答辩状），否则法庭作出缺席判决（default judgment）。

通常，判决会在法院收到诉状之后的 1 个半月左右作出，赔偿金为 10 万～200 万美元不等。对于不积极应诉的被告，程序就此完结，其被冻结的支付平台账户

---

① 参见：https://cases.justia.com/federal/district-courts/new-york/nysdce/1:2019cv09895/525352/139/0.pdf?ts=1595494316。

② 侵权诉讼中的一种临时措施，禁止被告在诉讼判决之前继续实施被控侵权行为。

中的资金即被划走作为赔偿金。而如果被冻账户的资金不足以支付赔偿金，被冻账户一般会被永久限制。而且，原告会持续监控被告的网上行为，一旦发现涉诉店铺的其他收款账号（甚至包括国内银行账户），原告会继续申请法院强制执行。

在上述过程中，美国法院并不会执着于找到电子商户或者支付平台账户背后的实际控制企业或者个人，而是径直以电子商户或者支付账户所能联系的电子邮件账户为对象。

四、经验启示

（一）美国市场商标侵权维权策略

近年来，随着中国企业"走出去"步伐越来越快，中美经贸摩擦升级，知识产权维权无疑成为中国企业"出海"面临的重大挑战。随着中国制造越来越强调科技创新能力，面对美国企业的专利大棒，很多中国企业不再手足无措。从当前中国企业"走出去"所遭遇的知识产权风险类型来看，主要包括商标海外运营风险、出口货物专利侵权风险、海外自主专利被侵权风险、商业秘密泄密风险、海外投资中知识产权价值评估风险、海外知识产权壁垒风险、国内外知识产权法律不一致的风险以及海外竞争对手滥诉风险。

中国企业"走出去"应该采取何种措施来应对知识产权风险，或许可以从思摩尔此次的商标维权中发现一些思路。

首先，企业应该提升知识产权保护意识，构建完善的知识产权布局。作为全球最大的电子雾化设备制造商，思摩尔不仅在全球 20 多个国家或地区进行了横向的战略性专利布局，而且从发热体、温控、防漏液、储液等创新维度进行了纵向的专利布局，还围绕自身重点品牌在多个国家或地区进行商标布局。据悉，思摩尔、中兴通讯参与起草了《企业知识产权国际合规管理规范（征求意见稿）》。[①]该标准是国内首个企业知识产权国际合规管理地方标准。这一标准为外向型企业提高自身知识产权国际合规管理水平和海外抗风险能力提供了借鉴。

---

① 详见：https://acad-upload.scimall.org.cn/cnips/text/2023/11/28/11/ICLFEAB.pdf。

其次，科学技术是第一生产力，核心技术是企业成功的保障。"打铁还需自身硬"，思摩尔虽然在陶瓷雾化产品方面拥有专利壁垒，但若想长期维持领先地位，则要研究新技术，发展新方向。目前，思摩尔在其他雾化技术方向的探索无疑为其长久发展奠定了良好基础，同时也推动了雾化科技产业的发展与升级。

再次，企业应积极参与产品标准的设置。标准化产品涉及多项标准必要专利及产品标准。基于此，企业可以进一步深入研究连接行业标准必要专利的许可规则，同时结合自身标准必要专利情况，制定合适的专利许可或被许可策略。

最后，中国企业"走出去"也需要来自政府和社会的帮助。推动建立海外知识产权保险和专门以帮助中小企业为目的的海外知识产权应诉基金，支持海外知识产权研究和人才培养，建设海外知识产权信息库，完善国内知识产权法制，积极参与国际知识产权法律的制定等。

（二）电商平台投诉的应对措施

1. 侵权确认

（1）查明自身是否侵权

电商企业在遇到商品下架、账号被封后，首先要确定查明原因，分析是否存在侵权可能。

一方面，国内跨境电商卖家内部自查确认侵权是否成立，核查内容包括：是否未经允许使用他人商标、姓名、公司名称或logo、网站链接、宣传图片和文字等；是否未经允许仿制或跟卖他人商品；产品供货商是否存在侵权，因此自身账户被波及；是否与其他电商账户有关联，或将平台账号借给他人使用。以上都是可能引发知识产权侵权的因素。另一方面，国内跨境电商卖家可咨询电商平台客服，确认侵权原因。

（2）核实投诉方知识产权有效性

根据电商平台通知邮件、客服或投诉方回复，获取涉嫌侵犯的专利、商标和版权等信息，电商企业可以自行或委托知识产权服务机构到相关知识产权官方网站查询，确认其权利有效性、保护范围以及己方是否存在侵权可能。

（3）调查结论

经过排查，电商企业对自己是否侵权应该有大致的判断。基于侵权情节、店铺经营预期、账户金额和库存数量等情况，制定应对方案。

2. 应对方案

（1）构成侵权情况下

如果确认侵权事实基本成立，建议电商企业根据各电商平台通知邮件或系统提示进行处理，大致有以下几种处理方式。

1）按照平台规则整改

如果侵权行为是被电商平台发现的，按照平台通知邮件或系统提示的要求，进行整改和提交资料。与平台客服沟通或整改的要点一般包括侵权原因分析、处理态度和结果、补救措施、店铺业绩以及未来销售计划等内容。

2）与投诉方和解

电商企业可以根据侵权情节、商品数量和销量、账户金额、店铺价值等因素，确定具体和解途径，是通过委托专业律师事务所、和解机构还是自行协商解决。一般来说，针对大卖家，在账户金额数量较大、侵权性质较为严重、店铺价值较大的情况下，建议委托专业律师事务所，在律师辅导下，积极准备资料，以降低赔偿金额、缩短和解时间。对于中小卖家，涉嫌侵权商品的销售额和账户金额可能都较少，可以委托和解机构进行谈判，同时也要积极准备销售证明等资料，协商赔偿金额。对于店铺价值不大的卖家，也可以尝试自行沟通联系，但需要注意的是，投诉方律师可能不愿意回复邮件，以及自行沟通存在风险的问题。

3）对权利人的专利／商标提起无效宣告请求

针对大卖家，如果经过专业律师检索和分析，能够找到可导致对方专利或商标权被宣告无效的证据，可以向原告所在地专利商标局、法院或者国际贸易委员会提起无效宣告请求。此外，通过向法院起诉，在最终判决之前，还有机会申请法院令重新上架商品。

（2）不构成侵权情况下

如果侵权事实不成立或侵权可能性很小，电商企业可以通过向电商平台申诉、和解或者诉讼等方式解决。

1）通过平台申诉

根据电商平台发送的告知侵权原因邮件，准备不构成侵权证明材料和不构成侵权内容陈述。

国内跨境电商卖家需要准备自身不构成侵权的证明材料，例如自己的专利、商标和版权证明文件，或授权许可合同证明等。同时，做好不构成侵权内容陈述，针对投诉邮件给出的侵权原因和相关知识产权类型，进行侵权对比分析，概括性阐述己方产品与投诉方产品之间的差异，从而作出不侵权判断。如果卖家商品有委托律师进行侵权预警分析，可以作为证明资料之一。认真组织和撰写申诉邮件，建议观点明确有针对性，语言表述清楚简洁，观点与证明材料要对应。

2）与投诉方和解

即使不构成侵权，卖家也可以结合自身经济条件、账户解冻紧迫性因素选择和解。相对而言，和解是最为快速、低成本的解封途径。当然和解过程也需要讲究证据、谈判技巧、考虑损失赔偿等因素。

3）应诉

如果投诉方（权利人）委托律师事务所直接向当地法院起诉，向法院申请签发临时禁令和 / 或其他禁令，立即限制涉嫌侵权商户在平台的交易行为和付款处理。在这种情况下，需要聘请该法院司法管辖区的具有执业资格的律师，积极应诉，尽可能申请法院驳回原告冻结账户和资金的要求。当然，应诉的费用是国内跨境电商卖家需要考虑的。

4）应对不利的后果

如果卖家对于涉嫌知识产权侵权的警告置之不理，除了商品继续被下架外，可能会导致账户停用。部分卖家对电商平台发出的法院通知邮件不够重视，不予回应，直接结果是投诉方会申请法院缺席判决。就美国而言，一般缺席审判被罚金额为 10 万～ 200 万美元，缺席判决后，卖家账户资金直接被用以赔偿原告。有些法院认为被告没有回应法院命令是故意侵权的证据，可能导致更高的损害赔偿金。

海信集团与博世-西门子商标侵权纠纷案

>

一、基本情况

（一）案例信息

司法辖区：德国

审理机关：德国科隆法院

知识产权类型：商标

纠纷类型：商标侵权纠纷

重点产业：制造业

起诉日期：2004 年 10 月

判决日期：2005 年 3 月 9 日

审理结果：达成和解

（二）涉案知识产权信息

1.海信集团有限公司在中国的注册商标

商标图样：**HiSense**

注册号：第 669501 号

申请日：1992 年 10 月 15 日

注册日：1993 年 12 月 14 日

商品类别：9

指定商品：电子计算机；广播电视设备；电视机；电子收款机

驰名商标认定日期：1999 年 1 月 5 日

2. 博世 – 西门子家用电器集团在德国的注册商标

商标图样：HiSense

注册号：第 39901013 号

申请日：1999 年 1 月 11 日

注册日：1999 年 2 月 25 日

商品类别：7、8、9、11

指定商品：洗碗机；用于洗涤和衣物处理的电机和设备，包括洗衣机、纺纱机、熨衣机及上述产品的零部件；熨斗及其零部件；电气设备和仪器，及上述产品的零部件；干燥机，包括干衣机、干洗机、干手机、吹风机及上述产品的零部件

（三）当事人信息

原告：博世 - 西门子家用电器集团（以下简称"博世 - 西门子"）

被告：海信集团有限公司（以下简称"海信集团"）

二、基本案情

海信集团是我国的一家大型电子信息产业集团，在电子行业领域具有较强的市场竞争力。"海信""HiSense"是海信集团的前身青岛电视机总厂于 1991 年在企业内部公开征集而创立的。海信集团于 1992 年 10 月 15 日就上述标识在国内申请商标注册，1993 年 12 月 14 日经核准注册。1999 年 1 月 5 日，"海信"和"HiSense"被原国家工商行政管理总局商标局正式认定为驰名商标。

在稳固国内市场地位后，海信集团开始积极拓展海外市场。截至 1999 年 1 月，海信集团的"Hisense"商标已在几十个国家或地区成功注册。然而，在进军欧

洲市场时，海信集团遇到了挑战，该公司发现博世 - 西门子 1999 年 1 月 11 日已在德国在第 7 类、第 9 类、第 11 类商品上抢先注册了"HiSense"商标，注册号为 39901013。此后博世 - 西门子还以该德国商标为基础分别进行了欧盟注册（注册号为 01230895）和马德里国际注册（注册号为 717960），成为海信集团在欧洲进行商标注册难以逾越的障碍。

海信集团于 2002 年底开始与博世 - 西门子就商标抢注及转让问题展开磋商，但双方在商标转让价格上一直未能达成一致。博世 - 西门子提出的转让价格高达数千万欧元，远超出了海信集团的心理预期。尽管海信集团表示愿意以合理的价格进行转让，但双方经过多轮协商，仍未能就价格达成一致。

2004 年 10 月 20 日，双方代表在青岛进行了进一步的洽谈，但谈判再次因商标转让价格问题陷入僵局。随后，博世 - 西门子以 2003 年海信集团在德国科隆展期间使用了"Hisense"商标为由，将海信集团起诉至德国的法院。面对此局面，海信集团于 2004 年 12 月 3 日正式向德国专利商标局提出请求，要求撤销博世 - 西门子注册的"HiSense"商标。

在经历长达 5 年的商标争议后，海信集团于 2004 年 9 月在欧洲启用了新的商标"Hsense"。同年 11 月 24 日，海信集团为了表明其维护自身权益的坚定立场，就"商标抢注"事件以公开函的方式作出如下回应：

第一，"海信""HiSense"是海信的前身青岛电视机厂在 1991 年在企业内部公开征集而创立的。这个原创性的商标既是商标，又是企业的名称。商标创设以后，立即办理了注册申请手续，中国商标局确认的申请日为 1992 年 10 月 15 日；1993 年 12 月 14 日中国商标局通过审查、核准注册。1999 年 1 月 5 日，"海信"和"Hisense"获得"中国驰名商标"。

值得注意的是，1999 年 1 月 11 日，也就是海信获得"中国驰名商标"6 天以后，博世 - 西门子在德国注册"HiSense"，且所注册的商标与海信原创的"HiSense"完全一致。而早在 1999 年前，西门子就已进入中国市场，其冰洗产品与海信在全国家电终端卖场比肩相临。从 1992 年商标创立开始，海信早已在包括 CCTV 在内的全国媒体进行了巨额的广告投放。因此，有关媒体所猜测的"西门子注册前不知道海信"是与事实不符的。

......

第三，《巴黎公约》规定，商标注册国或使用国主管机关认为一项商标在该国已成为驰名商标，已经成为有权享有本公约利益的人所有，而另一商标构成对此驰名商标的复制、仿造或翻译，用于相同或类似商品上，易于造成混乱时，本同盟各国应依职权或应有关当事人的请求，拒绝或取消该另一商标的注册，并禁止使用。

中国和德国均属于巴黎公约成员国。中国商标主管机关认定的具有原创性意义且有重大商业价值的驰名商标在德国同样应当受到尊重。[①]

之后，在欧盟驻华机构和商务部欧洲司的撮合下，双方当事人曾恢复谈判。但由于博世－西门子提出的条件让海信集团难以接受，加之其拒绝了海信集团要求其撤诉的建议，双方关系再度恶化。于是，海信集团中途退出谈判，开始寻求通过法律手段解决问题。

2005 年 2 月，海信集团在北京组织有关知识产权专家召开了"中国企业商标海外保护研讨会"，共同商讨"HiSense"德国商标纠纷的法律应对策略。为了维护其在中国的品牌形象及市场销售，在中国家电协会、商务部的斡旋下，博世－西门子主动恢复与海信集团的谈判。双方于 2005 年 3 月 9 日达成和解协议：博世－西门子同意将其根据当地法律在德国及欧盟等所有地区注册的"HiSense"商标一并转给海信集团，同时撤销对海信集团的商标诉讼，海信集团亦撤回针对博世－西门子的商标撤销申请，海信集团向博世－西门子支付了"六位数"欧元的转让费。

原定于 2005 年 4 月 14 日开庭的博世－西门子诉海信集团商标侵权案提前结案。海信集团最终以较小的代价购回了"HiSense"商标，海信集团产品自此开始在欧盟市场畅行。

---

① 陈凌馨. 海信就"商标抢注"正式做出回应 [EB/OL].(2004-11-26)[2024-06-30]. http://finance.sina.com.cn/roll/20041126/09051182606.shtml.

三、法律分析

（一）恶意抢注的界定

中国和德国均为《巴黎公约》以及世界贸易组织的成员，两国皆受《巴黎公约》和 TRIPS 的约束。自 1999 年 1 月我国商标主管部门正式认定"海信"及"HiSense"为驰名商标，直至博世 - 西门子注册"HiSense"商标，再到 2004 年底海信集团请求撤销该商标的注册，已超出《巴黎公约》所规定的 5 年期限。因此，若海信集团欲向德国专利商标局申请撤销该商标，须提供确凿证据来证明博世 - 西门子的商标注册行为系出于恶意。

鉴于《巴黎公约》和 TRIPS 协定中均未对"恶意抢注"行为作出明确界定，且诉讼在德国进行，取证和证明的难度都非常大。若海信集团无法提供充足的证据来证明博世 - 西门子注册"HiSense"商标的恶意性，在德国包括欧盟成员国在内的多国法律体系中，博世 - 西门子将被视为"HiSense"商标的合法持有者，其在德国对海信集团提起的商标侵权诉讼胜诉的可能性将大大增加，这也是海信集团在诉讼初期面临被动局面的根本原因。

（二）驰名商标的认定

驰名商标是指在市场上享有较高声誉并为相关公众熟知的商标。虽然《巴黎公约》首次提出了驰名商标的概念，但并未对其内涵进行明确界定。国际社会对驰名商标的内涵尚未形成统一的认识，但一般认为其核心要素包括：（1）享有较高声誉，即商标需要在市场上具有一定的知名度和美誉度；（2）为相关社会公众所熟知，即商标需要在相关行业和市场中被广泛认知和认可。

然而，对于驰名商标，由于其包含着商标权利人较多的经营劳动和商誉等无形财产以及更多消费者的信赖，因此各国际公约均对其实行特殊保护。《巴黎公约》对驰名商标的认定只是笼统地规定了由注册国或使用国主管机关认定，TRIPS 也未能给出统一的标准，因此对于驰名商标的认定和保护就难免出现标准不一的情况。而在 1999 年以前，海信集团的国外市场大多分布在亚、非、美、澳以及东欧等地，无论是"Hisense"商标及相关产品的宣传、销售，还是公众的知晓程度，都与驰名商标差之甚远，所以在博世 - 西门子于德国提出申请"Hisense"商标注册之时，海信集团的"Hisense"不能在德国被认定为驰名商标，继而也不能要求德国专利商标局据此撤销博世 - 西门子的"HiSense"商标注册。

（三）不正当竞争的保护

对于不正当竞争行为，《巴黎公约》规定："本联盟国家有义务对各该国国民保证给予制止不正当竞争的有效保护。凡在工商业事务中违反诚信的习惯做法的竞争行为构成不正当竞争的行为。"这似乎是对海信集团最有利的规定，但海信集团在取证上却面临较大的困难。

1998 年，西门子公司将海信集团作为重要的用户，正式邀请海信集团的技术专家参加其在新加坡举行的专业会议。且 1999 年之前，海信集团的名字就已在欧洲各大媒体上出现过。也就是说早就进入中国市场的西门子公司，事实上和海信集团处于同一个商业圈，且有过业务往来，如果说其关联主体博世 - 西门子不知道海信集团及其"Hisense"商标，充其量也只是一个借口而已。

（四）商标注册的地域性原则

在国际商业领域，通常遵循的是以注册原则为主导，辅以使用原则，即商标若未在某个国家或地区注册，则难以在该国或地区获得法律的有效保护。国际贸易的运作必须严格遵循法律框架，若海信集团未能在德国等西欧国家注册商标，从商标注册的地域性原则来看，他人才有可能申请注册"HiSense"商标。

双方和解声明中，特别使用了"（博世 - 西门子）根据当地法律在德国和欧洲地区注册的'HiSense'商标"这样的表述，意味着海信集团承认了博世 - 西门子在德国和欧盟注册"HiSense"商标的合法性。博世 - 西门子放弃该商标的拥有权和使用权，并非法理上的失败，也意味着和解声明是双方妥协的结果，并非海信集团法律上的胜利。

四、经验启示

（一）提前布局海外商标，谨防抢注

防止商标被抢注的主要措施即提前注册商标。"产品未到，商标先行"是现代企业进驻国际市场的一项重要商标战略，即企业在产品还没有推出前，应当先行申请注册商标保护，以免他人抢先申请注册。

海信集团在拓展亚洲、非洲、美洲、澳洲及东欧市场时，如能提前将商标布局扩展到包括德国在内的西欧国家，尽可能在产品或服务目标市场国申请商标注册或商标国际注册。

（二）正确认识驰名商标

驰名商标是一个动态概念，其认定和维持依赖于市场知名度。而且，商标的国内驰名不代表国际驰名，在本国驰名也不一定在国外就驰名，不能单纯地依靠"驰名商标"而疏于防范潜在的侵权风险。驰名商标虽然有用，但企业不能保证其"含金量"，且认定商标驰名需要的时间较长、资金支持也较高。因此，商标注册才是企业的首选。

海信集团在这场旷日持久的商标战中，未能正确认识驰名商标的作用，过高估计了自己驰名商标的含金量，而未及时在欧洲市场进行商标注册，不仅导致其产品难以进入欧洲市场，也使得其在谈判过程中处于被动地位，给我国企业敲响了警钟。

（三）重视海外商标监控，积极维权

在全球化的今天，企业的商标不仅是其品牌形象的代表，更是其市场竞争力的重要体现。尤其在海外市场，商标的监控至关重要。对于企业的核心商标需定期监控相同或近似商标的申请注册或使用。出现相同或近似商标时，及时启动异议或撤销等程序阻止对方获得注册或继续使用，避免因相同或近似导致商标混淆，损害企业利益。

"HiSense"商标是海信集团的原创性的标识，既是商标，又是企业字号。博世 - 西门子于 1999 年 1 月 11 日就在德国抢先注册了"HiSense"商标，但海信集团于 2004 年 12 月 3 日才要求依法撤销博世 - 西门子注册的"HiSense"商标，错失了商标异议和撤销的良机。

（四）用法律进行海外维权的同时，寻求国家或行业的力量

在海外维权的道路上，法律是不可或缺的武器，在利用法律手段进行维权的同时，还可以积极寻求政府或行业组织的支持。政府作为国际知识产权立法者、执法者和监督者，可以充分行使国家主权维护国内企业的权益，使企业在维权中更具底气。行业组织通常具有丰富的行业经验和资源，可以提供专业的法律咨询和法律援助。同时，行业组织还可以协调行业内企业的力量，形成行业合力，共同应对海外维权中的困难和挑战，更加有效地维护企业的权益。

海信集团与博世 - 西门子之间长达数年的"HiSense"商标纷争达成和解，商务部及中华商标协会的介入就起到了极为关键的作用。

23

My Pillow公司与杭州婉爱家用纺织品商标侵权纠纷案

>

一、基本情况

（一）案例信息

司法辖区：美国密歇根州

审理机关：美国密歇根东区联邦地方法院南部分院

案件编号：16-cv-13571-AJT-EAS

审理法官：Arthur J. Tarnow

知识产权类型：商标

纠纷类型：侵权纠纷

重点产业：家用纺织品

起诉日期：2016 年 10 月 6 日

判决日期：2017 年 7 月 7 日

审理结果：原告撤诉

（二）涉案知识产权信息

美国注册商标"My Pillow"。

（三）涉案当事人信息

原告：My Pillow Inc.（My Pillow 公司）

被告：Hangzhou Warm Home Textile Co., LTD.（杭州婉爱家用纺织品有限公司）

二、基本案情

（一）案件事实

该案为商标侵权诉讼案件。原告 My Pillow 公司认为被告杭州婉爱家用纺织品有限公司（以下简称"杭州婉爱"）违反了《兰哈姆法案》第 32（1）（a）条，构成商标侵权；违反《兰哈姆法案》第 43（a）条、《美国法典》第 15 编第 1124 和第 1125 条，构成不正当竞争、虚假原产地指定、虚假陈述和虚假广告；构成密歇根普通法下的商标侵权和不正当竞争；根据《兰哈姆法案》和《美国法典》第 15 编第 1052（d）条第 2（d）款，应撤销该商标。

My Pillow 公司通过第三方转让获得"My Pillow"商标以及相关权益。Night Moves Minnesota, LLC.（以下简称"Night Moves"）是一家明尼苏达州的有限责任公司，于 2004 年 7 月 1 日在《商标注册用商品和服务国际分类》第 020 类"枕头"中提交了"MY PILLOW"文字商标意向使用申请。2008 年 1 月 7 日，Night Moves 提出使用声明。在使用声明中，Night Moves 声称其首次在任何地方使用的日期是 2004 年 10 月，在州际贸易中使用的日期是 2004 年 10 月。该商标于 2008 年 4 月 8 日在美国注册，编号为 3410314（以下简称"My Pillow 商标注册"），用于与枕头有关的"MY PILLOW"商标。Night Moves 从 2004 年开始在商业上使用"MYPILLOW"商标。2009 年 8 月 14 日，Night Moves 将其对"My Pillow"商标的全部权益、My Pillow 商标注册，以及与之相关的所有商誉转让给 My Pillow 公司。My Pillow 公司从 2009 年 8 月 14 日开始在商业上使用 MYPILLOW 标志。My Pillow 公司每年花费数百万美元为其产品做广告。通过持续和大量的广告宣传、使用和推广 My Pillow 标志，

My Pillow 公司获得了极高的商业价值、知名度和商誉。

原告指控杭州婉爱在未经该公司授权的情况下，一直在商业中使用"MyFacePillow"的名称，包括在密歇根州和其他地方用于营销、推广和销售其枕头产品；杭州婉爱通过其全美分销商亚马逊公司在全美范围内销售标有"MyFacePillow"标志的产品，不受州限制；杭州婉爱已在密歇根东区采购相关货品。

原告认为被告杭州婉爱对"MyFacePillow"标志的使用已经并将继续在市场上造成混乱，构成商标侵权行为。原告请求被告赔偿，赔偿额包括其就商标侵权和不正当竞争以及其他违反《兰哈姆法案》的行为获得的利润以及惩罚性赔偿。

（二）判决结果

原告撤诉，自愿承担一切不利后果。[①]

三、法律分析

（一）原被告诉讼策略

该案原告主要从以下五个方面论证被告侵权。

1. 根据《兰哈姆法案》第 32（a）条、《美国法典》第 15 编第 1114 条，被告行为构成联邦商标侵权

被告杭州婉爱在未经 My Pillow 公司同意的情况下，在州际贸易中使用了"MyFacePillow"标志。"MyFacePillow"标志与原告合法拥有的"My Pillow"商标具有高度相似性，仅相差字母"Face"。被告杭州婉爱使用"MyFacePillow"标志可能会造成混淆、误认错误或欺骗，使买方对被告的货物来源产生误解或误认为被告与原告 My Pillow 公司存在从属关系、联系、认可或联系。被告杭州婉爱的商标侵权行为已经并将继续对原告 My Pillow 公司的业务、声誉、商誉、利润和商标实力造成损害，并对原告 My Pillow 公司造

[①] 参见：https://www.courtlistener.com/docket/4513723/1/my-pillow-inc-v-hangzhou-warm-home-textile-co-ltd/。

成持续的无法弥补的损害，法律上没有足够的补救措施。从主观上看，被告杭州婉爱对"My Pillow"商标的侵权是故意的。

2. 根据《兰哈姆法案》第 43（a）条、《美国法典》第 15 编第 1125（a）条，被告行为构成联邦不正当竞争、虚假原产地指定和虚假陈述

被告杭州婉爱使用"MyFacePillow"标志可能会造成混淆、误认，在被告货物来源或被告与原告的从属关系、联系、认可或关联方面欺骗购买者。被告的行为构成了与州际贸易中分销的产品和服务有关的不正当竞争、虚假原产地指定和虚假陈述，违反了《兰哈姆法案》第 43（a）条、《美国法典》第 15 编第 1125（a）条。被告的不正当竞争已经并将继续使原告的业务、声誉、商誉、利润和商标实力遭受损害，并正在对原告造成持续的无法弥补的损害，法律上没有足够的补救措施。从主观上看，被告杭州婉爱构成不正当竞争、虚假原产地、虚假陈述的行为是故意的。

3. 被告行为构成普通法商标侵权及不正当竞争

被告杭州婉爱已经并将继续使用"MyFacePillow"标志在密歇根州推广、营销或销售产品或服务。被告杭州婉爱使用"MyFacePillow"标志可能会造成混淆、误认，在被告商品或服务的原产地以及隶属关系方面产生欺骗。根据密歇根习惯法，被告在密歇根的行为构成了商标侵权和不正当竞争。原告 My Pillow 公司已经受到了不可挽回的伤害，并且将继续受到不可挽回的伤害，除非在密歇根州被告的行为被初步和永久地禁止。根据相关案件事实，被告杭州婉爱有意或不顾后果地采用"MyFacePillow"标志，利用原告的善意进行交易。

4. 根据《兰哈姆法案》第 43（a）条、《美国法典》第 15 编第 1125（a）条规定，被告销售的产品构成商业外观侵权

被告在产品介绍中使用与商标所有人相同或相似的商标，销售标有他人注册商标的产品。My Pillow 公司早在 2012 年就开始销售白色和蓝色包装的产品。包装上有一张照片，上面是一个穿着蓝色上衣的男人，他的头挨着一个白色的枕头。被告杭州婉爱的产品包装在一个白蓝相间的盒子里，白色枕头上有一个人头。在包装上，这个人穿着一件蓝色上衣。My Pillow 公司因被告杭州婉爱使用的包

装而受到损害，因为它可能会在市场上造成混乱，违反了《美国法典》第 15 编第 1125（a）条。

5.根据《兰哈姆法案》第 43（a）条、《美国法典》第 15 编第 1125（a）条规定，被告的商业网站构成商业外观侵权

原告 My Pillow 公司一直在一个白色背景和蓝色调的网站上销售产品。自2012 年以来，该网站一直以与当前设计基本相似的形式使用。该网站上有一张照片，照片上一名男子穿着蓝色上衣，头放在白色枕头旁边。被告杭州婉爱用一个域名为 www.myfacepillow.com 的网站为其枕头产品做广告。该网站以白色为背景，配以蓝色，白色枕头上有一个人头。网站上描述的人穿着一件蓝色上衣。原告因被告的网站可能造成市场混乱而受到损害，违反了《美国法典》第 15 编第 1125（a）条。

美国《兰哈姆法案》明确指出，防止消费者混淆是其主要的立法目的，其判定是否构成商标侵权的要件有两个：商业中使用和对商品服务来源造成混淆（混淆标准）。

同时，1995 年美国《联邦商标淡化法》正式颁布，确立了驰名商标反淡化法律制度，用以抵制利用驰名商标的知名度而进行"搭便车"的商业行为。

（二）法院观点

该案中由于原告撤诉，法院并没有作出相关判决。被告在应诉策略方面可以从合理使用出发。《兰哈姆法案》规定，允许第三人善意、合理且描述性地使用他人的名称、短语或图案来描述自己的产品或服务。①

拆开来看，合理使用需要同时满足两个条件：一是这种使用是描述性的，是卖家为了介绍自己产品的质量和特征，而不是商标意义上的使用——区别商品服务的来源；二是这种使用是善意的、合理的。放到中国的商标司法实践下就是商标的"描述性使用"。②

---

① 参见：《兰哈姆法案》第 1115（b）（4）条。

② 参见 https://www.cifnews.com/article/135815。

（三）域外管辖权问题

该案原告就被告使用"MyFacePillow"商标行为提起诉讼，并请求法院判决禁止被告杭州婉爱生产、销售、在美进口、许诺销售涉嫌侵权的相关产品，以维护自身的合法权益。由于被告一方通过亚马逊网站向美国境内销售涉嫌侵权的产品，因此美国联邦地方法院对在美销售、进口、许诺销售的行为具有司法管辖权，而对于被告一方的生产行为（原告诉状并未明确在美生产），美国是否具有司法管辖权需进一步探究。

美国法院在长期实践中认为，一个国家将其商标法的效力范围聚焦于国内是正常的，但这并不足以维护其商标利益。美国《兰哈姆法案》的管辖范围取决于在何种程度的约束下，其维护商标权人利益的目的得以实现。当商标权人的利益遭到域外损害时，美国通过扩张本国商标法的效力范围保护本国企业的商标利益，从而避免扩大商标权人经济上的损失或者商誉损害。因此，美国《兰哈姆法案》实际上保护的是本国商标权人在全球范围内积累的商标利益。

纵观美国商标法域外适用的司法实践，继美国联邦最高法院首次在"Steele案"中确立《兰哈姆法案》域外适用效果标准后，效果标准被不同联邦法院解释，进而确立了三种弹性判断标准：Vanity Fair 标准、Timberlane 标准和实质性影响标准。三种标准之间互有关联又各有侧重，形成了多元并存的局面。美国商标法域外适用各弹性判断标准也是渐进发展的。随着跨国贸易和司法实践的丰富，各弹性判断标准中公民身份和与外国法冲突的因素所占权重日渐减少，到了"McBee 案"法院已经不将公民身份以及和外国法冲突因素作为商标法域外适用的必要条件。这反映了美国在国内利益保护和尊重外国主权等因素中价值判断的变迁。随着美国利益的扩张以及跨国侵权的频繁发生，美国法院更加注重域外侵权行为对美国商业的效果或影响的广度与强度，从而认定其与美国利益之间的关系，将商标法直接适用于规范其领域外的人和行为。

四、经验启示

（一）政府要加强规划和引导，完善保障机制建设

美国商标法域外适用可能导致美国商标权域外效力的过度扩张，从而影响国际贸易业务的顺利开展。这种单边做法在最大限度保护本国利益的同时，也容易导致外国企业在美国之外进行商业活动的风险和不确定性有所增加，并且对不同性质的管辖规则之间的秩序造成混乱，构成对他国主权的变相干预。我国政府要加强对中国企业的保障机制建设，维护国家利益和企业合法权益。

首先，政府要引导企业利用美国商标法寻求法律救济，建立个案咨询制度，做好个案应对。我国企业普遍缺乏了解海外国家争议解决机制的意识，难以有效应对包括跨国诉讼在内的突发事件。政府应发挥引导作用，针对可能存在的域外管辖问题，制作企业突发事件应急指南，及时更新海外重点国家商标维权指南，提高企业风险识别、安全保障、纠纷化解的意识和能力。当企业在非本国境内受到实际损害或者损害威胁时，提供信息指导，帮助企业及时寻求维权办法，从而引导企业做好个案应对。

其次，依法不予承认与执行美国法院滥用商标法域外管辖权作出的判决。当美国应商标法的域外适用明显损害我国国家利益和私人利益，有损我国司法主权时，我国应拒绝承认与执行相应判决。同时，可以在我国商标法及其司法解释中设置专门的"安全阀"条款，为在美国商标法不当域外适用中遭受损失的中国企业提供救济。

最后，当美国法院恶意滥用美国商标法效果标准对中国企业实施不合理的域外适用时，最恰当的方式是对其进行阻断。目前各国尚未就域外适用问题达成共识，意欲寻求国际争端解决尤为困难，通过国内法采取对等的单边保护措施是主要的应对方式。我国出台的《阻断外国法律与措施不当域外适用办法》《反外国制裁法》为我国反制提供了有力武器，在必要的情况下，我国政府可以依据相关法律规定对美国展开对等制裁和反击。

（二）企业要加强风险防范意识，维护自身正当权益

美国商标法域外适用的效果标准并非国际通行的规则，域外适用案件辐射范围涵盖亚洲、欧洲、北美洲的多个国家，被告往往陷于强制管辖的讼累。我国企业已成为美国法院商标法域外适用的对象。在可以预见的将来，必然会有更多中国企业受到美国商标法域外适用的影响。对此，我国企业应事前加强整体性合规业务的打造，事后成立专业律师团队积极跨国应诉抗辩。

首先，企业要深入了解美国商标法域外适用的触发点、判断标准、防范措施和应对要点等，在此基础上，全面系统地梳理经营管理过程中存在的纠纷风险，以及可能对企业造成商誉损失或者经济损害的其他风险。企业要针对常见的商标合规风险制定预案，并且采取有效措施妥善处理，防止风险的扩大和蔓延。有条件的卖家还可以做好商标监控部署，这样在已经知晓的业内品牌商标基础上，还可以根据自身的商标发展，避开别人已经在当地注册但是不为大众所知悉的商标，避免因为知识盲区而踩雷。不仅如此，在研发命名阶段商家要及时调整出海商品的商标战略，提高产品出口上架、营销宣传行动的效率。此外，在相关专业人士的帮助下，卖家更容易保留一些证明力强的关键证明文件，在需要提供商品正当来源渠道的时候保证合规。

其次，从事涉外业务的企业要专门就海外投资与贸易设置专项合规机制。在海外业务拓展的过程中，企业要深入研究业务所在国法律法规和相关国际规则。重点加强尊重重点目标国家企业商标权方面的海外合规经营制度建设，及时申请注册商标权，对存在业务往来的目标公司进行尽职调查，规范实施商标权的许可和转让。

最后，我国企业如果受到美国法院商标法的域外适用，应聘请专业律师团队，充分利用美国商标法域外适用的自限制度，维护自身正当权益。我国企业可以援引美国商标法域外适用效果标准中的影响因素、国际礼让因素、被告国籍因素以及反域外适用推定原则等，主张不能对其直接适用美国商标法。在橘滋股份有限公司诉贝拉国际有限责任公司案和美国工程与分销有限责任公司诉山东玲珑轮

胎有限公司案（Engineering and Distribution, LLC v Shandong Linglong Rubber Co）中，我国企业积极应诉抗辩，最终法院裁定由于被告未能满足 Vanity Fair 标准中美国公民身份以及侵权行为对美国商业的实质性影响等因素而不具有管辖权。

24

鳄鱼集团与Tasheel Boodhoo先生等商标侵权纠纷案

>

一、基本情况

（一）案例信息

司法辖区：毛里求斯

审理机关：威廉下平原区地方法院（The District Court of Lower Plaine Wilhems）

案件编号：CN 438/19

审理法官：Valentine Mayer

知识产权类型：商标

纠纷类型：侵权纠纷

重点产业：服装制造

起诉日期：2019 年 11 月 5 日

判决日期：2021 年 1 月 14 日

审理结果：原告胜诉

（二）涉案知识产权信息

原告鳄鱼集团（Lacoste S.A.S.）拥有的以下注册商标：

（1）注册号为 22014/2017 号的"鳄鱼标志"，用于第 3 类、第 9 类、第 14 类、第 18 类、第 25 类、第 26 类和第 28 类产品，包括珠宝，注册日期为 2017 年 2 月 7 日，有效期至 2027 年 2 月 7 日。

（2）注册号为 22013/2017 的"LACOSTE"，用于第 3 类、第 9 类、第 14 类、第 18 类、第 25 类、第 26 类和第 28 类产品，包括珠宝，注册日期为 2017 年 2 月 7 日，有效期至 2027 年 2 月 7 日。

（三）涉案当事人信息

原告：Lacoste S.A.S.（鳄鱼集团）
被告：Tasheel Boodhoo

二、基本案情

（一）案件事实

2019 年 11 月 5 日原告诉称被告（一名贸易商）涉嫌在未经原告授权的情况下，进口了 5 只带有"LACOSTE"商标的手镯（以下简称"涉案产品"），原告是多个"LACOSTE"商标的所有者，也是在毛里求斯工业产权局正式注册的商标权利人，故原告主张该产品侵犯了其商标权。该产品被扣留。原告向毛里求斯地方法院起诉。

原告的诉求如下：

（1）命令被告不得进口、交易或复制带有"LACOSTE"商标的产品；

（2）命令没收于 2019 年 10 月 8 日扣留的带有上述"LACOSTE"商标的 5 只手镯；

（3）命令共同案被告向原告支付因储存涉案物品而产生的储存费；

（4）下令销毁带有"LACOSTE"商标的侵权产品；

（5）命令被告向原告支付与扣留上述带有"LACOSTE"商标的侵权产品有关的销毁费，即从 2019 年 10 月 8 日扣留之日起，每月 1550 卢比（以后每一天或部分时间 50 卢比）；

（6）命令没收所有模仿或复制带有"LACOSTE"商标的产品，无论这些产品是否在被告本人或其任何代理人的场所或持有中；

（7）判令被告向原告支付上述总额为 140000 卢比的赔偿金，即经济和精神损失费、律师费和商标实施人费用以及仓储费和销毁费。

关于原告要求的 140000 卢比的损失，具体说明如下：

①精神损失费为 20590 卢比；

②经济损失为 10000 卢比；

③仓储费用为 23345 卢比；

④销毁费用为 2000 卢比；

⑤商标实施人费用和法律费用为 84065 卢比。

（二）法院判决

法院判决原告胜诉。法院支持了以下诉讼请求：

①在未经原告同意的情况下，被告不得进口、交易、复制带有"LACOSTE"商标的产品，并遵守毛里求斯 2002 年《专利、工业品外观设计和商标法》第 40 条和第 42 条的规定；

②在判决上诉期满后的 15 天内，没收和销毁涉案产品，费用由被告承担；

③被告向原告支付 2019 年 10 月 7 日至 2020 年 9 月 3 日期间产生的仓储费，金额为 16370 卢比；

④被告向原告支付原告自 2020 年 9 月 4 日起产生的仓储费，每月 775 卢比，直至涉案产品销毁之日；

⑤被告向原告支付 1695 欧元作为法律费用。

三、法律分析

（一）争议焦点

该案事实清楚，被告对事实也没有根本性的否定。双方争议焦点在于赔偿额的认定、哪些赔偿事项可以被认可、被认可事项的具体金额应遵循何种标准确认。

具体的核心争议点有二：

（1）进口印有"LACOSTE"商标的产品，给原告造成的损失是否为原告所主张的原告正品商品的市场售价；

（2）该侵权行为是否给原告造成了精神损失。

（二）法院观点

根据毛里求斯2002年《专利、工业品外观设计和商标法》第40条规定，任何打算使用某一商标的人，如果不是该商标的注册所有人，在使用该注册商标之前应征得注册所有人的同意；在没有得到上述同意的情况下，或在使用与注册商标相似的任何标志或与该商标注册的商品和服务相似的情况下，可能会在公众中造成混淆，注册所有人有权对任何侵犯其知识产权的人提起法院诉讼。

法院认定被告违反了上述第40条之规定。

（1）关于经济和精神损失的问题

关于原告的经济和精神损失索赔，法官认为：除了原告对索赔金额的陈述外，原告没有在法庭上举出证据证明被告的行为和作为给原告造成的损害，无论是精神上还是物质上的损害。此外，原告对经济损失的要求没有被量化，例如基于假设使用该商标的费用，而不是基于5个真品"LACOSTE"手镯的市场价值。在法官看来，原告所称的"经济损失"的这种计算方式是错误的，也是站不住脚的，它不是基于原告所遭受的实际物质或经济损害（如果有的话）。

此外，需要强调的是，由于涉案产品在进口到毛里求斯时被暂停清关，没有在毛里求斯市场上销售，因此不能认为原告的声誉、商誉和注册商标，以及其在毛里求斯的销售市场受到进口的不利影响。法官未对原告的经济和精神损失索赔作出裁决。

（2）关于储存和销毁费用

根据记录在案的有关仓储费的证据，法官认为原告已经证实并证明了其在这方面的主张。关于销毁费用，原告没有提供这方面的文件，根据毛里求斯税务局海关官员的证词，销毁费用是已知的，并将在产品被销毁后产生。原告所说的 2000 卢比只能说是对产品销毁后将产生的费用的估计。鉴于被告的行为，法院认为被告有责任承担销毁产品的费用。

关于法律费用，法院认为：

原告的律师为支持原告对法律费用的要求，提出应以"Hugo Boss 案"为依据，在该案中，原告发生的法律费用是在认定知识产权侵权的情况下获得的。原告所出示的发票和所举出的相关证据没有受到被告的质疑。法官在考虑律师的意见和记录在案的证据后，认定原告已经证实并确定了其在这一损害赔偿项目下的主张。

四、经验启示

在此类案件中，若中国企业作为原告，笔者提出以下建议。

（一）关于损害赔偿的认定

损害赔偿可主张授权费。在该案中，原告所主张的损害赔偿为印有涉案商标的商品的市场零售价，但由于商品在进口时就已被扣押，根本未予销售，造成的损害自然无法达到市场零售价，而且即使最终销售，其造成的损害也不会是市场零售价。因为市场零售价所包含的成本之中，商标授权费只是其中一项，真正给商标权人造成直接损失的是这一项。当然，如果实现销售，还可主张侵权人销售侵权商品所获得的利润，并且如果商品质量有瑕疵，可以主张因为销售有瑕疵的侵权商品而给商标权利人所带来的商誉损害，这都是建立在商品实现销售的基础之上的。在商品没有实际销售的情况下，因为侵权商品确实带有涉案商标，可以主张侵权人赔偿应缴纳的授权费。因为实际上涉案商品已经使用了该商标，且已经进入了流通环节，所以该部分损失是有可能得到法院支持的。而在该案中因为原告自身举证错误，没有得到该部分赔偿，对我国企业有一定的启示意义。

（二）关于赔偿损失的范围

该案原告对于侵权商品的处理与主张的赔偿范围值得借鉴。若中国企业作为商标权人，在发现市场上有非法使用我们商标的情况时，可以像该案原告一样，先对其进行扣押，且此扣押寻求第三方来执行，特别是在海关时寻求政府的帮助。在主张赔偿范围时，包括从扣押时起所应支付的仓储费用。另外，对侵权商品的处理方式为销毁，并且对此销毁费用也应记得主张。

而若中国企业为被告，笔者建议企业积极应诉。该案中，被告甚至没有聘请专业代理人，这是不可取的。如果对原告的诉讼请求全部认可，就不会走到诉讼程序；而走到诉讼程序，说明被告对原告的请求有不认可之处。因此，最好能请专业的人做专业的事，并且在对方没有举出相应证据证明之时，不对对方所主张的事实予以承认，而应该让对方举出相应证据，使自己尽量处于相对有利的地位。

在进口相关商品涉及商标问题时，需要做好相关背景调查，确保进口商品权利完整。

25

法国艾尔建控股公司与欧盟知识产权局
商标撤销案

>

一、基本情况

（一）案例信息

司法辖区：欧盟

审理机关：欧洲法院（The Court of Justice）

案件编号：C-41/21 p（ECLI：Eu：C：2021:352）

审理法官：R. Silvade Lapuerta、N. Piçarra、D. Šváby
知识产权类型：商标

纠纷类型：授权确权纠纷

所属产业：医药健康

上诉日期：2021 年 1 月 26 日

判决日期：2021 年 4 月 29 日

审理结果：原告败诉

（二）涉案知识产权信息

注册商标具体信息如下：

商标图样：**JUVEDERM ULTRA**

注册号：第 6295638 号

申请日：2007 年 9 月 20 日

注册日：2008 年 8 月 21 日

商品类别：第 5 类

（三）涉案当事人信息

原告：Allergan Holdings France（法国艾尔建控股公司）

被告：European Union Intellectual Property Office，EUIPO（欧盟知识产权局）

二、基本案情

（一）案件背景

2007 年 9 月 20 日，法国艾尔建控股公司（以下简称"艾尔建"）向欧盟知识产权局申请注册商标"JUVEDERM ULTRA"（以下简称"系争商标"），指定《商标国际注册用商品和服务国际分类尼斯协定》（以下简称《尼斯协定》）中的第 5 类和第 10 类商品，具体商品项目措辞为："第 5 类：用于滋润皮肤和减少皱纹的注射用药品"；"第 10 类：皮肤植入填充物，包括医疗用的黏性补充物质，用于填充皱纹或增加体积"。

2016 年 3 月 8 日，黎巴嫩德玛维他公司（以下简称"德玛维他"）针对系争商标提出撤销申请，理由是根据《欧盟商标条例》（第 207/2009 号）第 51（1）（a）条的规定，该商标在过去的 5 年没有真正被连续使用。2016 年 8 月 19 日和 22 日，以及 2017 年 4 月 21 日和 6 月 15 日，艾尔建分次提交了系争商标的使用证明。

2018 年 7 月 31 日，经审理，欧盟知识产权局部分支持了该撤销申请，决定撤销系争商标在第 10 类指定商品项目上的注册，同时维持其在第 5 类指定商品项目上的注册。艾尔建和德玛维他分别针对该裁定提出复审请求。欧盟知识产权局第四上诉委员会于 2019 年 7 月 18 日作出决定，驳回艾尔建的复审请求。

（二）诉讼过程

1. 一审程序

艾尔建不服上诉委员会决定，向欧盟普通法院（General Court of the European Union）提起上诉。其理由为：上诉委员会错误地认定系争商标没有真正被用于第 10 类的商品。但其所提交的作为使用证据的商品具有双重功能，即不仅属于第 5 类药品，也属于第 10 类商品"人工植入物"的下位概念"皮肤植入填充物"。

2020 年 11 月 18 日，欧盟普通法院驳回艾尔建的上诉。其判决理由归纳如下：

（1）艾尔建在之前并没有提到商品具有双重功能，相反，其意图是在《尼斯协定》的两个不同类别下保护同一商品。

（2）根据 1995 年 12 月 13 日实施第 40/94 号条例的委员会条例 [（EC）第 2868/95 号] 第 2（2）项规则的措辞，同一商品因双重功能被分在不同类别通常是不可能的。根据属时理由原则，该规则同样适用于该案。

（3）在商标撤销诉讼中，通常应由商标所有人来证明商标的真实使用。该案中，涉案商品的唯一功能是用透明质酸凝胶填充皮肤皱纹，这是广义上药品所特有的功能，应属于第 5 类，而不属于广义上第 10 类的医疗器械。

（4）艾尔建并未证明其商品同时构成第 10 类的植入物。植入物通常与手术有关，但正如艾尔建所述，所涉商品是"含有透明质酸凝胶的可注射真皮填充物，用于平滑面部皱纹和增加面部下垂区域的体积"，而并非植入物。

2. 二审程序

艾尔建于 2021 年 1 月 26 日根据《欧洲法院规约》（the Statute of the Court of Justice of the European Union）第 56 条，向欧洲法院（the Court of Justice of the European Union）提起上诉。

根据《欧洲法院规约》第 58a 条第 1 款，对欧盟普通法院审理的关于欧盟知识产权局独立上诉委员会的决定提出的上诉，法院应首先决定是否允许其进行上诉，否则不得进行后续审判。因此该案中，欧洲法院必须就是否应允许艾尔建进行上诉进行裁定。

（1）初审判断要点

根据《欧洲法院规约》第58a条第3款，如果上诉提出的问题对欧盟法律的统一性、一致性或发展具有重要意义，则应允许按照《欧盟普通法院程序规则》中规定的详细规则对全部或部分内容进行上诉申请。此外，上诉人还应在上诉书中确认应允许上诉的请求，列出上诉中提出的对欧盟法律的统一性、一致性或发展具有重要意义的问题，以及使法院能够对该请求作出裁决的所有必要信息。根据《欧盟普通法院程序规则》第170b（1）条和第170b（3）条，法院则应尽快以附解释理由的命令形式，对是否允许上诉的请求作出裁决。

（2）上诉人的主张

为了支持其允许上诉的请求，艾尔建提出以下观点：

第一，仅从欧盟普通法院最近的判例中可以看出，自《欧洲法院规约》第58a条生效以来，欧盟普通法院越来越倾向于违反程序规则和侵犯当事人的基本权利。

第二，该案中，欧盟普通法院违反了《欧盟运行条约》第296条、《欧洲法院规约》第36条和第53条第1款以及《欧盟普通法院程序规则》第117（m）条，因为它没有履行提供理由说明的义务。具体而言，欧盟普通法院没有审查上诉人的论点和所举证据，而这些证据可以表明系争商标所使用的商品具有"皮肤植入物"的功能。

第三，欧盟普通法院在上诉判决的第19段以未附说明理由的武断方式得出结论，认定因为指定使用商品属于《尼斯协定》第5类中的可注射皮肤填充剂，就不能同时构成第10类中的植入物。

第四，由于没有说明其判决依据的理由，也没有考虑上诉人提出的论点和证据，欧盟普通法院没有切实履行审查欧盟知识产权局上诉委员会决定合法性的义务。

（3）欧洲法院的观点

法院首先确认，决定是否允许上诉的机制之目的是将法院的审查限制在对欧盟法律的统一性、一致性或对发展具有重要意义的问题之中。因此，在任何情况下，允许上诉的请求中必须明确详细地列出上诉所依据的理由，以及每个上诉理由所提出的法律问题，并具体说明该问题对欧盟法律的统一性、一致性或发展是否重要，且列出该问题具有重要性的具体原因。

法院特别指出，就上诉理由而言，允许上诉的请求必须具体说明被上诉的判决或命令所违反的欧盟法律规定或判例法，简明扼要地解释欧盟普通法院所犯法律错误的性质，并说明该错误对被上诉的判决或命令的结果有多大影响。此外，就举证责任而言，上诉人必须证明，在其上诉中援引的法律问题之外，上诉提出了一个或多个对欧盟法律的统一性、一致性或发展具有重要意义的问题。

该案中，上诉人艾尔建指出了欧盟普通法院犯下的两个所谓法律错误，即违反提供理由说明的义务和违反审查欧盟知识产权局上诉委员会决定合法性的义务，并进一步认为，这些错误印证了欧盟普通法院在最近一系列判例中体现出的侵犯程序规则和当事人基本权利的倾向。

欧洲法院对此并不认同。法院认为：上诉人艾尔建的论点并不足以证明上诉提出的问题对欧盟法律的统一性、一致性或发展具有重大意义。此外，上诉人提到的据称欧盟普通法院在其他案件中所犯下法律错误的问题，并非属于为了证明应被允许继续上诉而应当提出的关联问题。

欧洲法院注意到，在上诉判决的第 19 段中，欧盟普通法院肯定了欧盟知识产权局的论点，即《尼斯协定》第 10 类中的植入物通常仅与手术有关，涉案商品的唯一功能是填补皮肤皱纹，这种功能仅是《尼斯协定》第 5 类药品所特有的。上诉人未能够证明涉案商品同时构成《尼斯协定》第 10 类的植入物。因此，与上诉人的陈述相反，不能认为欧盟普通法院是在没有提供理由说明的情况下得出裁判结论。

最终，法院终审裁定：继续上诉的请求不予接受，上诉人艾尔建应自行承担诉讼费用。①

---

① 参见:https://curia.europa.eu/juris/document/document.jsf?text=&docid=233877&pageIndex=0&doclang=en&mode=lst&dir=&occ=first&part=1&cid=481306。

三、法律分析

（一）欧洲法院受理案件的标准

该案在欧洲法院的上诉初审中未能够被准予进行后续的上诉程序，其根本原因是上诉人所反映的法律问题未达到欧洲法院受理案件的标准。

那么，什么样的案件会被认为对欧盟法律的统一性、一致性或发展具有重要意义？举例而言，欧洲法院在 2019 年 9 月针对特定案情（在申请争议商标时，多家生产厂商在欧盟内部市场上使用相同或相似的标识用于相同或相似的产品，在已有混淆的情况下仍坚持申请是否构成恶意？）的请示予以受理并作出 C104/18 P 号判决。[①] 欧洲法院认为，"混淆"是认定恶意的考虑因素之一，但这不等于必须混淆才能构成恶意，构成恶意与否应经过全面审查再进行判断；即使没有混淆可能，甚至所涉及的商标没有使用，同样有可能构成恶意。欧盟普通法院虽然意识到要根据"商业逻辑以及时间和事件背景"全面审查，但具体审查时却未能真正贯彻这个原则。

对照这两个不同的案件可以看出，欧洲法院对所受理案件范围有着严格的界定标准。在该案中，尽管上诉人艾尔建声称欧盟普通法院违反提供理由说明的义务和违反审查欧盟知识产权局上诉委员会决定合法性的义务，但是欧洲法院显然认为只要欧盟普通法院在判决中对相关事实进行了明确的回应，即为符合相应的义务。由于该案中所反映的所谓法律问题确实比较抽象且不真实，因此也就难以被认为对欧盟法律的统一性、一致性或发展具有重要意义。

（二）法院观点

该案中系争商标"JUVEDERM ULTRA"被实际使用于申请人所生产的一种在世界医美领域颇具知名度的凝胶型玻尿酸产品。该产品通过注射至中层至深层真皮组织，用于矫正如皱纹、法令纹、泪沟等皮肤皱褶。玻尿酸产品并非《尼

---

① 参见：https://curia.europa.eu/juris/document/document.jsf?text=&docid=217672&pageIndex=0&doclang=en&mode=lst&dir=&occ=first&part=1&cid=485786。

斯协定》下的规范商品项目。申请人将该系争商标指定在《尼斯协定》的第 5 类及第 10 类商品项目上可以理解为具有扩大保护之目的。

但是，欧洲法院对于不恰当扩大特定商品项目的保护范围一直保持警惕态度。Tanchev 法官在"Sky International AG v. SkyKick UK Limited 案"中提出，申请人不应出于扩大专有权范围或超出商标功能之外的目的将商品和服务的类别纳入申请。不遵守该原则的申请人或许会面临恶意注册指控，导致全部或部分注册被宣告无效并承担相应诉讼费用。

通过该案可以进一步看出，对于非规范商品项目的保护范围，欧盟的商标审查和司法实践并无差异，均认为对于具体的商品原则上不会也不应出现属于《尼斯协定》不同类别的情形。换言之，对于商标被实际使用的商品的类别选择，只能是非此即彼。这也提示广大申请人对于使用的非规范商品项目应当明确其实际含义，表述不宜过于宽泛而应当尽可能清晰和准确，在此基础上明确其具体及准确的保护类别，从而获得更有利且明确的保护范围。

四、经验启示

（一）熟悉商标海外注册途径

1. 通过代理机构直接向所要申请的国家提出申请

（1）通过国内的代理机构或者律师事务所进行；

（2）直接委托当地商标代理机构或者律师事务所进行商标注册申请。

2. 通过马德里国际注册途径向所要申请的国家（必须是马德里联盟成员）提出领土延伸申请

在我国国家知识产权局商标局提出申请后由国家知识产权局商标局审核通过后向马德里国际注册局递交注册申请。

马德里联盟共有 100 多个成员，其中非洲知识产权组织、欧盟和比荷卢是联合主体。

（二）熟悉国外商标注册制度的主要不同点

大陆法系国家基本以注册在先原则为主，兼顾使用在先的原则；英美法系国家基本以使用在先原则为主，兼顾注册在先的原则。

欧盟商标申请注册的主要流程为：申请—审查—公告—注册发证。其中比较特别的一点是官方会进行绝对理由的审查，而不会以近似理由主动驳回商标，因此欧盟商标在公告期内，容易受到第三方的异议。因此，对于国内申请人而言，申请人在申请欧盟商标之前，可以先进行商标检索，查看有无在先近似商标，这样可以减少或避免将来在公告期可能受到的异议。同样地，商标权利人在成功注册欧盟商标后，也需持续关注，如监测到近似商标在申请注册，也可提起异议程序来保护自身的商标权。

26

香奈儿与华为商标异议案

>

一、基本情况

（一）案例信息

司法辖区：欧盟

审理机关：欧洲法院

案件编号：T-44/20（ECLI：EU：T：2021：207）

审理法官：D. Spielmann、U. Öberg、R. Mastroianni

知识产权类型：商标

纠纷类型：授权确权纠纷

重点产业：制造业

起诉日期：2020 年 1 月 27 日

判决日期：2021 年 4 月 21 日

审理结果：原告败诉

（二）涉案知识产权信息

1. 香奈儿在法国的两件在先注册商标

（1）第一件在先商标

商标图样：**ⅭⅭ**

注册号：3977077

申请日：2013 年 1 月 24 日

注册日：2013 年 5 月 17 日

商品类别：1、3 ～ 6、8 ～ 16、18、20 ～ 28、32 ～ 45

指定商品：照相机；太阳镜；眼镜；耳机；听筒；计算机硬件；香水；化妆品；化妆珠宝；皮具；衣物等

（2）第二件在先商标

商标图样：

注册号：1334490

申请 / 注册日：1985 年 12 月 11 日

商品类别：3、14、18、25

指定商品：香水；化妆品；化妆珠宝；皮具；衣物等

2. 华为在欧盟的注册商标具体信息如下：

商标图样：

注册号：017248642

申请日：2017 年 09 月 26 日

注册日：2021 年 7 月 29 日

商品类别：9

指定商品：语音应答设备；语音识别软件；电气照明、温控设备和电子产品远程控制用计算机硬件和软件；可下载的移动 Wi-Fi 管理软件；移动电话；USB 调制解调器；无线调制解调器；调制解调器；机顶盒；计算机终端；PDA（个人数字助理）；电池；电池充电器；电脑鼠标；耳机；计算机程序 (可下载软件)；智能眼镜；智能手表；自拍杆等

（三）涉案当事人信息

原告：Chanel（香奈儿）

被告：European Union Intellectual Property Office（欧盟知识产权局）

第三人：Huawei Technologies Co.，Ltd（华为技术有限公司）

二、基本案情

2017 年 9 月 26 日，华为技术有限公司（以下简称"华为公司"）向欧盟知识产权局申请在第 9 类指定商品项目上注册商标图样为"⊞"的欧盟商标。该商标申请于 2017 年 10 月 11 日在欧盟商标公告第 193/2017 号上进行公告。

2017 年 12 月 28 日，香奈儿依据《欧盟商标条例》（2017/1001 号，以下简称"2017/1001 号条例"）针对华为公司在第 9 类指定商品项目的商标申请提出异议，异议理由是该商标与其两件在先商标权利冲突（即第 3977077 号法国商标及第 1334490 号法国商标）。2019 年 3 月 19 日，欧盟知识产权局异议部称该商标与香奈儿引证的两件在先"双 C"商标不相似，也不会造成公众混淆，因此驳回了香奈儿的异议申请。

2019 年 5 月 14 日，香奈儿依据 2017/1001 号条例第 66 ～ 71 条针对欧盟知识产权局异议部的驳回决定向欧盟知识产权局上诉委员会提出上诉。2019 年 11 月 28 日，欧盟知识产权局第四上诉委员会驳回了香奈儿的上诉申请。驳回理由是华为申请商标与香奈儿在先商标在相关公众方面不存在混淆的可能性，鉴于申请商标与引证的知名商标不同，不满足 2017/1001 号条例第 8（5）条的第一个适用条件，即有争议的标志必须相同或相似。

2020 年 1 月 27 日，针对欧盟知识产权局上诉委员会的驳回决定，香奈儿向欧盟普通法院提出行政诉讼并请求：第一，撤销争议商标与所称的知名商标不相似的决定；第二，撤销争议商标与其在先商标不相似的决定；第三，判令欧盟知识产权局支付诉讼费用。理由是：（1）香奈儿认为，上诉委员会驳回其基于《欧共体商标条例》（207/2009 号，以下简称"第 207/2009 号条例"）第 8（5）条 [现为第 2017/1001 号条例第 8（5）条] 的上诉请求时在混淆可能性评估中存在错误；（2）香奈儿认为，上诉委员会驳回其基于第 207/2009 号条例第 8（1）（b）条 [现为第 2017/1001 号条例第 8（1）（b）条] 的上诉请求时在混淆可能性评估中存在错误。

2021 年 4 月 21 日，欧盟普通法院认定，尽管两件商标具有一定相似性，但华为公司商标中的曲线有特定的排列和比例，尤其是香奈儿的商标曲线更圆润、线条更粗，且方向是水平的，华为公司的商标是垂直的，两件商标的视觉差异很大，排除了相似性，不会引起相关公众的混淆，并据此驳回香奈儿的起诉。[①]

三、法律分析

（一）争议焦点

1. 争议商标是否会贬损香奈儿商标的识别性或声誉

香奈儿认为其商标属于欧盟共同体商标规章的知名商标，因华为商标与香奈儿商标构成近似，可能会贬损其识别性或信誉，违反 2017/1001 号条例第 8（5）条之不得注册事由。[②]

欧盟普通法院认为，华为的商标视觉上虽然有类似之处，但也有很多不同的地方；在发音上，二者无法发音，所以无法比较；在观念上，华为的商标当初设计时，想要呈现一个整体为"H"的形象，所以观念上就是 H，与香奈儿的"双C"图，观念不同。

整体而言，二者商标在图样上不构成近似。既然不构成近似，也就不用进一步判断是否有贬损知名商标的识别性或声誉了，因为不满足 207/2009 号条例第8（5）条规定的首要条件。

从欧盟普通法院的观点来看，在适用 207/2009 号条例第 8（5）条时，首先

---

① 参见：https://curia.europa.eu/juris/document/document.jsf?docid=240167&doclang=EN。

② 原文为："Furthermore, upon opposition by the proprietor of an earlier trade mark within the meaning of paragraph 2, the trademark applied for shall not be registered where it is identical with, or similar to, the earlier trade mark and is to be registered for goods or services which are not similar to those for which   the earlier trade mark is registered, where, in the case of an earlier Community trade mark, the trade mark has a reputation in the Community and, in the case of an earlier national trade mark, the trade mark has a reputation in the Member State concerned and where the use without due cause of the trade mark applied for would take unfair advantage of, or be detrimental to, the distinctive character or the repute of the earlier trade mark."

要对比在先注册商标与争议商标，判断二者是否构成相同或近似标志，判断商标在视觉、语音和概念上的相似性必须基于商标的整体外观，尤其要考虑二者的独特性和主导性元素。在比较争议商标和知名商标时以其注册时的形式进行比较，而不考虑其在市场使用时可能产生的角度变换。其次，根据 207/2009 号条例第8（5）条，驰名商标保护的不仅是商标本身，更是商标所承载的权利人声誉和品质。毕竟，单纯的商标不具备任何价值，只有与特定的商品或者服务联合使用时，驰名商标的价值才得以体现。

2. 争议商标是否与香奈儿在先商标之相关消费者产生混淆误认之虞

该案焦点是这两件商标是否足以产生混淆误认。

香奈儿认为，华为公司的商标图样只是其"双 C"商标旋转 90°，应构成近似。商标实际使用在商品上，会因为商品摆放角度，不一定与原注册图样一样正面呈现，故可能在实际使用上与华为商标构成近似。

欧盟普通法院认为，认定一般商标是否构成混淆误认，先要判断二商标图样是否构成近似。在外观上，二商标虽然组成元素有类似部分，但整体而言并不构成近似；在读音上、观念上，二商标不近似。故整体上，商标图样不构成近似。既然商标图样不构成近似，也就不必再探讨混淆误认之虞判断的其他因素了。

从欧盟普通法院的观点来看，对适用 207/2009 号条例第8（1）（b）条的案件，第一，对比在先注册商标与争议商标，判断二者是否构成相同或近似标志，对比时不应考虑在先商标的驰名声誉和显著区别属性；第二，对比在先注册商标与争议商标涵盖的商品和服务项目之间是否相同或类似；第三，结合前两个步骤的对比结果，判断二者是否存在"混淆相似风险"。上述步骤应依次进行，缺一则不可得出混淆相似的结论。

（二）相关法律条款

该案主要依据的 207/2009 号条例，发布于 2009 年 2 月 26 日，2015 年 12 月 16 日修订成为《欧盟商标条例》（2015/2424）并于 2016 年 3 月 23 日生效。随后被 2017 年 6 月 14 日修订的 2017/1001 号条例废除并取代，修订后的条例于 2017 年 10 月 1 日生效。

鉴于争议商标的注册申请日是 2017 年 9 月 26 日，该案适用 207/2009 号实质性条款进行审查。

207/2009 号条例第 8（1）（b）条规定，如果在先商标的持有人以下列理由提出异议，则该注册申请可被驳回：（1）涉案标志与覆盖的商品或服务具有相同性或相似性；以及（2）在先商标受保护的范围内，存在相关公众混淆的可能性（包括与在先商标具有联系的可能性）。

207/2009 号条例第 8（5）条规定，必须满足以下三个累积条件：（1）涉案标志必须相同或近似；（2）异议中引用的在先商标必须知名；（3）无正当理由使用该申请标志具有不合理地利用在先商标的显著特征或声誉，或对其造成损害的风险。

四、经验启示

企业在海外注册商标时，遇到驳回、异议、诉讼等问题时要据理力争。该案是中国企业海外商标保护中积极争取并取得最终胜利的典型案例。

该案先后经过了异议、诉讼、上诉等多个程序，历时 4 年，最终维护了其海外商标权益。即便在诉讼程序中华为公司作为第三人，其也在积极维护自己的权益。如果选择放弃，华为公司或许进入欧洲的时候会面临换标或侵权指控等更严重的后果，致使其在欧洲的业务发展和品牌形象遭受不可弥补的损失。

海外商标注册程序各有不同，企业需要充分理解各国法律法规，选择恰当的策略来维护海外商标权益。与国内相比，海外商标注册周期长、程序复杂、不确定性多。欧盟商标最大的特点就是保护程序集中化，但欧盟商标注册时，关于商标混淆可能性的评估地域延伸至欧盟所有国家，也就是说在欧盟任一成员国中发现存在商标混淆可能性时，欧盟会拒绝该商标的注册。欧盟因有 27 个成员国，故商标被异议概率也相对较高。鉴于欧盟成员国商标体系独立于欧盟商标体系，法律规定和实践也存在一定的差异，如在欧盟申请商标遭遇第三方异议时，也可考虑在欧盟主要国家或目标国家直接提交注册申请，或可能在该国范围内获得保护。

另外，在该案中，香奈儿商标维权虽然失败了，但是其反应灵敏的专业素养和态度坚决的商标保护意识，依然值得我们学习。外向型企业在做好海外商标布局后，还要加强海外商标监控，对于核心商标要定期监控有没有他人相同或近似商标申请注册或使用。出现相同或近似商标时，要及时通过异议或撤销等程序阻止对方获得注册或继续使用，避免因为相同或近似导致商标混淆，损害企业利益。

27

北京搜狗科技发展有限公司与Satish Wadhumal Raisinghani Raisinghani商标异议案

>

一、基本情况

（一）案例信息

司法辖区：加拿大

审理机关：加拿大知识产权局商标异议委员会

案件编号：2022 TMOB 020

审理法官：Robert MacDonald

知识产权类型：商标

纠纷类型：所有权、使用权纠纷

重点产业：日用杂物

起诉日期：2020 年 7 月 7 日

判决日期：2022 年 2 月 8 日

审理结果：申请人胜诉

（二）涉案知识产权信息

注册号为 TMA644,033 的商标"SOGO"，由注册人 Satish Wadhumal Raisinghani Raisinghani 拥有。

（三）涉案当事人信息

申请人：Beijing Sogou Technology Development Co. Ltd.（北京搜狗科技发展有限公司）

注册人：Satish Wadhumal Raisinghani Raisinghani

二、基本案情

（一）案件事实

北京搜狗科技发展有限公司请求加拿大知识产权局于 2020 年 7 月 7 日根据《加拿大商标法》第 45 条向"SOGO"商标注册人 Satish Wadhumal Raisinghani Raisinghani 发出通知，该通知要求注册人表明对已经注册的商标实际使用，即在紧接通知日期之前的 3 年内，该商标是否在加拿大与注册中指定的每种商品有过相关使用；如果没有，则说明该商标最后一次使用的日期以及自该日期以来没有使用的原因。在该案中，显示使用的相关期限为 2017 年 7 月 7 日至 2020 年 7 月 7 日。

根据法律规定，如果在正常的贸易过程中，在货物的财产或财产转移时，在货物本身或分发货物的包装上标有商标，或者以任何其他方式与货物有如此关联，然后将关联通知给财产所有人或财产转移的人，则该商标被视为与货物有关联。

根据《加拿大商标法》第 45 条，可以要求针对注册中列出的商品和服务的子集发布第 45 条通知。并且该通知需要的证据仅为初步证据即可，无须达到充分标准。在没有使用的情况下，根据该法第 45（3）条，注册有可能被删除，除非是由于特殊情况没有使用。

注册人为证明对所注册商标处于正在使用状态，提供以下证据：

注册人 Raisinghani 先生是商标的所有者。他声明，商标是在他指导和控制下生产的产品上使用的。这些产品随后由位于西班牙的 Sanysan Appliances S.L.（Sanysan）公司销售。随其答辩书附上的发票由 Raisinghani 先生提供，是 Sanysan 在相关期间为向加拿大企业销售产品而在正常业务过程中开具的发票。特别是：（1）2017 年的 6 张销售发票（其中 5 张属于相关期间），涉及的产品包括 SOGO 智能电视、SOGO 三明治压机、SOGO 手动搅拌机和 SOGO 烤面包机。（2）2018 年的 9 张销售发票，涉及的产品包括 SOGO 榨汁机、SOGO 多媒体手推车、SOGO 机器人吸尘器、SOGO 爆米花机、SOGO 切片机、SOGO 多空气油炸烤箱、SOGO 云母加热器、SOGO 电热毯、SOGO 电热垫。（3）从 2019 年开始的 11 张发票，涉及的产品包括 SOGO 智能电视、SOGO 塔风扇、SOGO 便携式空调、SOGO 饮水机和冷却器、SOGO 烤面包机、SOGO 机器人吸尘器、SOGO 涡轮风扇加热器、SOGO 爆米花机、SOGO 多媒体手推车和 SOGO 云母加热器。（4）自 2020 年起（均属于相关期间）的 6 张发票，涉及的产品包括 SOGO 智能电视、SOGO 切肉机、SOGO 多功能热炊具、SOGO 红外温度计、SOGO 双燃烧器燃气灶、SOGO 烤面包机。

注册人 Raisinghani 先生提供包含注册商标的产品宣传证据，展示了各种带有标记的产品（云母加热器、多功能炊具、红外温度计、水冷却器和分配器、烤面包机、煤气灶、便携式无线派对音响、三明治压机、烤面包机、食品切片机、肉类切片机、手动搅拌机、涡轮风扇、电热毯、风扇加热器、爆米花机、空气炸锅 - 烤箱和智能电视）的代表，Raisinghani 先生称这些产品在加拿大销售。

（二）判决结果

根据《加拿大商标法》第 63（3）条以及第 45 条的规定，将对商标登记范围进行修改，删除以下内容：

第 9 类：计算器，袖珍计算器，收音机，摄像机，磁带录像机，DVD 播放机，扬声器柜，电卷发器，空白录像带，空白音像光盘，带有时钟的收音机，光盘播放机，盒式录音机，电熨斗，视频和音频发射器和接收器，音频放大器，收音机、电视和立体声音响遥控器，电话设备，即对讲机。

第 11 类：……烧烤机，电咖啡过滤器，咖啡烘焙机，……中央加热散热器，固体、液体或气体燃料加热器，制冷室，家用壁炉，空调机组，冰柜，电散热器，燃气打火机，电炸锅，水果烘焙机，电水壶，烹饪用微波炉，中央加热散热器加湿器，卷曲灯，冰盒，电压力锅，……加热盘，吹风机，商业和工业用通风机，吊扇，便携式电风扇，电动酸奶机，灯具。

修订后的商品清单如下：

第 9 类：电视机、扬声器。

第 11 类：空调机、空气加热器、电加热器、烤面包机、电风扇。

三、法律分析

（一）案例特点

该案实质上并不是侵权诉讼，申请人根据相关法律规定请求注册人证明实际使用商标。加拿大商标注册后，商标持有人需在加拿大使用其商标，如果自商标注册之日起连续 3 年未使用，则任何第三方可对其提出撤销三年未使用申请。加拿大现行商标法制定于 1985 年，全称是《商标及反不正当竞争法》（以下简称《加拿大商标法》）。该法进行过多次修改，其中 2019 年 6 月 17 日的修改，使加拿大知识产权格局发生了重大的转变。此次修改后，加拿大正式成为《商标国际注册马德里协定》的成员国；同时，加拿大还加入了《尼斯协定》，商标注册开始采用尼斯分类法（以前加拿大的商标注册是不分类的），这些措施使加拿大的商标制度与世界绝大部分国家同步。这次修改中广受关注的另外一项是取消了商标注册的使用要求。在此之前，"使用"是在加拿大进行商标注册的条件，商标申请人在提出注册申请时要提交商标的使用声明，即申请注册的商标必须是正在加拿大使用或者打算在加拿大使用的商标。

《加拿大商标法》修改之前，其要求与美国相似，即商标权的获取须基于使用。商标申请有四种主要方式：基于意图使用、实际使用、在加拿大驰名及原属国注册。以意图使用提交的商标申请需在核准通过后提交使用宣誓，声明商标已于加拿大投入使用，否则无法获得注册商标权。而基于实际使用的商标在申请时即需说明首次在加拿大的使用时间，这与我国的商标注册制度差异比较大，常使得我国申请人对于这种要求颇感困惑。而若以原属国注册为提交基础，则需以商标可以在国内获权为前提，这对于企业的新品牌而言，在国内商标数量庞大的情况下，也时常使企业感到力不从心。所幸，加拿大新商标法将取消使用宣誓制度，即在新法生效后所提交的，或获得核准的以意向使用为提交基础的商标申请，将无须提交使用宣誓声明首次在加拿大的使用时间。该修改与其他英联邦国家，如英国、马来西亚、新加坡等国的制度趋于一致。但需要提醒商标权利人的是，由于降低了商标申请的要求，因此相应的商标抢注也将变得更为容易。商标权利人可加强商标监测管理，并及时提交商标申请注册，防止抢注。另外，由于此前加拿大申请要求对指定商品或服务有打算使用意图或已投入实际使用，因此商标权利人此前申请注册的范围可能较窄。但新法实施后，商标申请人可筛查原注册范围，并在有需要的情况下，补充其他商品或服务的注册。此外，虽然取消了以上申请基础的要求，但加拿大仍遵循商标使用在先的原则。

加拿大知识产权局商标异议委员会负责审查商标异议，自商标公告之日起 2个月内可以提出异议。异议理由包括：在不考虑《加拿大商标法》第 34（1）条的情况下，在加拿大的申请提交之日，申请人没有在加拿大使用，也不打算在申请中指定的商品或服务上使用该商标。该案中申请人北京搜狗科技发展有限公司就注册人对商标的实际使用情况提出异议。

异议方提出书面异议声明后，加拿大知识产权局会将异议文件的副本转发给商标注册人。注册人需在收到异议声明后 2个月内提交反驳声明，反驳声明只需简单说明注册人打算回复该异议即可。在收到反驳声明后的 4个月内，异议方需要提交支持异议的证据。异议方如果选择不提交任何证据，则必须提交一份声明。注册人在收到异议方的证据或声明后的 4个月内需提交证据。注册人如果选择不提交任何证据，则必须提交一份声明。在收到注册人的证据（或声明）后 1个月内，异议方可以提交答复证据。证据提交后，商标异议委员会会组织双方进行质证，未经质证的证据不能成为案件证据的一部分。质证完成后，异议人有 2个月的时间提交书面陈述或声明；之后，商标注册人也有 2个月的时间提交书面陈述。前述期限经过后，当事人双方有 1个月的时间提出听证申请，可以选择采取书面审理或者举行口头听证。加拿大知识产权局对案件作出裁定后，将在其网站上公布该裁定，任何一方不服裁定可向加拿大联邦法院提起诉讼。

（二）法院观点

商标注册人无权推测已注册商品的性质，必须从所提供的证据中作出合理的推论。证据中所列的商品并非全部属于注册商品。商标注册处已经将证据书中列出的以下相关商品与以下注册商品相关联，这是基于附录 1 ～ 4 的发票和证据 6 的照片，这些照片显示了在加拿大销售的产品上使用该标志的方式。

注册人 Raisinghani 先生声明，证据 1 ～ 4 发票中所列的商品都是带有商标的消费品，是在他的指导和控制下制造的，他没有指明这些商品的制造商，也没有说明是否有许可证。

即使商品是在许可下制造的，商标所有人也可以根据《加拿大商标法》第 50（1）条，通过证明其施加了必要的控制，或提供证据证明其施加了必要的控制，来证明对许可下销售的商品的性质或质量具有必要的控制。

注册人 Raisinghani 先生后来声明，这些商品是由三山公司销售的，他提供了三山公司给加拿大企业的发票。

尽管发票似乎不是由注册人开具的，但鉴于请求方没有就该证据提出任何问题，商标注册处对三山公司的发票给予了一定的重视，予以采纳，并得出结论，发票证明相关期间在加拿大销售了所列商品，并且该销售使注册人受益。

鉴于上述情况，商标注册处确信注册人已在《加拿大商标法》第 4 条和第 45 条的含义范围内，将商标与以下商品联系起来使用，即第 9 类：电视机、扬声器；第 11 类：空调机、空气加热器、电加热器、烤面包机、电风扇。

四、经验启示

（一）及时申请保护

加拿大的商标申请曾与美国相似，分为以意向使用为基础和以实际使用为基础提交申请，前者需要在官方下发"核准注册通知"后的规定时间内提交使用宣誓，而后者需要在申请时提交使用证明。但在新的加拿大商标法下上述规定被取消，换言之，即使在加拿大未使用也可以提交加拿大的商标申请。这一新规利弊共存，利在于为商标申请提供了便利，方便企业有预见性地在加拿大进行品牌开拓及预创布局，但是也有可能更容易出现商标抢注的现象。若一些有价值的品牌未及时申请保护，则极有可能被抢注。在此提醒有加拿大市场需求的各企业保护好企业的无形资产。

商标的本质是使用，即使是在我国这样以商标注册为取得原则的国家，也要求对商标付诸实际使用，超过法定时间没有被实际使用的商标可以予以撤销。更何况是以实际使用为取得原则的国家，实际使用更是对商标最基本的要求。

实际使用既可以使没有显著特性的商标获得显著性，也可以使具有显著特征的商标失去显著性。由于我国是以商标注册为取得原则，因此企业习惯于先申请再使用。但是往往绝大多数缺乏显著性的商标，最终都是通过使用获得显著性，而最终获得注册的。但是需要注意的是，使用未注册商标是有一定风险的，投入使用之前一定要做好风险分析并及时申请注册。

商标注册在提交申请前，需要根据评估结果提前做好应对和备选方案。在申请商标时，正确利用各种技巧可以提高注册成功可能性，维护申请人的最大利益。比如，可通过申请组合商标及指定颜色等方式增强商标的显著性，从而增加通过初步审查的机会。

（二）留意未完成注册的商标

加拿大知识产权局的商标部门会检查所有新提交的申请（包括那些通过马德里体系提交的申请）是否与此前已注册商标以及已提交的申请存在相似之处。此前，那些未完成注册工作的商标所有人不仅可以对任何商标申请提出异议，同时也可以按照普通法的规定来对涉案商标进行质疑。因此，建议申请人提前开展检索工作，不仅要对那些已注册的商标进行检索，同时也要在数据库中仔细查看其他尚未完成注册的商标。企业在提交申请前就要开展检索工作。提前全面了解自己的商标申请有助于申请人在正式递交申请前采取最正确的策略，并以此来提高注册的成功率，同时降低遭到异议的概率。

（三）提交商标申请前一定要仔细斟酌好相应的商品与服务类别

众所周知，加拿大知识产权局的商标部门所采用的审查标准极为严苛。像类别标题，或者诸如"服饰"等较为宽泛的表述，即便其他国家认可这种写法，但是在加拿大却无法通过审查。此外，虽然目前分类说明是由申请人酌情填写的，但是自 2019 年 6 月 17 日以后，法规强制人们提供上述信息。因此，申请人需要明白有些可以被其他国家接受的分类未必能够在加拿大通过审查。

（四）实际使用商标

根据加拿大的规定，只要某一件注册商标未投入使用的时间超过 3 年，那么有关各方便可以就此提出撤销该商标的请求。[①] 任何一方都可以主动提出启动上述程序的请求。而在获得上述程序已启动的通知后，涉案商标的注册人必须证明自己在收到该通知之前的 3 年里确实充分使用了该商标，或者某些极端因素对该商标的使用造成了干扰。如果注册人未能提供充足的证明，那么其商标可能会被撤销，或者仅限于用于某些特定商品与服务。当然，用于大麻类以及烟草类商品的商标不会因为"未使用"而遭到撤销，因为本身这些标志就会受到其他一些法律规定的约束。实际上，撤销商标的理由有很多，诸如未进行使用、在先权利、不具备显著性以及标志固有的一些注册障碍等。因此，企业应该主动与加拿大当地的专业机构取得联系，从而避免自己的商标遭到撤销或者无效请求。当然，企业也可以以实际使用为理由对其他已注册商标企业提出异议。

尽管加拿大已经减少了注册流程（包括加入《马德里议定书》）并允许人们能够更加简单地在该国获得商标权，但是归根结底这些商标申请人还是需要将这些商标真正地投入使用才能获得保障。根据加拿大的规定，人们要求政府采取执法行动的前提便是其自完成商标注册工作后已经连续使用该商标超过 3 年时间。

---

① 参见: http://www.unitalen.com.cn/html/report/16121931-1.htm。

换言之，如上文所述，在完成注册的 3 年后，所有注册商标在加拿大都可能会因"未投入使用"而遭到撤销。在加拿大真正使用过商标才是维持与保障商标权的关键。尽管《马德里议定书》帮助申请人降低了一部分费用并优化了一部分注册流程，但是申请人仍应该在检索、提交申请、保障与维护权利等环节上与当地的专业机构开展合作。

28

Univers Agro EOOD与欧盟知识产权局商标无效宣告案

>

一、基本情况

（一）案例信息

司法辖区：欧盟法院

审理机关：普通法院（第九分庭）

案件编号：ECLI:EU:T:2021:633

审理法官：M. J. Costeira

知识产权类型：商标

纠纷类型：商标无效

重点产业：制造业

起诉日期：2020 年 9 月 28 日

判决日期：2021 年 9 月 29 日

审理结果：原告败诉

（二）涉案知识产权信息

申请人：Univers Agro Ltd

商标：AGATE

申请号：016440596

申请日：2017 年 3 月 7 日

类别：第 12 类

注册日期：2017 年 6 月 21 日

（三）涉案当事人信息

原告：Univers Agro EOOD

被告：欧盟知识产权局（EUIPO）

第三人：Shandong HengFeng Rubber & Plastic Co., Ltd（山东恒丰橡塑有限公司）

二、基本案情

2017 年 3 月 7 日，申请人 Univers Agro Ltd 向欧盟知识产权局提交了欧盟商标注册申请，申请在第 12 类汽车轮胎上注册"AGATE"文字商标，并于 2017 年 6 月 21 日获准注册。

2017 年 9 月 28 日，第三人山东恒丰橡塑有限公司（以下简称"山东恒丰"）——包含"Agate"字样的中国图形商标（"中国商标 Agate"）的所有人，向欧盟知识产权局撤销处提交了宣布该商标无效的申请，理由是中国商标 Agate 在保加利亚贸易过程中用于第 12 类轮胎。

2019 年 2 月 21 日，欧盟知识产权局撤销处根据《欧盟商标条例》[（EU）2017/1001，以下简称"2017/1001 号条例"]第 59（1）（b）条批准了山东恒丰的申请，并在未审查所依据的第二个无效理由的情况下，宣布争议商标无效。撤销处认为，原告山东恒丰成功地证明了有争议的商标是恶意提交的，符合上述规定的含义，因为从档案中，通过结合其客户以及第三人的商业合作伙伴和分销商 Omnifak 有限公司（以下简称"Omnifak"）创造的市场份额可以明显看出，该商标的提交目的就是利用保加利亚对诉讼第三人的商标缺乏正式保护。

2019 年 4 月 1 日，原告根据 2017/1001 号条例第 66 ～ 71 条向欧盟知识产权局提交上诉通知，否认其在 2017 年 3 月之前知道 AGATE 商标、山东恒丰或其经销商。它进一步声称，山东恒丰商标的使用量极低，对于它来说，了解与竞争对手有关的所有商标使用情况过于负担。因此，它否认在提交欧共体商标申请时应推定它知道山东恒丰的使用。作为支持，原告表示，在提交欧共体商标申请之前，它已经进行了许可搜索，并且没有发现任何风险。最后，它声称山东恒丰伪造文件以支持自己的立场。

原告的诉讼请求为：（1）撤销有争议的决定；（2）宣布有争议的商标有效；（3）请求欧盟知识产权局和诉讼第三人支付费用。

被告主张，法院应：（1）驳回全部诉讼请求；（2）判令原告支付费用。

第三人主张，法院应：（1）以该诉讼毫无根据驳回原告诉讼请求；（2）判令原告支付费用。

诉讼过程中，在在先使用方面，原告辩称：与有争议的决定相反，在 2017 年 3 月 14 日（其注册申请公布之日）之前，它既不知道存在以 AGATE 商标进口的轮胎，也不知道第三人和 Omnifak 的存在，只有在有争议的商标注册之后，它才能够行使其权利。

此外，原告认为，2014 ～ 2017 年，Omnifak 每年以 AGATE 商标销售的轮胎进口到保加利亚的数量如此之少（不超过所有轮胎进口数量的 0.06%），它不可能对其竞争对手拥有事先了解。

然而，法院认为原告的无知是令人惊讶的，因为他们都在同一个城市索非亚经营，而且一个中国制造商和原告的代表之间的电子邮件交流表明，原告"已经熟悉中国轮胎制造商和其竞争对手在保加利亚市场提供的产品"。法院审议了证实这一观点的进一步证据，包括从中国进口到保加利亚市场的 34 万条轮胎中，有 23000 条"AGATE"轮胎的进口证据。

原告进一步辩称，其已采取一切适当的措施，通过商标法专业律师事务所对早期的商标进行检索，以确定"AGATE"商标是否在"世界范围内"可用。根据该报告的结论，在欧洲或中国没有冲突的权利，只有"在日本、俄罗斯和墨西哥"由第三方持有。原告不可能知道早期中国商标的存在，"因为它没有出现在他们的检索报告中"。

最终，上诉委员会推定，在提交注册申请时，原告知道其在保加利亚的直接竞争对手的活动，特别是知道在中国制造的轮胎以与争议商标高度相似的商标进行销售。

在评估意图时，法院考虑了第三方提供的五份宣誓证词，这些宣誓证词声称原告的代理人曾与他们接触，并声称他们被诱导终止与中国公司以前的合同，并重新与保加利亚公司达成协议。

原告对这些宣誓证词的真实性和可靠性提出质疑，特别是在一方叙述之后。作为回应，法院考虑了在"Süd-Chemie v OHIM-Byk-Cera（CERATIX），T-312/11 案"中确定的评估文件的证据价值的因素。该文件认为有必要考虑：文件的来源人；它产生的环境；收件人；以及从表面上看，该文件是否合理可靠。与上述标准相反，法院认为，由保加利亚公司的代理人签署并经公证的内部宣誓书几乎没有证明或证据价值。

使法院能够推断出恶意意图的其他一些因素包括以下内容：（1）原告没有就其商业活动从农业领域扩展到轮胎部门提供任何合理的解释；（2）这些标记几乎相同，原告如何使用"AGATE"这个名字的复杂背景在很大程度上被忽视了；（3）一封电子邮件——虽然被公认没有证明来自原告——要求以 3600 万欧元转让有关商标，但仍然可以作为证据接受，即使它的证明价值非常低。

应当指出的是，上诉委员会还考虑到了争议商标提交申请 2017 年 3 月 7 日和注册（2017 年 6 月 21 日）之间的短暂时间，以及原告于 2017 年 7 月 6 日采取的执法措施。上诉委员会确定，原告"已做好充分准备，以针对（第三人及其分销商），并且已经知道（中国）Agate 商标的使用"。

欧盟普通法院确信，恶意的要素已经得到满足，即知道第三人使用在先商标以及寻求注册背后的不诚实意图。法院似乎意识到，这些欺诈策略依赖于欧盟体系来迫使真正的中国竞争对手退出市场。

在最后的辩论中，原告试图以这家中国公司的商业战略作为辩护理由，辩称自 2009 年以来，该公司已经在各个国家提交了 90 多份申请，很难相信该公司可以在保加利亚真正使用不受保护的商标。然而，法院承认这种论点不在范围之内，并指出上诉委员会没有也不需要为了适用《欧共体商标条例》（207/2009 号，以下简称"第 207/2009 号条例"）第 52（1）（b）条 [现为 2017/1001 号条例第 59（1）（b）条] 的目的详细审查第三人的商业策略和具体意图。

鉴于上述所有考虑，法院驳回了原告的诉讼，并裁定上诉委员会在维持欧盟知识产权局撤销处的决定和驳回原告向其提出的诉讼请求的总体裁量中没有错误。①

三、法律分析

（一）法院观点

该案为欧盟普通法院针对申请注册"AGATE"商标是否具有恶意的裁定。该案的争议焦点如下：一是在注册商标行为中"恶意"的概念确定；二是"恶意"的构成因素及其认定标准。

1. 在注册商标行为中"恶意"概念的判定

根据欧盟判例法的特点，其先前指导性案例中所提及的"恶意"一词在欧盟立法机构并不具有任何概念性定义。对此，欧盟普通法院认为应当结合日常语言使用中的通常含义以及该词汇在商标法背景中的理解。欧盟普通法院认为"恶意"概念的判定应该从维护市场的建立和运作角度进行理解，以达到贯彻欧盟的无扭曲竞争体系的目的。为此，欧盟普通法院认定，抢注商标中的"恶意"是指从相关和一致的标志中可以明显看出欧盟商标所有人提交该商标注册申请的目的不是公平参与竞争，而是破坏，以不符合诚实做法、第三方利益的方式，或意图在不针对特定第三方的情况下获得商标功能以外目的的专有权。

2. 注册商标行为中"恶意"的判断标准

该案中，欧盟普通法院对于原告注册商标"恶意"的判断标准主要如下。

首先，欧盟普通法院认定原告注册商标存在"恶意"的判断标准为知晓在先

---

① 参见：https://curia.europa.eu/juris/document/document.jsf?docid=246709&doclang=EN。

相同 / 近似商标的使用。对于原告所声称的其不知道存在以"AGATE"商标进口的轮胎或者山东恒丰其余注册商标等内容，以及山东恒丰的证据仅显示"AGATE"在 2014 年至 2017 年的使用等辩词，欧盟普通法院认为，根据指导性案例的强调，使用持续时间只是一个因素，且对于原告对商标检索的依赖没有明确排除存在与争议商标相似或相同的商标，并且原告所谓的勤勉尽责无法得到证明。原告诉称不知道在先相同或者近似商标的使用的主张应当予以驳回，应当认定为原告在注册商标前就已知晓在先相同或者近似商标的使用。

其次，认定原告注册商标行为具有"恶意"的判断因素为该商标注册的唯一目的是阻止第三方进入市场和 / 或获取经济利益。在该案中，法院认为，在评估恶意时，不能仅仅从该商标是否使用来进行判断，而应当评估在提交注册申请时是否打算使用该商标。更具体地说，可以从完全没有与争议商标所有人的商业活动有关的证据来推断。该案中，考虑到原告对山东恒丰在保加利亚的经销商提起诉讼这一事实，鉴于从提交争议商标的注册申请到在注册后采取严厉措施保护该商标之间所经过的时间很短，因此有理由认为原告已做好充分准备并且它已经知道相似商标的使用。欧盟普通法院认为，鉴于原告采取的这些措施，放在该案的背景下，原告的意图，不是防止侵犯注册商标的初步尝试，而是一项有计划的行动，并且原告与该商标有关的唯一活动是妨碍他人，即原告"存在主观上的恶意"。

最后，欧盟普通法院认为原告注册商标的行为具有"恶意"的其他判断因素包括标识相同 / 混淆性近似、提交申请前以及与无效宣告申请人建立了直接或间接关系（如合同关系）。这些因素有助于法院推定出恶意的意图。该案中，原告没有就其商业活动从农业领域扩展到轮胎部门提供任何合理的解释以及一封电子邮件（虽然被公认没有证明来自原告）要求以 3600 万欧元转让有关商标均被欧盟普通法院作为推定因素使用。

（二）欧盟与中国法律关于"恶意"的认定比较

欧盟对于商标恶意注册的规制，主要体现在 2017/1001 号条例第 59（1）（b）条规定之中。但是，2017/1001 号条例并未对恶意注册的认定作出详细规定。正如该案中，欧盟知识产权局发布的《欧盟商标审查指南》的相关规定①，可作为实务中的参考与指引。

从该指南的相关规定中，可以归纳出如下影响欧盟商标恶意注册认定的因素。

1. 特别相关的因素

（1）标识相同 / 混淆性近似；

（2）知晓在先相同 / 近似商标的使用；

（3）商标申请目的出于投机性或仅为获取经济补偿；

（4）商标申请目的在于"搭便车"，利用他人声誉、知名度；

（5）后期发现，注册商标的唯一目的是阻止第三方进入市场和 / 或获取经济利益。

2. 其他相关因素

（1）提交申请前，与无效宣告申请人建立了直接或间接关系（如合同关系）；

（2）试图人为地延长不使用的宽限期；

（3）连续多次提交商标注册申请，目的是在宽展期结束后，还能在一段时间内维持商标专用权；

（4）涉案商标的创意来源；

（5）标识自创作以来的使用情况；

（6）该标识申请注册为欧盟商标所遵循的商业惯例；

（7）申请商标的性质；

（8）无效原告的标识和欧盟商标所有人的标识的固有显著性或获得显著性的程度；

（9）无效原告的标识和欧盟商标所有人的标识的知名度；

（10）国内优先权基础申请已由于恶意被宣告无效；

（11）在先近似的欧盟商标在多个类别的商品或服务上被予以撤销的事实；

（12）涉案欧盟商标于在先欧盟商标的宽展期届满前 3 个月内提出注册申请的事实；

---

① 参见：https://guidelines.euipo.europa.eu/2214311/2199801/trade-mark-guidelines/1-introduction。

（13）欧盟商标所有人针对无效宣告申请人的商标提交无效宣告申请；

（14）欧盟商标所有人在成功注册争议商标后，正式通知其他各方停止在其商业关系中使用近似标识。

《欧盟商标审查指南》将上述影响因素与"恶意"认定的相关程度进行了区分，即分为特别相关与具有相关性。

而在我国现行《商标法》中内容包含"恶意"这一表述的规定共有 6 条，包括商标抢注行为以及"不正当手段"的规定。我国法律规定与欧盟法律关于"恶意"的规定存在较多相同与不同之处。

就相同之处而言，二者的判断标准均包括相似程度的判断、对知晓相似或者相同商标的要求以及对主观恶意的推定。在不同之处上，首先，二者在评判标准上存在差异。中国《商标法》在 2019 年修订中，于第 4 条增加了"不以使用为目的"的恶意商标注册申请行为，在中国，当特定主体的商标申请行为被判断为上述规定所包括的几种情形时，会被直接认定为构成商标恶意申请注册，超越了影响因素的程度，可视为决定性因素。其次，二者在可适用恶意条款的程序角度上亦有不同。根据 2017/1001 号条例的规定，原告仅可将恶意作为欧盟商标无效的绝对理由，在向欧盟知识产权局提起的无效申请或侵权诉讼的反诉中予以主张，而不能在异议和驳回程序中予以主张。而根据中国《商标法》第 33 条的规定，异议人在提起异议时可援引与恶意认定有关的法条，如第 4 条、第 15 条、第 32 条等。因此，与欧盟商标申请注册制度相比，中国在商标审查和异议程序中均涉及恶意认定的问题，一方面更为切合我国的实际情况，另一方面更有益于培育健康、有序的商标申请注册环境。

四、经验启示

比较该案中欧盟普通法院的认定以及《欧盟商标审查指南》的相关规定，不难发现，二者在恶意注册认定问题上，纳入认定标准的影响因素是互相重合的，包括：（1）知晓在先相同／近似商标的使用；（2）该商标注册的唯一目的是阻止第三方进入市场和 / 或获取经济利益；（3）争议商标的使用情况等。

　　另外，值得一提的是，在异议案件的标识近似判断中，欧盟知识产权局往往会认为汉字标识被视为线性图形，就视觉、发音、含义等方面而言，难以导致相关公众混淆。无效宣告案件中，相同的汉字部分可作为影响恶意认定的因素之一。尤其是当争议商标既包括汉字部分，还包括汉字的拼音发音对应英文字母时。

　　对此，经过对于该案的分析，可得到如下启示：一方面，对于在欧盟地区开展业务的中国企业，尽早地提交中文标识以及中文标识对应的英文标识（包括拼音、英译、经设计的英文名称等）的商标注册申请固然十分重要，而当在欧盟地区不具有相关标识的在先商标权时，可通过主张其他合法权利（如公司名称权）的方式，结合实际使用证据，来证明抢注人的恶意，维护自身权利；另一方面，清楚了解欧盟对于"恶意"的概念确定以及认定标准，在欧盟地区对中文商标的"弱保护性"情境下具有重要意义。正确地主张"恶意"条款是解决恶意注册问题的有效途径。最后，对于国内企业，正确了解欧盟关于恶意注册的法律规定与我国法律规定的差别，有助于更好地把握我国对于商标保护的发展方向，从而可以在企业的商标布局中更好地维护自身权益。

29

Ovation与Marco Poglie、Francesco Pesce 及Nerds Farm公司著作权侵权纠纷案

>

一、基本情况

（一）案例信息

司法辖区：意大利

审理机关：威尼斯法院

审理法官：Lina Tosi

知识产权类型：著作权

重点产业：软件

起诉日期：2021 年 9 月 13 日

判决日期：2021 年 12 月 13 日

审理结果：原告胜诉

（二）涉案知识产权信息

Ovation 公司在 GPL 许可证下发布 Dynamic.ooo 相关开源插件。

（三）涉案当事人信息

原告：Ovation s.r.l.（Ovation 公司）

被告：Marco Poglie；Francesco Pesce；Nerds Farm s.r.l.(Nerds Farm 公司)

二、基本案情

原告 Ovation 公司开发的 Dynamic.ooo 开源软件是用于构建 WordPress 网站的开源 Elementor 平台的插件。该公司基于 GPL v3[①] 许可证分发了该软件。

被告中 Marco Poglie、Francesco Pesce 为 Ovation 公司的前员工，其与 Pesce 旗下位于意大利威尼斯的 Nerds Farm 公司重新分发了该软件。原告 Ovation 公司认为，两名前雇员在重新分发该软件的时候，并没有遵守 GPL 开源许可协议：被告方重新分发软件时，没有包括对原始作品的确认，没有提供有关被告对软件所作更改的信息，也没有提及该软件的版权所有者。Ovation 公司补充道，"被告还无视法院发出的正式终止通知"。

2021 年 12 月 13 日，意大利威尼斯法院对该案作出了宣判，威尼斯法院适用有关保护软件著作权的现行立法，承认了 GPL 许可证的全部法律价值，法官发布的命令清楚地解释了自由软件（free software）授予每个人权利，但要求遵守分发它的条件，因此命令被告立即删除侵权代码，并在他们自己的网站和社交媒体平台上公布该决定。

法官根据《意大利著作权法》第 156 条和《意大利民事诉讼法》第 700 条，作出以下命令：

1. 命令被告（Marco Poglie、Francesco Pesce 和 Nerds Farm 公司）停止任何向公众提供名为 "E-addons for Elementor" 的软件的使用，以及任何出版物，除非在该命令发出后的 7 天内消除每一个重复的（重复代码最多 500 行的例外）由原告制作的 1.9.5.2 版本的 Dynamic Content for Elementor，prodotto sub doc.2 中的代码。

2. 命令由被告支付的罚款（由每个侵权者承担），如在通知本措施后的第 15 天之前，每延迟一天支付 100 欧元的罚金；在通知本措施后的第 15 天，每延

---

① GPL version 3，即第三版通用公共许可协议。

迟一天支付 300 欧元的罚金。

3. 命令在其自己的网站 e-addons.com 的一个页面上公布本命令的摘要，并由相互抵制的各方承担费用，在主页上以该网站正常字符大小的两倍提及；同样的规则适用于他们自己的官方 Facebook 页面。

4. 由被告向原告支付如下诉讼费用：赔偿费用 5000 欧元、支出费用 545 欧元以及 15% 的一般费用（用于缴纳相应的税费）。

三、法律分析

该案的宣判意味着威尼斯法院认可了 GPL 许可证的法律价值，这是朝着保护自由软件迈出的重要一步，"自由"并不意味着不受任何限制。该案的核心问题主要在于开源软件许可证的法律性质及保护。

（一）开源软件概念明晰

所谓开源软件，是指在软件发行的时候，附上软件的源代码，并授权允许用户更改、自由再发布衍生著作。开源并不抵制商业收费。目前，根据对权利和责任的限制程度不同，较为常见的开源软件协议分为 MIT、GPL、BSD、Apache Licence 2.0 等，这些协议规定了在使用开源软件时的权利和责任。

GPL 协议，全称为 GNU General Public License，是一种 GNU 通用公共许可协议。GPL 的出发点是代码的开源 / 免费使用和引用 / 修改 / 衍生代码的开源 / 免费使用，但不允许修改后和衍生的代码作为闭源的商业软件发布和销售。这也是 GPL 代表的自由软件和普通开源软件的最大区别所在。为保证 GNU 软件可以自由地使用、复制、修改和发布，所有的 GNU 软件都有一份在禁止其他人添加任何限制的情况下授权所有权利给任何人的协议条款，是一个被广泛使用的自由软件许可协议条款，保证终端用户运行、学习、分享（复制）及编辑软件之自由，GPL 是自由软件和开源软件的最流行许可证。

GPL 协议的产品作为一个单独的产品使用没有任何问题，还可以享受免费的优势。

GPL 最显著的两个特点就是网上所称的"病毒性传播"和"不允许闭源的商业发布"。所谓"病毒性传播"指的是，GPL 规定，所有从 GPL 协议授权的源码衍生出来的（即 Derivative Module），或者要跟 GPL 授权的源码混着用的 Project，都要遵循 GPL 协议，就像病毒一样，粘上了关系，就"中毒"了。GPL 这样规定的目的是，保证在 GPL 协议保护下的产品，不会再受到其他协议或者授权的约束，即让跟 GPL 有关系的源码都能免费获取。而"不允许闭源的商业发布"指的是，在 GPL 授权下，软件产品可以商业发布，拿去卖钱，但是在这同时，也必须将该产品的源码以 GPL 协议方式开源发布出去，供他人免费获取。

GPL 协议的主要内容是只要在一个软件中使用（"使用"指类库引用，修改后的代码或者衍生代码）GPL 协议的产品，则该软件产品必须也采用 GPL 协议，即必须也是开源和免费。这就是所谓的"传染性"。我们熟知的 Linux 就是在 GPL 下发布的。

由于 GPL 严格要求使用 GPL 类库的软件产品必须使用 GPL 协议，商业软件或者对代码有保密要求的部门就不适合集成 / 采用使用 GPL 协议下的开源代码作为类库和二次开发的基础。

（二）开源软件的法律性质

对于开源软件的法律性质存在诸多观点：一种观点认为其构成著作权许可合同，具有法律效力；另一种观点认为其不具有法律效力，但在著作权侵权情形下具有证据的效力。

根据《著作权法》对计算机软件所有著作权及《计算机软件保护条例》第八条的相关规定，我国对开源软件的保护途径形同于一般计算机软件，均为以著作权保护方式为主。开源软件依赖于现有著作权的保护，授权人仅在享有著作权的情况下，通过许可证将权利有条件进行许可或让渡才有法理依据。因此开源软件以许可证的方式承认开发者的著作权，并对后续的使用行为以许可证模式进行法律约束，即无论通过何种方式利用开源软件均应严格遵循许可证约定的义务。

该案中，威尼斯法院认可了 GPL 协议的法律效力。我国同样存在涉及 GPL 3.0 协议的判例，即济宁市罗盒网络科技有限公司诉北京风灵创景科技有限公司等侵害计算机软件著作权纠纷案。① 在该案中，法院认定了办案的争议焦点包括 GPL 3.0 协议的法律效力。广东省深圳市中级人民法院认为：其一，GPL 3.0 协议的内容具备合同特征，是一种民事法律行为；其二，GPL 3.0 协议具有合同性质，可认定为授权人与用户之间订立的著作权协议，属于我国原《合同法》调整的范围。

根据 GPL 3.0 协议第 8 条"终止授权"的约定，授权人许可用户在遵守许可证规定的前提下行使某些权利，但用户必须承担相应的义务。若用户违反 GPL 3.0 协议的使用条件来复制、修改或传播受保护的作品，其通过 GPL 3.0 协议获得的授权将会自动终止。一旦用户违反了使用的前提条件，将导致 GPL 3.0 协议在授权人与用户之间自动解除，用户基于协议获得的许可即时终止。用户实施的复制、修改、发布等行为，因失去权利来源而构成侵权。

由此可见，我国对于开源软件许可证的法律性质，应认定为基于软件著作权人所享有著作权而进行的授权合同，属于一种附条件合同，若被许可人违反协议内容，则获得的授权自动终止。

（三）对开源软件许可协议的法律保护

基于此前分析，作为附条件的著作权授权合同，违反该协议所导致的授权终止，会引发著作权侵权问题。意大利威尼斯法院的判决及我国济宁市罗盒网络科技有限公司诉北京风灵创景科技有限公司等侵害计算机软件著作权纠纷案中的广东省深圳市中级人民法院显然均支持了此种观点。

在该案中，意大利威尼斯法院所作出的判决内容包括罚款、停止侵害、赔礼道歉等内容；而在济宁市罗盒网络科技有限公司诉北京风灵创景科技有限公司等侵害计算机软件著作权纠纷案中，被告福建风灵创景科技有限公司作为"点心桌面"App（V6.5.8）的开发、运营和发布者，依法应承担停止侵害 Virtual App

---

① 参见：https://ipc.court.gov.cn/zh-cn/news/view-1823.html。

著作权的行为，对使用了 Virtual App 的"点心桌面"软件立即停止提供下载、安装和运营服务。关于赔偿问题，广东省深圳市中级人民法院认为，开源软件大多是免费的，但授权人付出的开发成本是必然存在的，按照侵权获利来承担赔偿责任更为公平合理，因此法院酌情确定赔偿数额为 50 万元。

由此可见，被许可人如果违反开源软件许可协议，会导致被认为侵犯著作权或者承担违约责任。需要注意的是，在对开源协议的保护过程中，存在侵权责任和违约责任竞合的问题。具体而言，开源协议的被许可人在违反协议设定的义务时构成合同违约，同时，根据具体情况还可能构成著作权侵权。《民法典》第 186 条规定，在违约与侵权构成责任竞合时，当事人需要择一地主张权利。该案原告选择著作权侵权这一救济路径，法院通过被许可人违约导致所获授权终止从而失去权利基础的思路，最终认定被告构成著作权侵权。该案如果从合同违约角度考察，如果原告选择合同违约的救济路径，要求继续履行开源协议要求，被告同样有可能被判决公开涉及商业秘密的代码。

四、经验启示

该案作为意大利认可开源软件协议效力的开创性案例，标志着意大利朝着对各种形式的自由软件许可证分发的智力作品的保护迈出了重要一步。同时不可忽视的是，包括我国在内，开源协议的法律效力在越来越多的国家和地区受到认可。该案对我国公司带来的启示主要如下。

首先，开源代码给代码开发提供了极大的便利，但要尤其注意，一旦加入开源协议就必须严格遵守相关协议条件，否则无论从侵权角度还是合同违约角度，势必会带来法律上的纠纷。

其次，利用开源软件开发软件产品时，要尤其注意对开源代码的使用，注意所遵循的开源协议的内容和要求，否则权利就会不稳定，不利于企业相关知识产权、商业秘密的保护。比如从商业秘密角度来看，软件源代码无疑是很多企业极其重视并作为企业商业秘密保护的资产，但若相关代码属于开源代码，或者需要遵循开源协议必须公开的代码，那么商业秘密权利基础就会受到极大挑战。

再次，在实践中，对很多使用开源软件进行技术开发的企业而言，将其开发成果作为开源软件公开，并不符合企业的商业利益。在使用开源软件之前，谨慎考虑确定开源软件的选择及使用方案，从技术层面考虑规避或隔离开源协议"传染性"，将成为使用开源软件必须进行的前置准备工作。否则一旦涉诉，尤其在涉及强"传染性"开源协议的情况下，被诉方无法提供可靠有力的技术规避或隔离方案说明的，可能会被推定负有按开源协议约定公开其软件代码的义务，违反该等义务则导致侵犯他人著作权的不利后果。因此在使用开源软件时，应当进行开源软件的合规审查，合理选择开源软件和开源协议的版本及内容。

最后，我国关于开源软件法律保护尚不明晰，实践中也存在诸多未遵守开源协议而导致纠纷增长的趋势。为此，企业还应当在做好合规审查的同时，及时关注相关法律判决动向，及时调整对开源软件合规审查的策略，从技术层面和法律制度层面同时着手，以避免涉及违反开源协议、公开涉及商业秘密的代码等法律和商业风险。

30

皮拉设计公司与普拉姆和波西公司版权侵权纠纷案

一、基本情况

（一）案例信息

司法辖区：加拿大

判决法院：加拿大联邦法院（上诉庭）

案件编号：2022 FCA 7（CanLII）

审理法官：Eleanor R. Dawson、Yves de Montigny、Marianne Rivoalen

知识产权类型：版权

纠纷类型：侵权纠纷

重点产业：文化产业

起诉日期：2021 年 10 月 25 日

判决日期：2022 年 1 月 13 日

审理结果：驳回上诉

（二）涉案知识产权信息

蜡封印章珠宝设计（Wax seal jewellery）

（三）涉案当事人信息

上诉人：Pyrrha Design Inc.（皮拉设计公司）

被上诉人：Plum and Posey Inc.（普拉姆和波西公司）；Adrinna Hardy

二、基本案情

（一）案件背景

"蜡封印章珠宝"是将用于书面文件封印的蜡印图案，通过特定方法，重新制作成金属首饰。最晚自 20 世纪 60 年代起，市面上即已出现该类首饰，并非由涉案当事人双方首创。该案上诉人和被上诉人两家公司，案发前均有从事蜡封印章珠宝的设计、制作和销售。

2010 年，上诉人皮拉设计公司首次书面向普拉姆和波西公司就版权问题提出交涉。该案另一被上诉人，普拉姆和波西公司负责人阿德里安娜·哈迪（Adrinna Hardy）更改了部分珠宝的名称，并在每件珠宝上印上了公司商标，同时否认侵犯了皮拉设计公司的版权，甚至认为皮拉设计公司对制作的珠宝根本不享有版权。

2012 年，皮拉设计公司向加拿大联邦法院提起诉讼，声称普拉姆和波西公司侵犯其 18 件珠宝设计的版权和商标权（均非该案所涉珠宝），后双方达成和解，普拉姆和波西公司承认皮拉设计公司对上述 18 件珠宝设计享有版权，并停止销售相关珠宝，皮拉设计公司则撤销了诉讼。

双方达成和解协议后，皮拉设计公司又先后分别向法院提起了 4 件有关普拉姆和波西公司版权侵权的诉讼：2 件位于阿尔伯塔省；1 件位于大不列颠哥伦比亚省；还有 1 件在联邦法院，即该案的初审。

2017 年 9 月，皮拉设计公司还向 Etsy 提出了 5 份知识产权侵权通知，每份通知均可禁止普拉姆和波西公司在 Etsy 上销售珠宝 10 日，尽管普拉姆和波西公司提出了异议，但其珠宝最终仍被禁止售卖 10 日。

（二）加拿大联邦法院（审判庭）

1. 初审原告主张

初审原告皮拉设计公司认为，其设计、制作的9件珠宝符合版权法"独创性"（originality）要求，应当受法律保护且其合法享有这些珠宝的版权。初审原告认为初审被告普拉姆和波西公司及其负责人哈迪违反了《加拿大版权法》第3条和第27条，侵犯了该9件珠宝的版权，并提出相关成本、收益、惩罚性赔偿等一系列赔偿请求。

2. 初审被告主张

初审被告认为，初审原告皮拉设计公司的9件珠宝并不符合版权法"独创性"的要求，在复制某件已经存在的作品时运用的技巧和判断力（skill and judgement）不足以达到版权法"独创性"要求，且皮拉设计公司主张的是制作珠宝的思想（idea），而"思想"不受到版权法保护。同时，初审被告还出具了相关证据证明自己并不存在抄袭复制皮拉设计公司珠宝的意图。

3. 法院观点

（1）针对该案涉9件珠宝的可版权性

法院认为，皮拉设计公司基于现有的蜡印图案，运用新的材料制作的珠宝近似于雕刻艺术品，属于具有艺术性的作品（artistic works），而《加拿大版权法》中所称"作品"（work）包含此类。皮拉设计公司采用特定方法，将蜡印图案转换为金属首饰，经转换后的首饰图案具有特定的表达方式，但是，版权法不保护思想、概念或方法，其不能对金属首饰的制作方法——"失蜡法"（lost wax casting），或就蜡印图案重新制作为金属首饰的创意本身主张版权。

依据《加拿大版权法》第5条第（1）款的规定，享有版权的作品应当是"独创的"（original），而判断是否为独创的作品，应当从三个方面考虑：①作品必须出自作者；②并非抄袭复制他人的作品；③作品必须是作者充分运用技巧和判断力的结果。法院查明皮拉设计公司的珠宝的确由其设计制作，且未抄袭他人作品，该珠宝基于已经存在的蜡印图案重新制作，制作后的珠宝图案与原蜡印图案较为相似，但不影响认定其独创性。法院认为，符合独创性要求的作品并不一定是创新的、新颖的抑或独一无二的，只要作者投入的劳动并非微不足道或纯粹机械性的，即可满足版权法独创性之要求。在制作过程中，制作者展现了足够的技巧和判断力，特别是对珠宝边缘的处理和在珠宝金属材质上表现出的独特视觉效果，远非简单的复制行为。故法院认定案涉 9 件珠宝具有独创性，受版权法保护。

（2）针对初审被告是否侵权

法院认为，依据《加拿大版权法》第 27 条第（1）款的规定，除作者外，任何人都无权复制全部作品或作品的实质性的部分（substantial part）。判断是否属于版权侵权，要么出具抄袭行为的直接证据，而初审原告显然无法提供；要么符合认定抄袭的两要素——"相似性"（similarity）和"接触"（access）。认定"相似性"，首先应比对侵权作品和原作品间存在的相似之处，然后分析其相似之处整体上是否构成原作品的实质性的部分。该案中，尽管存在大量相似之处，但该相似之处的表达已进入公有领域，并不属于原作品受版权法保护的实质性的部分。证据显示，初审被告在设计制造自己的珠宝时已经了解并看过初审原告的珠宝，但这并不意味着其抄袭，因为仅凭"接触"一个要素不能认定为抄袭，初审原告的珠宝可能只是启发了初审被告开始以类似制作方式制作、售卖以该方式制作而成的金属首饰，而版权法并不保护该创意或方法。故法院认为初审被告并没有侵犯初审原告的版权。

基于此，法院最终未支持初审原告的诉讼请求。

（三）加拿大联邦法院（上诉庭）

原告不服初审判决结果，向加拿大联邦法院上诉庭（以下简称"上诉法院"）提起上诉。初审被告未提起上诉。法院认为，该案的争议焦点在于加拿大联邦法院审判庭（以下简称"初审法院"）在分析初审原告 9 件珠宝的"独创性"时是否存在错误，以及在侵权问题上的分析是否存在错误。

1. 独创性认定

就"独创性"问题，上诉法院针对上诉人的主张一一进行了详细分析。上诉法院肯定了版权法不保护思想、概念或方法，仅保护表达（expression），上诉人皮拉设计公司不能对制作珠宝的方法或将蜡印图案重新制作成珠宝的创意主张版权。首先，初审法院正确适用"技巧和判断力"方法认定了作品的"独创性"，未涉及"额头流汗"原则（sweat of the brow），尽管初审判决中多处提及上诉人运用的制作方法简单，且运用的技巧和判断力较低，但其讨论的是作品的创造力，并不能证明初审法院使用了"额头流汗"原则。其次，就上诉人提出的初审法院错误评价了作品"独创性"的相关证据，上诉法院认为，举证的证据能够充分支持初审法院的结论，不存在明显和重大的错误。最后，上诉人提出初审法院在使用初审被告关于蜡印珠宝的专家意见时存在错误，上诉法院认为，从现有查实的证据来看，初审被告的专家意见不存在偏见，不支持该主张。

2. 侵权认定

在侵权问题上，上诉法院肯定了初审法院判定侵权的两要素，即"相似性"和"接触"，同时解释了"相似性"中实质性的部分是指作品中能够集中体现作者技巧和判断力的表达，并认为认定"相似性"应当从性质上整体性地进行评价。针对上诉人提出的诸多主张，上诉法院分别展开了分析：

第一，尽管初审法院在判决中将《加拿大版权法》第 3 条第（1）款第（J）项加粗标黑，但该条并未被用于说理部分，对审判结果无实际影响；

第二，"I Am Ready"设计时间的确认并非明显和重大的错误，时间的确认对审判结果无实际影响；

第三，由于初审法院在说理部分明确运用了认定"相似性"的两步骤，因此不存在上诉人主张的侵权认定方法的错误；

第四，由于已经得出不存在利用原作品实质性的部分的结论，因此，无必要再审查初审法院在认定是否存在充分的"因果关系"（或"接触"）上存在错误；

第五，从性质上整体性地认定是否侵权正是初审法院使用的方式，不存在错误；

第六，初审被告的主观侵权意图未产生任何实质性作用，且初审法院也未将之列为作品间存在"接触"的重要证据，故不存在错误；

第七，初审法院在使用"非专业人员测试"（layperson test）方式检验作品间"相似性"时明确了其有效性，但未将检验结果视为决定性的，同时认为作品"相似性"的认定应全面考量作品显性和隐性的（patent and latent）所有相似之处，故不存在错误；

第八，初审法院不予接受初审原告的一般见证人证据时，已经给予了充分理由，不存在明显和重大的错误。

鉴于此，最终上诉法院驳回了上诉人的全部诉讼请求。①

三、法律分析

该案主要的争议焦点是涉案珠宝作品是否具有可版权性以及被上诉人（初审被告）是否构成版权侵权。笔者将从以下两个方面对该案进行分析。

（一）蜡封印章珠宝设计的可版权性

弄清涉案蜡封印章珠宝设计是否可以受版权法保护，应当先明确版权保护什么。TRIPS 第 9 条第 2 款规定，版权的保护仅延伸至表达方式（expressions），而不延伸至思想（ideas）、程序、操作方法（methods）或数学概念本身。该案联邦法院审判庭和上诉庭均在判决中指出版权不保护思想（ideas）、概念（concepts）或方法（methods），仅保护表达（expression）。可以说，该观点已经成为国际社会的共同认识。在"CCH Canadian Ltd. v. Law Society of Upper Canada 案"②中，加拿大最高法院指出，版权法保护的是作品中思想（ideas）的表达（expression），而作品的表达必须是某种可以被固定的物质形式（fixed material form）。在"Canadian Admiral Corporation Ltd.

---

① 参见：https://www.canlii.org/en/ca/fca/doc/2022/2022fca7/2022fca7.html?autocompleteStr=Pyrrha%20Design%20Inc.&autocompletePos=3&resultId=0ec80193ff3b4f4eaf1401b5063c7360&searchId=2024-04-10T15:11:15:062/446a87de739947aca31a61f48f67898a#document。

② 参见：https://www.canlii.org/en/ca/scc/doc/2004/2004scc13/2004scc13.html?resultIndex=1&resultId=6846b10116dc49328975f737cc3b0e41&searchId=2024-04-10T15:14:19:590/8e4f8fcac08248dfb51bc136a30524db。

v. Rediffusion，Inc. 案"①中，法院又具体解释了被固定的物质形式，即存在于某种物质之上，能够被识别（capable of identification），且具备持久性（permanent endurance）。由此可知，加拿大法律认为，所谓"表达"应当是能够被普通人所感知且以某种物质形态存在。该案中，皮拉设计公司利用已经存在的蜡印图案制作金属首饰的"点子"，显然属于"思想"的范畴，其需要依托某种物质材料转换为"表达"后才可能受版权法保护，姑且勿论该"点子"也非皮拉设计公司首创。皮拉设计公司还声称，在制造珠宝时使用了特定的制作方法，但是，此方法已普遍运用于金属工艺制造之中，皮拉设计公司无任何创新，何况先例中已指明"方法"不能获得版权。因此涉案珠宝可能受到版权保护的仅局限于在金属物质上的具体表达，如图案、肌理、颜色等。

然而，版权并不保护任何"表达"，版权保护具有独创性的"表达"，即版权法要求作品应当具有"独创性"。《加拿大版权法》第 5 条第（1）款规定享有版权的作品应当是独创的。这里的"独创的"显然指独创的"表达"，独创的"思想""方法"依旧不能受到保护。需要明确的是，独创性并不意味着作品一定是创新性的，即使作品的表达俗套、毫无新颖之处，只要作者的投入超出了一般的重复性机械劳动，即可能满足独创性之要求，此亦是该案中加拿大联邦法院的观点。申言之，艺术造诣极其低下的作品也可能享有版权，法律不能充当批评家的角色评价作品之优劣。

加拿大最高法院在"CCH Canadian Ltd. v. Law Society of Uppe Canada案"中还提出三要素用于具体认定作品的独创性，即作品必须出自作者、作品并非抄袭复制他人的作品以及作品必须是作者充分运用技巧和判断力的结果。该案中，法院查明涉案 9 件珠宝出自皮拉设计公司人员之手，珠宝借蜡印图案制作而成，且蜡印图案已进入公有领域，并非抄袭，其独创性判断的重点在于第三个要素——是否运用了技巧和判断力。按照加拿大最高法院的解释，所谓"技巧"即

---

① 参见：https://www.canlii.org/en/ca/exch/doc/1954/1954canlii712/1954canlii712.html? autocompleteStr=v%20Rediffusion%EF%BC%8CInc&autocompletePos=1&resultId=0b3911d911ab4fd bb6528e590f681142&searchId=2024-04-10T15:15:42:453/a4d8b2da50c44a0280b10e7dc5cd8bc0。

利用个人的知识、天赋或实践能力创作作品；而所谓"判断力"是指在创作作品过程中，利用个人对事物的决断力，或通过比较不同的可能存在的选择形成观点、评价的能力。该案中，皮拉设计公司的珠宝图案通过翻印蜡印印章所得无疑属于机械性的复制行为，但除复制图案外，还存在珠宝图案翻印边缘（肌理）和整体珠宝边缘的处理，其涉及作者如何运用可变黑的化学物质的氧化作用控制珠宝色泽和打磨抛光的技巧，这些不仅会影响最终珠宝所呈现出的艺术效果，且制作者一般要接受少则几个月的专业技能培训。据此，加拿大联邦法院认为，涉案珠宝充分运用了作者的技巧和判断力，珠宝的边缘处理有着独特的表达。尽管这些技巧和判断力并没有那么与众不同，甚至是平庸的，但如上文所述，制作者的投入已超过重复性机械劳动的范畴，故涉案珠宝具有独创性，应当受版权法保护。

（二）抄袭行为的认定标准

在"Phillip Morris Products S.A. v. Marlboro Canada Ltd. 案"中，加拿大联邦法院认为，构成抄袭应当符合以下两个要素，即"相似性"和"接触"。所谓"相似性"指侵权作品和原作品之间存在实质性的相似性（substantial similarity），而"接触"指有证据或作品间的某种联系可以证明侵权作品是参照原作品完成的。这里涉及一个十分重要的概念，即"实质性的相似性"，存在实质性的相似性意味着侵权作品与原作品实质性的部分构成了相似性。在"Cinar Corporation v. Robinson 案"中，加拿大最高法院具体解释了何为"实质性的部分"以及分析判断的方法。具体而言，"实质性的部分"指能够充分体现作品作者技巧和判断力的部分，或者说能够充分体现作品独创性表达的部分。"substantial"一词除了译为"实质性的"外，同样可译作"具有重要价值的""十分重要的"。换言之，"实质性的部分"是最能体现作品价值，并使得作品具有独创性进而享有版权的部分。加拿大法院认为，该部分集中体现作者的技巧和判断力的表达。按照加拿大最高法院提出的分析方法，该案中，案涉 9 件珠宝均出自蜡印图案，尽管被上诉人（初审被告）普拉姆和波西公司制作的珠宝图案与上诉人（初审原告）皮拉设计公司的珠宝图案视觉上看十分相似，但相似之处显然不属于集中体现皮拉设计公司制作人员的技巧和判断力的部分，其相似处的蜡印图案已进入公有领域，任何人均可利用，并非属于作品实质性的部分，故作品间无相似性。需要注意的是，在比较作品相似性时，应当从性质上对作品进行整体性的评估。"从性质上"意味着在比较相似性时应当注重相似之处的性质，即是否属于作品实质性的部分，而非相似数量的多寡。"整体性"意味着比较时不应将不受版权法保护的表达部分直接"切除"，仅就实质性的部分进行比较。该方法忽略了作品的整体性，且客观上也难以以抽象的实质性概念为依据来切分作品，更何况版权法保护的是该作品而非其实质性的部分。

"接触"意味着侵权作品存在获取、利用其他受版权保护作品的机会，或者说侵权作品的创作灵感直接来源于其他受版权保护作品。这一关系又被称为作品间的"因果联系"（causal connection）。"相似性"和"接触"是构成抄袭行为的必要非充分条件，构成抄袭行为必须同时满足两个要素，缺少其一便不能认定为抄袭。换言之，当否定了作品间具有"相似性"时，自然不构成抄袭。此时，"接触"属于次要问题，"接触"要素是否存在对认定结果不造成影响。该案中，加拿大联邦法院查明被上诉人（初审被告）在制作设计珠宝前已经了解到上诉人（初审原告）设计的珠宝，被上诉人存在接触上诉人珠宝的事实。然而，如上文所述，当事人的作品间不存在"相似性"，足以认定不构成抄袭，无须进一步检验是否存在"接触"或该检验方法是否正确。因此，该案被上诉人不构成版权侵权。

四、经验启示

该案的典型意义在于较为充分地解释了版权法涉及的重要概念以及认定抄袭行为方法的具体适用，为处理更为复杂的版权侵权纠纷提供了思考路径和指导方法。该案中，因当事人双方设计制作的珠宝均出自相同的蜡印图案，乍看十分相似且制作方法为行业惯例，极易忽视作者投入的独创性劳动，加拿大联邦法院经过对已有先例和规则的详细阐述分析，最终得出了令人信服的结论。围绕该案中的审判重点和难点，我们在进行创作活动时，应当注意以下几点：

第一，创作时，尽可能保存好草图、随笔、三视图、效果图以及其他协助人的言论等创作痕迹。若不幸发生侵权纠纷，其不仅可能是证明作品存在独创性部分的重要证据，还可能是自证清白的辅助性证据。

第二，在吸收、借鉴他人作品时，尽可能明确何种表达已经进入公有领域，进入公有领域后则可以利用；何种表达属于版权法保护的对象，应当避免与他人作品具有重大创新性的表达构成相似。必要时，可以聘请专业人士予以协助。

第三，作品创作过程中如涉及特别的制作方法，版权法无法提供保护。倘若确有一定价值，应当避免公开披露，其可能作为商业秘密加以保护；如果符合专利法要求，则可向相关机构申请专利。

31

甲骨文与谷歌版权侵权纠纷案

>

一、基本情况

（一）案例信息

司法辖区：美国

审理机关：美国联邦最高法院

案件编号：No.18-956

审理法官：Stephen Breyer、John Roberts、Sonia Sotomayor、Elena Kagan、Neil Gorsuch、Brett Kavanaugh、Clarence Thomas、Samuel Alito

知识产权类型：版权

纠纷类型：侵权纠纷

重点产业：计算机技术

案件起诉日期及审理结果：

2010 年：甲骨文第一次起诉谷歌（美国加利福尼亚北区联邦地方法院），甲骨文败诉

2012 年 10 月：甲骨文上诉（美国联邦巡回上诉法院），甲骨文胜诉

2015 年 6 月：谷歌反诉甲骨文（美国加利福尼亚北区联邦地方法院），谷歌胜诉

2017 年：甲骨文再次上诉（美国联邦巡回上诉法院），甲骨文胜诉

2019 年 11 月：谷歌再次上诉（美国联邦最高法院），谷歌胜诉

案件最终判决日期：2021 年 4 月 5 日

（二）涉案知识产权信息

谷歌复制了 37 个 Java API 软件包，包括其中的"声明代码"（declaring code）和整体的"结构、次序和组织"（structure, sequence, and organization, SSO）。

（三）涉案当事人信息

上诉人（初审被告）：Google LLC.（谷歌公司）

被上诉人（初审原告）：Oracle America, Inc.（甲骨文股份有限公司）

二、基本案情

（一）案件事实

Java 是一种实用性高、兼容性高的编程语言，在全球广受欢迎。该语言最初由美国的 Sun Microsystems 公司（以下简称"Sun 公司"）开发，Java 代码可以在所有支持的平台上运行，而无须重新编译。

2005 年，谷歌公司（以下简称"谷歌"）收购了 Android Inc.（安卓公司），并试图为移动设备建立一个新的软件平台。为了让数百万熟悉 Java 编程语言的程序员能够使用其新的 Android（安卓）平台，谷歌开始与 Sun 公司协商获取整个 Java 平台许可事项，但谷歌与 Sun 公司并未最终达成许可协议。谷歌为了构建安卓平台，便自行书写了上百万行新代码，但同时也复制了 Sun Java API 中的 11500 行声明代码。这些声明代码构成了应用程序接口（application programming interface, API）的一部分。API 允许程序员调用预先编写的计算任务，以便在他们自己的程序中使用。

由于安卓大获成功并且使用了 Java 技术，在对 Sun 公司收购完成后半年时，甲骨文股份有限公司（以下简称"甲骨文"）在加利福尼亚北区联邦地方法院对谷歌提起专利侵权和版权侵权的诉讼，并在之后向谷歌索赔 88 亿美元（略高于收购价格）。随后甲骨文声称，谷歌未经许可重新使用这些代码构成了版权侵权。由此开启了甲骨文与谷歌长达 10 年的版权之争。案件发展主要脉络节点如图 31-1 所示。

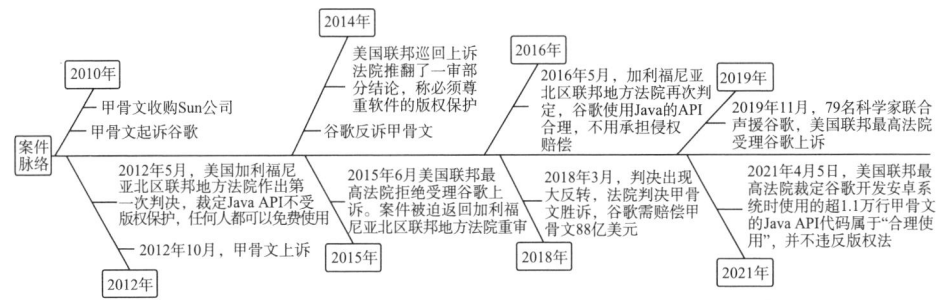

图 31-1　甲骨文与谷歌版权侵权纠纷案件发展脉落

2010 年，甲骨文起诉谷歌侵犯了 7 件与 Java 相关的专利和版权，要求谷歌赔偿数十亿美元的损失。

2012 年 5 月，美国加利福尼亚北区联邦地方法院的法官裁定，Java API 不受版权保护，任何人都可以免费使用。

2012 年 10 月，甲骨文上诉。2014 年，美国联邦巡回上诉法院推翻了一审部分结论，称必须尊重软件的版权保护。

谷歌反诉甲骨文，但 2015 年 6 月，美国联邦最高法院拒绝受理谷歌上诉。诉讼重返加利福尼亚北区联邦地方法院，由该院就谷歌另外提出的"合理使用"的观点进行审理。

2016 年 5 月，加利福尼亚北区联邦地方法院复审，再次判定谷歌公司的行为合理，免付版权赔偿。

甲骨文继续上诉，判决出现大反转，上诉法院判决甲骨文胜诉，谷歌需赔偿甲骨文 88 亿美元。

2019 年 11 月，在 78 名计算机科学家的声援下，美国联邦最高法院受理了谷歌的上诉，对此前裁决复审。

在旷日持久的诉讼过程中，下级法院考虑了以下两个方面：（1）Java SE 的所有者是否可以对从 API 复制的代码行进行版权保护；（2）如果可以，谷歌的复制是否构成了对该材料的允许的"合理使用"。在接下来的诉讼中，美国联邦巡回上诉法院认为这些被复制的代码是受版权保护的。在陪审团就合理使用作出对谷歌有利的裁决后，美国联邦巡回上诉法院推翻了判决，认为谷歌的抄袭从法律上来说不是合理使用。在发回损害赔偿审判之前，美国联邦最高法院同意审查联邦巡回上诉法院关于版权和合理使用的裁定。

（二）判决结果

2021 年 4 月 5 日，美国联邦最高法院裁定谷歌开发安卓系统时使用的超 1.1 万行甲骨文的 Java API 代码属于"合理使用"，并不违反版权法。[①]

三、法律分析

（一）案例特点

谷歌在安卓系统中使用 Java 技术的主要目的是让更多熟悉使用 Java 语言编程的开发者加入安卓这个新兴的生态中。因此，谷歌不需要改动 Java 语言本身（虽然自 2019 年起谷歌开始主推 Kotlin 语言作为开发安卓 App 的首选语言以代替 Java）。同样，由于 Java 程序是由众多开发者开发以在安卓系统上运行的，因此 Java 程序也与该案无关。而且，安卓上的库和虚拟机（从 Dalvik 到 Android Runtime）是谷歌独立开发的，谷歌主要的问题在于其复制了 Java 的 37 个 API（源自阿帕奇的 Harmony 项目）。

甲骨文认为，谷歌明知道 Java，但是却没有像其他公司那样为 Java 付费。

---

① 参见：https://www.copyright.gov/rulings-filings/briefs/google-llc-v-oracleamerica-inc-no-18-956-2020.pdf。

免费的安卓系统在移动端市场大获成功之后，甲骨文在该市场的 Java 技术许可收益大受影响。而谷歌认为重复利用应用程序的 API 在软件行业已是多年的惯例。甲骨文没能用 Java 统一手机市场而眼红谷歌，因此发起了诉讼。

甲骨文对谷歌发起的诉讼包括两个案由：专利侵权和版权侵权。

关于专利侵权，甲骨文认为谷歌侵犯了其 US6061520A（用于进行静态初始化的方法和系统，中国同族：CN1119756C）和 RE38104（用于解决生成代码中数据引用的方法和设备，无中国同族）这两项专利。谷歌则主张其技术方案未落入专利保护范围。对于前一专利，谷歌辩称其使用的是解析，而非权利要求所述的"模拟执行"来对静态初始化进行优化。对于后一专利，谷歌辩称其指令不包括符号引用。美国加利福尼亚联邦地方法院的陪审团裁定专利侵权不成立。甲骨文未提出上诉。

该案的焦点问题在于版权侵权，而软件的版权保护与其他作品又有所不同。版权是直接受工业革命的影响而诞生和发展的，其传统的保护客体是文学艺术领域的作品。版权法的一个基本原则是版权不保护抽象的思想（此处的思想也可以是功能、事实等）而只保护具体的表达。

软件的出现给传统的版权体系带来了挑战。软件虽然是一种文本，但是几乎没有人会像阅读小说那样去阅读软件代码；其主要作用在于被执行时使得计算机完成一定的功能，而功能又是版权法所排斥的。对于软件如何进行法律保护在历史上曾经有过多年的激烈争论，计算机软件的保护边界一直是一个很难判定的问题。后来美国决定将软件代码视为文字作品纳入现有的版权法体系，而非独立针对软件保护进行立法。这一立法体例也被包括我国在内的绝大多数国家所接受。但软件的功能性文本的性质，决定了其版权保护也较为特殊。

（二）法院观点

计算机程序分为源程序和目标程序，而 API 介于源程序和目标程序之间，因此，该案的争议焦点主要集中在两点：第一，Java APl 是否受到版权法保护；第二，谷歌使用 API 的行为是否构成"合理使用"。

第一，Java API 是否受到版权法保护。

美国加利福尼亚联邦地方法院的结论是 API 不受版权法保护。法院认为因为 API 并非实现功能的具体代码，而只是对具体代码进行调用的函数。因此，只要具体代码不同就不构成版权侵权，API（调用函数）是否相同是无关紧要的。但上诉法院（由于该案涉及专利，因此上诉法院是美国联邦巡回上诉法院）推翻了地区法院的结论。上诉法院认为，API 的设计具有版权法所要求的独创性，因此应该受到版权法的保护。

由于 API 并非具体的实现代码（无论是人类可读的源代码还是机器可读的二进制目标代码都同样受到版权法保护），因此在甲骨文就 API 起诉谷歌之前，业界普遍认为使用他人的 API 是没问题的。包括微软、IBM、计算机协会、互联网协会等均普遍支持谷歌。例如，GNU/Linux 就借用了一些 Unix 的 API。一些开源软件在与私有服务进行交互时，也不可避免地要使用或复制该私有服务的 API。如果甲骨文主张的侵权逻辑成立，那么这些开源代码，从底层的操作系统到应用层面的程序都面临未经许可使用或复制 API 的诉讼风险，并且很多小型开发商并没有资源编写独立的 API。因此，美国联邦最高法院应该是考虑到该案可能带来的"寒蝉效应"，因而未对 API 是否可版权发表意见，认为考虑到快速发展变化的技术、经济和商业环境，法院不应该在超过必要的程度上回答前述问题。基于论证的角度，美国联邦最高法院假定 Sun Java API 整体都落入版权保护的范围。

因此，美国联邦最高法院将谷歌使用部分 API 的行为是否构成"合理使用"作为争议焦点进行审查。

第二，谷歌使用 API 的行为是否构成"合理使用"。

根据《美国版权法》第 107 条的规定，判断使用行为是否构成合理使用需考虑以下四个要素：（1）使用的目的和特征，包括是否为商业用途或非营利性的教育目的；（2）受版权保护作品的性质；（3）使用整体受版权保护作品的数量和内容之实质性；（4）使用行为对受版权保护作品的潜在市场及作品价值的影响。

关于合理使用，美国联邦巡回上诉法院和联邦最高法院的多数意见给出了截然相反的观点。联邦巡回上诉法院认为谷歌的行为不满足四个要素中的任何一个，因此不是合理使用；而联邦最高法院的多数意见则认为谷歌的行为构成合理使用。

表 31-1 为美国联邦最高法院多数派及少数派就谷歌行为是否构成合理使用的意见。

表 31-1　美国联邦最高法院关于谷歌行为是否构成合理使用的意见

要素	多数派意见	少数派意见
使用目的和性质	涉案的 Java API 是一种"用户接口"，APl 中包括"实现代码"（implementing code）和"声明代码"（declaring code），并且关联了名为"方法调用"（method call）的一种特殊命令。其中，作为 API 接口的一部分，声明代码与能够指令计算机实现任务的受版权保护的代码存在明显区别。声明代码的价值在于它鼓励程序员学习和使用这个系统，以促使程序员使用谷歌没有复制的相关实现程序	实现代码是直接命令计算机操作，而声明代码通过包含实现代码而间接命令计算机操作。声明代码定义了一组实现代码的范围，让程序员可以快速地使用它们。声明代码本身是没有功能的，只是因为其包含了实现代码。对实现代码来说也是同样的，如果没有声明代码，开发者则需要从头写每个程序，非常耗时。因此，声明代码和实现代码的功能通常是同起同落的，不能进行区分
版权作品的性质	需考察使用行为是否构成"转换性使用"，即谷歌拷贝 Java API 代码的行为是否以新的表达、意义或信息改变了原作品，是否在原作品上增加了一些新的东西，是否具有进一步的目的或不同的特征。对于谷歌而言，其只复制了允许程序员在不同的计算环境中使用其熟悉的编程语言工作所需要的那部分代码。谷歌的目的是创造新的产品，即安卓平台，从而在智能手机的环境下为程序员提供一个具有高度创造性和革新性的工具。因此，在某种程度上，谷歌使用 Java API 的行为符合版权意义上创作的"进步"，具有转换性	认为评估这个因素需要考虑两个方面，一是是否是商业性使用，二是是否是转换性使用。首先，仅 2015 年，谷歌就从安卓系统上获利 180 亿美金，且随着安卓占据全球市场的支配地位，谷歌的获利无疑已经大幅提升，这是毫无疑问的商业使用。虽然多数派认为谷歌的使用是转换性的，但是需要关注的是，谷歌预期的目的就是用自己的产品取代甲骨文具有巨大商业价值的平台。谷歌重新利用 Java 代码，将其使用于更小的计算机（即智能手机），这并不符合版权法中关于转换性的定义

要素	多数派意见	少数派意见
使用部分的量	一方面，谷歌复制了 37 个 Sun Java API 包中的 11500 行声明代码，但如果考虑到 Sun Java API 中的全部软件材料集，谷歌复制的数量其实是很小的。Sun 的一套 Java API 计算机代码，包括实现代码，共计 286 万行，而谷歌复制的 11500 行仅占总量的 0.4%。多数意见认为，结合 Sun Java API 与实现代码的不可分割性，应以 286 万行代码为基数考虑谷歌的复制数量。 另一方面，还应考虑到谷歌复制代码并不是因为声明代码具有很高的创造性或美感，谷歌的目的是创建安卓平台	首先，要承认是声明代码吸引程序员使用 Java 平台，声明代码是甲骨文作品的核心和关键点。 其次，谷歌的使用并非转换性使用。认为这里正确的分母应该是声明代码，而不是全部代码。如果抄袭作品"可以在市场上替代原创作品"或"潜在的许可衍生作品"，那抄袭作品应该在数量上达到了实质性标准。声明代码是吸引程序员的关键，也使得安卓"在市场上取代"了甲骨文 Java 平台的"潜在许可衍生品"
对潜在市场的影响	一般要求法院考虑权利人的损失金额。但是，潜在的收入损失并不是问题的全部，至少在该案中，还应考虑谷歌复制行为可能给公众带来的利益。对于损失而言，第一，安卓系统并没有损害 Java SE 的实际及潜在市场。第二，虽然谷歌的复制行为使它从安卓平台上获得了巨大利益，但需要考虑甲骨文是否对该利益享有权利。第三，考虑到程序员在学习 Sun Java API 中投入的时间和精力，支持甲骨文的诉请将带来危害公共利益的风险	对于市场影响而言，谷歌通过抄袭甲骨文的声明代码开发并发行安卓系统，至少从三方面破坏了甲骨文的潜在市场。第一，谷歌使得制造商没有理由再愿意付费安装 Java 平台。第二，谷歌妨碍了甲骨文将 Java 平台许可给其他智能手机操作系统开发者的机会。第三，至于损害公共利益以及锁定效应，目前大概只有 7.7% 的安卓设备还在使用涉案版本的安卓系统，而另外，甲骨文一直将其声明代码免费提供给程序员使用，反而是谷歌因为滥用安卓系统违反了反垄断法而被欧盟罚款 50 亿美元

四、经验启示

对于应用程序编程接口能否得到版权保护，从甲骨文诉谷歌版权侵权纠纷案引发的观点撕裂并不会因为美国联邦巡回上诉法院的裁决结果戛然而止。从单纯版权法律角度来看，美国联邦巡回上诉法院的裁决，已经打开了对软件接口进行版权保护的"潘多拉盒子"，这一版权纠纷案对全球软件行业知识产权保护形势具有深远的影响，对中国软件行业也具有非常重要的借鉴意义。

一是要规避软件知识产权侵权风险。对软件开发企业而言，微观层面，基于司法裁决结果，进行法律风险的规避，做好软件开发及应用的合法合规，避免版权侵权风险是首要目标；宏观层面，要基于该风险进行开源软件的选择，以规避侵权风险。

二是需要进一步细化软件知识产权的版权界定。目前国外从事知识产权工作的从业者已经开始讨论，在现有的专利和版权之外，是否还需要出现一个中间的知识产权保护手段，并且引申到了外部软件的版权保护和依赖版权的软件许可证问题。中国亦需加强对计算机软件保护问题及改进路径的研究，进一步提高我国软件版权保护能力，为软件企业的创新发展保驾护航。

三是要重视基础软件和软件工具及相关产业链条的发展。[①] 中国的应用软件发展较好，但基础软件、软件工具，以及与软件工具相关的各个模块，是中国软件行业的短板。虽然在这个专利诉讼案中甲骨文败北，但也显示出软件开发底层能力，包括编程语言及其他构成要素在内的设计开发能力的巨大价值，亦是软件行业未来真正的核心竞争力。因此，中国在加快数字经济建设发展，推进软件工具以及各种基础软件模块发展的同时，也需要加强对软件的知识产权保护。

---

① 参见：https://www.thepaper.cn/newsDetail_forward_12083531。

32

原告A与泰英信息系统株式会社著作权侵权纠纷案

一、基本情况

（一）案例信息

司法辖区：韩国

审理机关：首尔中央地方法院

案例编号：2017 가합 579755

审理法官：박태일（朴泰日）

知识产权类型：著作权

纠纷类型：侵权纠纷

重点产业：计算机技术

起诉日期：2020 年 5 月 28 日

判决日期：2020 年 7 月 16 日

审理结果：原告胜诉

（二）涉案知识产权信息

原告 A 起诉被告泰英信息系统株式会社侵犯程序著作权。原告于 2005 年 4 月 25 日进入被告泰英信息系统株式会社工作，2017 年担任被告公司编辑组组长职位，并且以表 32-1 所示的入职和离职日期在被告公司工作，于 2017 年 11 月 2 日最终离职。[①]

表 32-1　原告在被告公司入离职时间

入职时间	离职时间
2005 年 4 月 25 日	2010 年 4 月 1 日
2011 年 4 月 25 日	2015 年 1 月 1 日
2015 年 8 月 1 日	2016 年 6 月 22 日
2017 年 5 月 10 日	2017 年 11 月 2 日

原告在被告公司工作期间，于 2006 年到 2014 年左右在被告公司提供的参考文件的基础上开发了具有自动创建、编辑数字地图和检查错误功能的涉案程序，并且根据每个程序的名称开发其中的一部分。自原告开发涉案程序以来，被告让其员工使用涉案程序创建数字地图并且执行检查任务。此外，被告在此过程中对涉案程序进行了部分修改。此后，该涉案程序在被告公司一直进行使用和安装。

（三）涉案当事人信息

原告：A
被告：泰英信息系统株式会社

二、基本案情

一审（2017 가합 579755）过程中，原告主张该涉案程序比传统的数字地图编辑自动化程序具有更好的功能，并且该涉案程序是以其他编程语言开发进行的创作，属于《韩国著作权法》第 2 条第 16 款规定的计算机程序作品，被告未经授权复制该涉案程序，侵犯了原告的著作权，被告应当根据《韩国著作权法》第 123 条第 1 款和第 2 款停止复制、制作和拥有涉案程序，并废除在其总公司、分公司及办事处的程序，并且根据《韩国著作权法》第 125 条第 1 款和第 2 款进

---

① 参见：https://casenote.kr/%EC%84%9C%EC%9A%B8%EC%A4%91%EC%95%99%EC%A7%80%EB%B0%A9%EB%B2%95%EC%9B%90/2017%EA%B0%80%ED%95%A9579755。

行赔偿。

被告主张是由被告指示原告开发该涉案程序，并向被告提供了使用"练习文档"制作的数字地图编辑自动化程序（以下简称"练习文档"）和由边缘化的 F 公司开发的数字地图制作程序 G 等。该涉案程序只是部分修改了被告公司提供的练习文档的源代码，或者是模仿 G 程序的功能，不具有创造性，因此不构成计算机程序作品。此外，涉案程序属于根据被告公司的指示和计划开发的业务作品，原告与被告之间没有关于业务作品作品权利归属的任何协议或者工作规则，因此与该案程序有关的权利属于被告，被告不认同原告的诉讼请求。

一审法院认为，"计算机程序作品"是一系列直接或间接用于具有信息处理能力的设备的指令，用于获得特定结果以命令表示的创作作品。同时根据韩国最高法院 2010 도 8467 判例，每个练习文档本身具有程序创作性，只要其表达形式的创造性得到认可，那么每个编程文件本身便拥有程序著作权（参见韩国最高法院判决 2010 도 8467，2013 年 3 月 28 日）。原告所开发的程序复杂且数量多，因此认为原告在开发时花费了大量精力和时间，并且原告在源代码中标记了源代码的作者和部分使用其他人编写的源代码，此外，其开发的源代码与被告提供的练习文档中的代码部分不同。同时，该涉案程序与 G 中的某些命令几乎相同，但实现该功能的源代码明显不同。综上，一审法院认为原告在开发涉案程序的过程中具有智力劳动，并承认其创造性足以与其他作者的现有程序区分开来，因此这些程序属于受著作权法保护的作品。

根据 2009 年《韩国计算机程序保护法》第 5 条规定，在法人等的策划下从事法人等业务的人员在业务上创作的程序，除非合同或者工作规则另有规定，应该由该法人等担任程序作者，其中"法人等的策划"是指法人根据一定意图要求制作计算机程序作品，并下令从事该具体制作的人创作该作品。虽然明示和暗示是可以做到的，但是为了确保有隐含的计划，这些法规仅限于可以推断其意图的情况，足以等同于明确提出法人等意图的情况。该条为《韩国著作权法》第 2 条第 2 款的例外规定，实际创作计算机程序作品的人是计算机程序作者。原告在被告工作期间从事的工作内容与开发程序无关，并且针对练习文档对被告公司员工进行培训，但是该培训与涉案程序无关，且该培训仅仅是针对练习文档的重复，不能认为原告进行了培训教育，就承认被告策划了该程序的开发。并且涉案程序大量开发时原告处于离职状态，被告公司给予原告的奖金不能被视为支付给程序开发的奖金，因此该涉案程序不属于业务作品。被告将原告享有著作权的涉案程序进行安装使用，构成侵权。

因此，一审法院判决被告公司停止侵权，删除被告总公司、分公司及办事处的涉案程序，并赔偿原告的损失。

二审法院判决（2020 나 2026087）[①] 主要针对该涉案程序是否属于业务作品进行了分析。被告公司在二审中主张被告公司的董事对于原告开发程序进行了不遗余力的物力投资，且原告对涉案程序的开发所使用的练习文档，以及对该文档的培训均属于原告的工作职责，被告让公司员工使用涉案程序并提出建议和反馈。并且原告在被告公司工作期间开发该涉案程序，该涉案程序属于工作任务，程序的著作权和所有权归公司所有。同时，被告公司向原告提供了与其工作业绩相当的正当工资和奖金。

二审法院认为原告在开发涉案程序时虽然参考了被告提供的练习文档，但是上述练习文档版本较旧，随着该文档的更新，原告很少参考。另外，虽然原告在公司办公期间也开发了部分程序，但是该涉案程序的大部分程序是在下班后或者未在公司工作期间所开发的，因此很难认为被告对这些程序的开发具有明示或者暗示。

综上，二审法院判决驳回原告和被告的上诉。

终审法院判决（2021 다 236111）认为仅凭原判证据，很难认定被告对于原告开发涉案程序具有明示，或者设想根据某种意图开发该程序，并且授权原告从事具体的开发，因此不能认为被告对程序的开发具有明示或者暗示的策划，该涉案程序不属于《韩国著作权法》第 2 条第 31 款规定的业务作品。终审法院判决驳回上诉。

---

① 参见：https://casenote.kr/%EC%84%9C%EC%9A%B8%EA%B3%A0%EB%93%B1%EB%B2%95%EC%9B%90/2020%EB%82%982026087。

三、法律分析

根据案件的三次审理，该案主要存在两个争议焦点：一是涉案程序是否具有创造性，属于《韩国著作权法》保护的客体；二是涉案程序是否构成业务作品。

（一）涉案程序是否具有创造性

关于涉案程序的创造性问题，被告公司主张原告使用被告公司所提供的练习文档以及边缘化公司 F 的 G 程序进行参考，在此基础上进行开发，该涉案程序只是部分修改了被告公司提供的练习文档的源代码，或者是模仿 G 程序的功能，不具有创造性，因此不构成计算机程序作品，不具有创造性。

对于创造性，《韩国著作权法》规定"计算机程序作品"是一系列直接或间接用于具有信息处理能力的设备的指令，用于获得特定结果以命令表示的创作作品。同时根据韩国最高法院 2010 도 8467 判例，每个练习文档本身具有程序著作权，只要其表达形式的创造性得到认可。

该案中，原告在开发涉案程序时，虽然参考了部分被告公司所提供的程序，但是因为参考程序版本较旧，随着程序的更新，其所具有的参考意义较小。并且原告对其所开发的程序在源代码部分对所参考的代码进行了标注，除此之外，原告还增加了较多的代码，增加的代码数量较多，且需要实现检查错误功能以及自动创建和编辑数字地图的功能，原告在程序的开发过程需要付出大量的努力和精力。此外，原告开发的涉案程序虽然与被告公司提供的程序 G 实现了相同的命令，但是二者之间实现该相同命令的源代码明显不同，且无证据证明程序 G 对涉案程序进行了公开并给予了原告启示，也无证据证明原告对该程序 G 进行了反向分析。因此，原告在开发涉案程序的过程中付出了努力和创作性的劳动，该涉案程序相比于其他程序具有更好的功能，且足以与其他作者的现有程序区分开来，在形式上具有创造性，属于《韩国著作权法》保护的计算机程序作品。

（二）涉案程序是否构成业务作品

对于涉案程序是否构成业务作品，被告公司主张涉案程序属于根据被告公司的指示和计划开发的业务作品，原告与被告之间没有关于业务作品作品权利归属的任何协议或者工作规则，因此与涉案程序有关的权利属于被告。

根据《韩国著作权法》第 2 条第 31 款规定，在法人等的策划下从事法人等业务的人员在业务上创作的作品属于业务作品。《韩国著作权法》第 9 条规定，以法人名义公开的业务作品的作者，除非合同或者工作规则另有规定，应该由该法人等担任作者。其中"法人等的策划"是指法人根据一定意图构思作品的制作要求，并下令从事该具体制作的人创作该作品。虽然这种"法人等的策划"是明示的，也可以是暗示的，但是为了确保有隐含的计划，上述法规仅限于可以推断其意图的情况，足以等同于明确提出法人等意图的情况。因此，该条为《韩国著作权法》第 2 条第 2 款实际创作作品的人是作者的例外规定。

该案中，首先，原告在开发涉案程序时参考了部分被告公司所提供的程序，但是因为参考程序版本较旧，其所具有的参考意义较小，被告公司提供的参考程序帮助性较小。被告公司在原告开发完成该涉案程序后，对该程序进行多次安装使用，虽对涉案程序提出了部分修改建议，但是并不能仅仅认为被告公司对该程序的使用为其对原告开发程序的帮助行为。因此，不能认定被告公司对原告开发涉案程序提供了物质性帮助。

其次，原告在被告公司工作时，利用被告提供的练习文档对被告公司的员工进行了培训工作，但是该培训仅仅是对练习文档内容的重复叙述，很难认为被告对于原告开发涉案程序具有明示，或者设想根据某种意图开发此程序，并且授权原告从事具体的开发，因此不能认为被告对程序的开发具有明示或者暗示的策划。

最后，原告在开始被告公司的工作之前，该涉案程序已经进行开发，并且虽然有部分程序是原告在工作期间开发的，但是大部分的程序是在原告下班期间开发的。而被告公司给予原告的奖金正值年底，且每个员工都有，并不能认为该奖金为被告公司对原告开发涉案程序的奖金。

综上，被告公司对原告开发涉案程序没有明示或暗示的指示并没有提供物质性帮助，并且原告开发该程序大部分是在下班或离职期间，因此该涉案程序不属于业务作品。

四、经验启示

根据该案的相关案情及审判内容，我们在计算机程序的创造性问题的判断方面并不能仅仅局限于发明人对其智力成果的创造方式，具有创造性的设计并不必须是完全独立的设计，具有创造性的设计也不一定是需要实现与现有程序不同功能的设计，应当准确结合计算机程序的特点进行分析。只要发明人的设计在形式上区别于其他作者的现有技术，且其对此付出了创造性的努力，就具有创造性，也就属于著作权法的保护客体。

而对于业务作品的判断，不仅仅根据表面上的作品创作时间来判断，还需要综合分析法人在发明人创作时是否基于其物质帮助以及明示和暗示的指示，并且暗示的指示需要发明人及客观第三人足以推断出法人指示发明人进行的创造意图，该意图需要明显可知。且若法人仅仅指示发明人进行与开发有关的部分工作，而不具有明示或者根据该指示不能推断法人意图时，不能认为法人对该创作具有指示。

33

摩托罗拉系统公司与海能达通信股份有限公司商业秘密侵权纠纷案

一、基本情况

（一）案件基本信息

司法辖区：美国

审理机关：美国伊利诺伊北区联邦地方法院

案例编号：1:17-cv-01973

审理法官：Charles Ronald Norgle、Samuel Der-Yeghiayan、Martha Maria Pacold

知识产权类型：商业秘密

纠纷类型：侵权纠纷

重点产业：计算机技术

起诉日期：2017 年 3 月 14 日

判决日期：2020 年 3 月 5 日

审理结果：原告胜诉

（二）涉案知识产权信息

摩托罗拉系统公司主张，海能达通信股份有限公司对讲机、基站、中继器和调度系统，以及相关的商业化和销售活动侵犯了摩托罗拉系统公司的专利，使用了被盗窃的摩托罗拉系统公司的商业秘密。

（三）涉案当事人信息

原告：Motorola Solutions, Inc.（摩托罗拉系统公司）

摩托罗拉系统公司（以下简称"摩托罗拉"）成立于 2011 年 1 月 4 日，由摩托罗拉公司拆分而成，是专为企业和政府客户提供任务关键型通信产品及服务的供应商。

被告：Hytera Communications Corporation Ltd.（海能达通信股份有限公司）

海能达通信股份有限公司（以下简称"海能达"）于 1993 年创建于中国深圳，于 2011 年在深圳证券交易所上市。海能达的主营业务包括窄带数字专网产品及解决方案、公专融合产品及解决方案、4G/5G 宽带产品及解决方案、指挥调度智能集成与应急通信解决方案以及卫星通信产品及解决方案等，是摩托罗拉在该领域的重要竞争对手。

二、基本案情

（一）诉讼过程

2017 年 3 月 14 日，摩托罗拉向美国伊利诺伊北区联邦地方法院提起诉讼，主张海能达以非法营利为目的故意和恶意侵占摩托罗拉的商业秘密，构成了《2016 年联邦保护商业秘密法》和《伊利诺伊商业秘密法》下的商业秘密侵占，请求法庭发布临时限制令、诉前禁令和 / 或永久禁令以禁止海能达使用其商业秘密的不正当竞争行为，并且判令海能达赔偿其损失，包括追加惩罚性赔偿。

2018 年 2 月 12 日，海能达向法庭提交答辩状并在答辩状中指出，海能达于 2006 年便开始 DMR 数字对讲机的研发工作，到 2017 年 12 月已开发出可用的

DMR 数字对讲机，均发生在摩托罗拉离职员工入职海能达之前。同时，海能达对法院的管辖权提出了异议，并且声称海能达的无线电产品都是独立开发的，没有利用摩托罗拉离职员工非法获取和使用摩托罗拉的商业秘密。

2018 年 8 月 2 日，摩托罗拉向伊利诺伊北区联邦地方法院提出增加版权侵权的诉讼请求，认为海能达部分产品侵犯了摩托罗拉的版权。在此之后，案件进入证据开示阶段，至 2019 年 9 月，案件证据开示全部结束。

2019 年 11 月至 2020 年 2 月，伊利诺伊北区联邦地方法院开庭数十次，双方都有多位证人出庭作证。2020 年 2 月 14 日，8 名陪审团成员闭门合议审理该案。陪审团当天即作出裁决，认定海能达侵犯摩托罗拉一项或多项商业秘密及版权，判定原告方胜诉，应得补偿性赔偿金 345761156 美元和惩罚性赔偿金 418800000 美元，总计超过 7.6 亿美元。

2020 年 3 月 5 日，伊利诺伊北区联邦地方法院法官对该案作出一审判决，支持陪审团裁决结果，判决海能达及全资子公司向摩托罗拉支付损害赔偿金 345761156 万美元及惩罚性赔偿金 418800000 美元，合计 7.6 亿美元（约合人民币 53.34 亿元）。

2021 年 1 月 12 日，海能达收到伊利诺伊北区联邦地方法院的通知，法官针对海能达与摩托罗拉之间的商业秘密及版权侵权诉讼案件的一审判决的判赔金额及双方在审后程序提交的部分动议作出决定，法官认可海能达在审后程序提出的研发费用赔偿金额属于重复赔偿金额的意见，对先前判赔金额进行了调减，其中商业秘密部分损失赔偿金额调减 0.736 亿美元，商业秘密部分惩罚性赔偿金额调减 1.472 亿美元，整体赔偿金额由 7.65 亿美元调减至 5.43 亿美元，减少了 2.22 亿美元。此外，法官驳回了摩托罗拉在审后程序提交的关于增加额外赔偿的动议，但支持了摩托罗拉要求赔偿利息的动议，双方之后应向法院提交关于利息计算金额及计算方式的意见。

根据海能达 2021 年 1 月 12 日发布的公告显示，上述商业秘密及版权案仍处于审后程序阶段，双方提交的其他未决动议仍在法院审理过程中。

（二）双方主张

1. 起诉阶段

根据摩托罗拉在起诉状中的描述，摩托罗拉的数名员工于 2008 年先后离职并加入海能达的研发部门，上述员工在从摩托罗拉离职前私自下载并保存保密文件，并且随后在海能达工作期间使用和公开，使得海能达得以不当地获取并使用摩托罗拉视为商业秘密的技术，包括将这些技术嵌入在所生产和销售的 DMR 数字对讲机产品中。

基于海能达在伊利诺伊州芝加哥等地的产品销售行为以及经营活动等联系因素，摩托罗拉主张伊利诺伊北区联邦地方法院是对该案具有管辖权的合适审判地，并请求由陪审团审理该案。

2. 审前程序

海能达在答辩状中对法院的管辖权提出了异议，并且声称其无线电产品都是独立开发的，没有利用摩托罗拉离职员工非法获取和使用摩托罗拉的商业秘密。

在该案中，双方交换了海量的证据文件，这使得该案审前的证据开示环节一直持续到 2019 年中，用时长达 2 年多。同时，双方在审前程序中就证据交换、司法鉴定、证人证言等问题反复向法庭提出动议，其间又适逢新型冠状病毒疫情大暴发，进度进一步受到影响，原定于 2019 年底的陪审团审理程序最终被推迟到 2020 年 11 月。

3. 陪审团审理和裁决

3 个月的开庭审理结束之后，8 名陪审团成员于 2020 年 2 月 14 日闭门合议审理该案，其依据是原被告双方和法庭协商确定的 45 项陪审团指示。

陪审团指示第 24 项"侵占的定义"规定，为了证明发生了侵占，摩托罗拉必须通过证据优势证明：

（1）海能达获取了摩托罗拉的商业秘密，同时知道或有理由知道该商业秘密是通过不正当手段获取的；

（2）海能达公开或使用了摩托罗拉的商业秘密而未经摩托罗拉明示或暗示

的同意，而且海能达：

1）使用了不正当手段获取该商业秘密的知识；

2）在公开或使用该商业秘密时，知道或有理由知道该商业秘密的知识是：

①得自他人或通过他人得到，该他人系以不正当手段获取该商业秘密；

②在产生保密或限制使用该商业秘密的责任的境况下获取；

③得自他人或通过他人得到，该他人对摩托罗拉负有保密或限制使用该商业秘密的责任。

三、法律分析

（一）案例特点

1. 标的额巨大

该案最初确定的赔偿金总额超过 7.6 亿美元，位列近 10 年美国商业秘密侵占案件赔偿额榜单的第二名，仅次于 2011 年的杜邦诉韩国科隆工业公司案。虽然在 2021 年的一审判决中，整体赔偿金额由 7.65 亿美元调减至 5.43 亿美元，减少了 2.22 亿美元，但标的额仍是一个巨大的数目。

2. 全球系列诉讼

该案源于常见的离职雇员加入新公司时携带保密资料的情形。2017 ～ 2022 年，摩托罗拉与海能达在美国和欧洲至少展开了 6 起诉讼。这也反映出知识产权诉讼中一个日渐明显的趋势，即有竞争关系公司之间的诉讼往往不局限于一个案件，而是衍化成在全世界范围多个司法辖区的对抗。

在该案进行的同时，摩托罗拉分别在两起德国的专利侵权诉讼（曼海姆地方法院和杜塞尔多夫地方法院）中锁定了对海能达的胜局，并在一起美国国际贸易委员会的 337 调查（案号：337-TA-1053）中取得部分胜利。[①] 这些摩托罗拉先前得到的有利判决迫使海能达在被诉的相关产品中弃用或重新设计某些产品功能或特征。

---

① 参见:https://www.usitc.gov/secretary/fed_reg_notices/337/337_1053_notice_11162018sgl.pdf。

针对摩托罗拉打出的这一系列全球诉讼组合拳，海能达也发起了反击。海能达在美国俄亥俄北区联邦地方法院对摩托罗拉提起专利侵权诉讼（案号：1:17-cv-01794），①指控摩托罗拉部分双向通信设备中的"智能音频"特征侵犯其专利权。

（二）摩托罗拉的诉讼策略

摩托罗拉的诉讼策略是向陪审团讲述其竞争对手是如何通过窃取摩托罗拉的高价值保密信息以获得商业上的成功的。摩托罗拉重点强调：

（1）对海能达极为不利的内部邮件往来；

（2）海能达关键证人引用美国宪法中证人不能自证其罪的规定拒绝回答相关的问题；

（3）间接证据和证词显示海能达有损毁证据的嫌疑。为支持其惩罚性赔偿请求，摩托罗拉指控海能达高管人员参与密谋盗用商业秘密，并再次强调其对海能达故意损毁相关证据的指控。

庭审中，为支持其惩罚性赔偿请求，摩托罗拉指控海能达"故意且恶意地盗用"了其商业秘密，其中既包括"主观上有意地盗用也包括故意无视他方所有权的盗用"。摩托罗拉称，海能达总裁兼首席执行官及属下多名工程师在明确知晓的情况下参与了对摩托罗拉商业秘密的盗用，并且海能达随后"试图通过故意损毁证据掩盖窃取行为，而这些被损毁的证据恰恰包含摩托罗拉的源代码和文件"。摩托罗拉继而表示，由于"海能达享受了盗用行为带来的收益，并继续销售其承认使用了摩托罗拉源代码的产品，加之其试图删除或不提供盗用的相关证据，且在 2019 年 11 月庭审之前的诉讼过程中一直否认摩托罗拉的指控，以上种种都说明海能达认可并批准了 G.S. Kok、Y.T. Kok、Sam Chia 和 Peiyi Huang 的不法行为，所以海能达应对其员工和代理人的盗用行为承担替代责任"。

---

① 参见：https://law.justia.com/cases/federal/district-courts/ohio/ohndce/1:2017cv01794/236150/148/。

（三）海能达的辩护要点

面对摩托罗拉的控告，海能达打出了几手防卫牌。例如，海能达虽然没有否认摩托罗拉前雇员从原告处盗取秘密文件，但在庭审中，海能达否认了这些不当获取的信息经上述个人散布给其他海能达员工，也否认了这些信息在海能达产品研发中的重要性。海能达还告诉陪审团，摩托罗拉是在企图让被告整个公司为少数几名员工的不当行为承担责任，并且为了从海能达的商业成功中攫取巨额利润，故意延迟提起诉讼的时间。用海能达代理律师的话说，摩托罗拉"想拿走2010年以来海能达在对讲机领域赚到的每一分钱，外加更多"。

海能达因面临摩托罗拉巨额赔偿要求在审判中提出动议，请求法庭"禁止摩托罗拉依据域外损害"要求赔偿，这成为该案的另一个关键问题。该问题为法律问题因而法院（而非陪审团）拥有决定权。虽然在《伊利诺伊州商业秘密法案》无境外适用这一点上，法庭同意海能达的意见，但是法庭在另一关键点上作出了对摩托罗拉有利的决定，即当18 U.S.C. § 1837所要求的条件均被满足时，《美国联邦商业秘密保护法》可有境外适用，因此对于被告通过境内的版权侵权而在境外获利的行为，摩托罗拉有权主张损失赔偿。

（四）法院观点

虽然摩托罗拉也提起了版权侵权指控，该案的核心仍是建立在商业秘密的盗用上。正如法官给陪审团的指示中所解释的，摩托罗拉提出盗用商业秘密的主张所依据的《伊利诺伊州商业秘密法案》和《美国联邦商业秘密保护法》有一些共同的元素。在《伊利诺伊州商业秘密法案》中，如果要证明盗用商业秘密这一法律主张，摩托罗拉需要承担以下举证责任：（1）摩托罗拉拥有案件中相关信息的所有权；（2）这些相关信息属于商业秘密；（3）这些信息在伊利诺伊州被海能达盗用；（4）这些信息被海能达应用在商业中。

与此类似，《美国联邦商业秘密保护法》规定，要主张盗用商业秘密，摩托罗拉需要证明：（1）摩托罗拉拥有案件中相关信息的所有权；（2）这些相关信息属于商业秘密；（3）这些信息被海能达盗用；（4）此商业秘密与某项产品相关，且该产品已经进入或即将进入州际或国际贸易中。

此外，上述两项法案都规定，如果被告盗用商业秘密的行为是"故意且恶意的"，原告可以获得不超过补偿性赔偿金 2 倍金额的惩罚性损害赔偿金。依据法官给陪审团的指示，只有当认为海能达的行为构成恶意或者肆意罔顾摩托罗拉的权利时，陪审团才可以评定惩罚性损害赔偿。需要特别指出的是，海能达的行为"如果有不良企图，或者是为了给摩托罗拉造成损失"，则构成恶意。同时，海能达行为构成"肆意罔顾摩托罗拉的权利"，如果相关事实在综合考虑的情况下可透露出对摩托罗拉的权利的完全漠视，而并非仅限于知晓相关信息属于商业秘密。

四、经验启示

（一）该案对海能达的影响

从长远的角度来说，该案对海能达在全球的竞争力和市场情况产生了较大影响。首先是对海能达名誉上的影响。商业秘密案，尤其是刑事案，跟专利诉讼案不同，有比较大的负面效应。专利侵权在一些领域几乎是无法避免的，常常跟被告的主观目的无关，而商业秘密滥用或盗窃让人联想到有目的的犯罪行为。其次是对海能达的高管和与此有关的雇员的影响。这些人员进入美国海关，或者与美国有引渡条约的国家，就有被逮捕的风险。这对一个在世界各国售卖产品的公司来说，是一种对商业交流的限制。最后是对公司现有高级技术和管理人员的影响。这些人员对是否长期留下来工作会有更多考虑，其他人才在加入海能达之前的衡量因素也会增加，对海能达留住并吸引更多人才有影响。

（二）该案给中国企业的启示

1. 员工聘用与培训

鉴于摩托罗拉前雇员在该案中所扮演的焦点角色，各家企业需要在聘用过程和常规的新员工培训中多加注意，特别是对曾经任职于竞争对手公司的员工。现行的常规做法是，在劳动合同和员工行为手册中同时加入相关条款，禁止新员工使用其前雇主或者任何第三方的机密信息或者专有信息。但各企业不应止步于此。科技公司尤其应该定期展开员工培训计划，着重强调员工对前雇主和现雇主都承担保密义务，以保护自身的商业秘密，并降低或者减少潜在地受到第三方指控的风险。

如果发现员工有任何盗用或者滥用任何第三方商业秘密或专有信息的行为，企业应该立即联系法务部门或者对接外部合作律师，对可供选择的救济方案进行评估。如果企业没有及时采取恰当的救济措施，则可能会导致被指控其已认可或批准员工的不正当行为。

2. 保存档案和文件

在美国诉讼程序中，未能保留潜在的相关文件可能会让一方处于极度劣势。即使无意中删除或损坏证据的行为，也可能引起不利事实推断，即被法庭或陪审团推论为这些证据是因为对该当事方不利才遭损毁。只要诉讼开始，甚至只要某指控或法律主张有被提起的可能性，企业就应该采取措施确保相关证据的完好无损。在诉讼中或者预期会发生诉讼的情况下，律师会例行发出证据保存通知，确保所有能接触到相关证据的员工认识到自己的义务和责任。企业所有人员的首要任务是按照该通知的要求，确保任何潜在涉诉的证据材料都被恰当保存。

3. 商业秘密保护法和著作权法的境外适用

从美国伊利诺伊北区联邦地方法院认定商业秘密保护法和版权法在某些情况下允许原告对发生在美国以外的域外行为主张损害赔偿的决定来看，有美国分支机构或者在美国有商业活动的中国企业应当注意到赔偿范围被扩大的潜在风险。另外，如果中国公司依据这些法案在美国法院提起诉讼以主张权利保护，那么这些法案的境外适用也可能对中国企业极有价值。

美国Celgard公司与深圳市星源材质科技股份有限公司商业秘密侵权纠纷案

>

一、基本情况

（一）案例信息

司法辖区：英国

审理机关：英国上诉法院

案件编号：A3/2020/1412

审理法官：Lord Justice Davis、Lord Justice Arnold、Lord Justice Popplewell

知识产权类型：商业秘密

纠纷类型：侵权纠纷

重点产业：电池技术

上诉日期：2020 年 8 月 6 日

判决日期：2020 年 10 月 9 日

审理结果：上诉人败诉

（二）涉案知识产权信息

上诉人 Celgard，LLC 掌握的一项关于电池隔膜薄膜相关技术的商业秘密。

（三）涉案当事人信息

上诉人（初审被告）：Shenzhen Senior Technology Material Co Ltd（深圳市星源材质科技股份有限公司）

被上诉人（初审原告）：Celgard, LLC（Celgard 公司）

二、基本案情

（一）案件事实

Celgard 公司是一家在美国特拉华州注册的公司，总部设在美国北卡罗来纳州。Celgard 公司和深圳市星源材质科技股份有限公司（以下简称"星源公司"）都制造电池隔膜。Celgard 公司在美国生产，而星源公司在中国生产。从 2005 年 7 月到 2016 年 10 月，张晓敏博士（又名 Steven Zhang）受雇于 Celgard 公司，先后担任专业工程师、技术助理和 Polypore International,LP（以下简称"Polypore"），Celgard 公司是 Polypore 的子公司的研究员。因此，Celgard 公司主张，张博士有机会接触到有关其电池隔膜的商业秘密。2017 年 1 月，张博士接受星源公司的邀请入职，张博士主张其在星源公司的工作不是电池分离的相关工作，而是反渗透的相关工作。Celgard 公司认为它即将与英国的一家锂离子电池制造商（以下简称"英国客户"）签订合同，向英国客户供应电池隔膜。该英国客户为一家知名的电动汽车制造商生产电池。在该合同的谈判过程中，Celgard 公司了解到英国客户可能开始评估星源公司生产的电池隔膜的适用性。这可能会导致星源公司成为向英国客户提供其隔膜的供应商。Celgard 公司担心星源公司滥用其掌握的商业秘密通过压低价格进入英国市场。2020 年 4 月 30 日，Celgard 公司正式申请了临时禁令，命令星源公司"不得在英国制造、提供、投放市场、进口、出口或为上述任何目的储存电池隔膜"。Celgard 公司在美国北卡罗来纳州西区联邦地方法院对星源公司和张博士提起诉讼，指控他们侵犯其商业秘密。

根据英国的法律，Celgard 公司提出了两项损害赔偿要求：直接损失与替代损失。

直接损失是指星源公司在英国进口和销售（或威胁销售）其设计、特性、功能和／或生产过程在很大程度上受益于 Celgard 公司商业秘密的电池隔膜所造成的损失。理由是这些行为相当于违反了公平的保密义务和／或违反了《英国2018 年商业秘密（执行等）条例》（以下简称《英国商业秘密条例》）第 3 条，该条例（部分）执行欧洲议会和理事会 2016 年 6 月 8 日《关于保护未披露的技术和商业信息（商业秘密）以防止其被非法获取、使用和披露的指令》（2016/943/EU，以下简称《商业秘密指令》）。

替代损失是指星源公司对张博士违反公平的保密义务和／或《英国商业秘密条例》第 3 条，向星源公司披露 Celgard 公司的商业秘密的不法行为负有连带责任。

法院认为，商业秘密要与其他保密信息区分开来，因为它们要受《英国商业秘密条例》和《商业秘密指令》的约束。尽管《商业秘密指令》与欧洲议会和理事会 2004 年 4 月 29 日《关于知识产权执法的知识产权执法指令》（以下简称《知识产权执法指令》）有相似之处，但它并没有创造一种知识产权，而是构成了不公平竞争法的一部分。此外，当《商业秘密指令》的适用范围与《知识产权执法指令》的适用范围重叠时，《商业秘密指令》作为特别法优先适用。该指令的以下条款与该案的目的特别相关。

第 1 条　适用对象与范围

本指令的任何内容都不应被理解为提供任何限制雇员流动的理由。特别是，在行使这种流动性方面，本指令不应提供任何理由。

（1）限制员工使用不构成第 2 条第 1 项定义的商业秘密的信息。

（2）限制雇员使用在正常工作过程中诚实获得的经验和技能。

（3）除了根据联盟或国家法律规定的限制外，在就业合同中对雇员施加任何额外限制。

第 2 条　定义

在本指令中，适用以下定义：

（1）商业秘密是指符合下列所有要求的信息：（a）它是秘密的，因为它作为一个整体或其组成部分的精确配置和组合，在通常处理有关信息的圈子里不为人所知或容易获得；（b）它具有商业价值，因为它是秘密的；（c）在这种情况下，合法控制该信息的人采取了合理的措施来保持其秘密。

（2）商业秘密持有人指合法控制商业秘密的任何自然人或法人。

（3）侵权者是指非法获取、使用或披露商业秘密的任何自然人或法人。

（4）侵权商品是指其设计、特性、功能、生产过程或销售明显受益于非法获得、使用或披露的商业秘密的商品。

第 3 条　合法获取、使用和披露商业秘密

1. 当商业秘密是通过以下任何一种方式获得时，应被认为是合法的：

……

（d）在有关情况下，符合诚实商业惯例的任何其他做法。

2. 商业秘密的获取、使用或披露应被认为是合法的，只要这种获取、使用或披露是联盟或国家法律要求或允许的。

第 4 条　非法获取、使用和披露商业秘密

1. 成员国应确保商业秘密持有人有权申请本指令规定的措施、程序和补救措施，以防止非法获取、使用或披露其商业秘密，或获得补救。

2. 未经商业秘密持有人同意而获取商业秘密的行为应被视为非法的，只要通过以下方式进行：

（a）未经授权访问、挪用或复制商业秘密持有人合法控制的、包含商业秘密或可以推断出商业秘密的任何文件、物品、材料、物质或电子文件；

（b）在这种情况下，任何其他被认为是违反诚实商业惯例的行为。

3. 在未经商业秘密持有人同意的情况下，凡是被发现符合以下任何条件的人使用或披露商业秘密，应被视为非法：

（a）违法获取商业秘密；

（b）违反了保密协议或任何其他不披露商业秘密的义务；

（c）违反了限制使用该商业秘密的合同或任何其他责任。

4. 当一个人在获取、使用或披露商业秘密时，知道或在当时的情况下应该知道该商业秘密是直接或间接从另一个人那里获得的，而该人正在非法使用或披露第 3 款所指的商业秘密，则该商业秘密的获取、使用或披露也应被视为非法的。

5. 生产、提供或在市场上销售侵权产品，或为这些目的进口、出口或储存侵权产品，如果进行这些活动的人知道或在当时情况下应该知道该商业秘密被非法使用，也应被视为非法使用商业秘密。

第 5 条　例外情况

成员国应确保，如果被指控的商业秘密的获取、使用或披露是在以下任何一种情况下进行的，则本指令中规定的措施、程序和补救措施的申请将被驳回：

……

（d）为了保护欧盟或国家法律所承认的合法利益。

第 9 条　法律诉讼过程中商业秘密的保密

……

2. 成员国还应确保主管司法机关可根据一方当事人的正当理由申请，采取必要措施，对在与非法获取、使用或披露商业秘密有关的法律诉讼过程中使用或提及的任何商业秘密或被指控的商业秘密进行保密。成员国也可允许主管司法机关主动采取此类措施。

第一项中提到的措施至少应包括以下可能性：

（a）将双方或第三方提交的含有商业秘密或所谓的商业秘密的任何文件的全部或部分内容限制给少数人查阅；

（b）在商业秘密或所谓的商业秘密可能被披露的情况下，限制对听证会的访问，以及对这些听证会的相应记录或笔录的访问，只限于少数人；

（c）向除（a）和（b）中提到的有限人数以外的任何人提供任何司法判决的非保密版本，其中包含商业秘密的段落已被删除或编辑。

第二项（a）和（b）提到的人数不应超过确保遵守法律诉讼各方获得有

效补救和公平审判的权利所需的人数，并应至少包括每一方的一名自然人和这些法律诉讼各方的各自律师或其他代表。

（二）判决结果

上诉人的上诉请求被驳回。[①]

三、法律分析

争议焦点：Celgard 公司是否适当说明了涉案的商业秘密信息？赔偿所依据的法律是应适用英国的法律还是中国的法律？

（一）关于商业秘密信息的说明

众所周知，在侵犯商业秘密的案件中，重要的是权利人要适当地具体说明被侵犯的商业秘密是何种信息。之所以有如此要求，主要有三点原因。其一，如果商业秘密的权利人要求他人遵守商业秘密的保密义务，而保密义务的内容是不明确的，那么商业秘密权利人要求对商业秘密的保护，就可能异化为打压前雇员与骚扰竞争对手的工具，而这当然是不被允许的。其二，原告通常会寻求禁令来限制被告使用其商业秘密。除非商业秘密的具体信息确认，否则这种条款的禁令范围便因不确定而难以执行。其三，被告只有知道争议信息后才能有效抗辩。被告可能主张原告所主张的信息是公共知识。因此，法院会小心翼翼地确保原告提供了其打算在诉讼中主张的所有保密信息的充分和适当的细节，并确保被告知道哪些信息是有争议的。如果原告未能做到这一点，法院可能会推断出诉讼的目的是骚扰他人而不是保护原告的权利，并可能以滥用诉讼程序为由驳回原告诉讼请求。

在该案中，Celgard 公司对电池隔膜和涂层配方的性质予以了说明，但没有说明更具体的内容。

星源公司主张，Celgard 公司没有列出实际配方，意味着他没有举证确定其所主张的商业秘密。

---

① 参见：https://www.judiciary.uk/wp-content/uploads/2022/07/Celgard-v-Senior-judgment.pdf。

对此，Celgard 公司反驳道：（1）Celgard 公司已经提供了现阶段所能提供的关于商业秘密的最佳细节；（2）Celgard 公司不能提供更好的细节是星源公司导致的；以及 Celgard 公司将在稍后阶段提供更好的细节，这足以履行其在这方面的义务。就第（1）点而言，Celgard 公司的律师指出，Celgard 公司的证据是张博士曾接触过其广泛的商业秘密，他根据指示告知法院，这些文件占据了 20 个文件柜。至于第（2）点，Celgard 公司的律师所依据的事实是：Celgard 公司无法分析从星源公司到英国客户的货物，因为星源公司禁止 Celgard 公司接触它；星源公司为其一份证人证词提供了一份证据（DG2），其中列出了该批货物所附运输文件中使用的代码的关键，星源公司将其指定为"仅供内部查看"，即 Celgard 公司的任何代表不能检查它。Celgard 公司的律师提出，由于无法获准查看相关产品，Celgard 公司很难具体说明它所依据的商业秘密，一旦 Celgard 公司能够分析这批货物，它可能就能提供更好的细节了。

法官的意见是，不希望以任何方式削弱在这种性质的案件中提供商业秘密的适当细节的重要性。然而，什么是足够的细节，必须取决于个别案件的情况。此外，在案件开始时，较低程度的详细说明可能是可以接受的，而在案件的后期阶段则不然。此外，法官认为考虑到原告提供进一步细节的能力，以及原告在多大程度上受到被告的阻挠或至少是不合作的阻碍是相关的。在该案的情况下，法官认为 Celgard 公司已经做得够多了，尽管它无疑必须在之后的阶段提供进一步的细节。

（二）关于适用的法律

Celgard 公司主张应适用英国的法律。理由是它所申诉的不法行为造成的直接损害已经在英国发生（而且如果不加以限制，将继续发生），英国是侵权货物（即运给英国客户的货物和之后任何相同的分离器的货物）已经（和将要）进口的国家，对 Celgard 公司在这里的市场造成损害。

星源公司主张应适用中国的法律。理由在于商业秘密属于无形财产，对无形财产的损害是在它变得不可逆的时间和地点。若非法使用商业秘密的行为发生在中国，则应适用中国的法律。

法院不同意星源公司的主张，理由如下。第一，商业秘密不是财产。在《商业秘密指令》中，没有任何内容表明商业秘密在这方面应得到任何不同的对待，它并没有创造一种知识产权，而是承认了一种特殊的不公平竞争。第二，尽管星源公司的律师主张说，最好将侵害商业秘密造成的直接损失定在一个国家，但只有不公平竞争行为的直接实质性影响应被考虑。第三，作为 Celgard 公司直接索赔对象的不公平竞争行为是将侵权商品（按照《英国商业秘密条例》第 2 条和《商业秘密指令》第 2 条的定义）进口到英国并在英国销售。这是受不公平竞争行为影响的市场，也是遭受直接损害的地方。侵权商品是在中国生产的这一事实并不重要。第四，正如 Celgard 公司的律师所指出的，如果采纳星源公司的观点，其效果则是：如果总部设在商业秘密保护薄弱的 X 国的 A 方滥用 B 方的商业秘密来制造货物，然后将货物投放到欧盟国家的市场，适用 X 国的法律而不适用欧盟国家的法律，这是一个不可能的结果，因为《商业秘密指令》旨在加强对"来自欧盟内部或外部"的商业秘密滥用的规制。

四、经验启示

（一）引进海外人才的背景调查

引进海外人才应做足充分的背景调查。引进海外人才的目的便是引进海外人才掌握的技术，但在使用该技术时应注意商业秘密侵权纠纷风险。这就要求在做背景调查时，力求从其他渠道摸清楚该人才在前公司中所处的位置，在安排工作时，做到既充分发挥在前公司中积累的经验，又不会产生商业秘密侵权风险。

（二）商业秘密维权启示

随着中国企业研发能力的进一步提升，中国企业也掌握了不少商业秘密，该案反过来可以作为中国企业进行商业秘密维权的借鉴。在上述论述中，已经说明了为何商业秘密维权诉讼需要权利人举证证明商业秘密的具体内容，在该步骤中，有着一定的商业秘密泄露风险。该案给中国企业的启示是，在案件的前期阶段，即使对商业秘密的举证还未达到具体的程度，仍能推进诉讼的进程。可以说，越早举证自己的商业秘密，商业秘密泄露的风险便越大。并且从诉讼策略的角度讲，在进行初步的举证之后，可以评估此案的胜率如何；如果胜率较低，应评估是否需要进一步举证冒着商业秘密有可能泄露的风险进行诉讼。该案证明在英国的法院中，法官可以容忍前期举证内容的一定的模糊性，但在最终的诉讼阶段，仍需全部举证。

（三）案件管辖

在此种涉外案件中，建议中国企业尽量选择中国的司法环境。该案属于被动应诉，难以改变管辖。中国企业在平常的风险把控中，可以加入涉诉风险的评估。如果有可能被其他企业在国外起诉，可以评估中国法律与该国法律的不同，评估哪一国对自己更有利：如果是中国的法律对自己更有利，可以考虑先发制人，如在中国法院提起不侵权确认之诉，达到在中国管辖区内解决纠纷的效果；若是外国的法律对自己更有利，就不需要有进一步的动作。另外，如果没有确切消息指出对方将起诉自己，在中国法院先起诉的做法是有一定风险的。

35

Olaplex公司与欧莱雅商业秘密侵权纠纷案

>

一、基本情况

（一）案例信息

司法辖区：美国

审理机关：美国特拉华联邦地方法院

案例编号：1:17-cv-00014-JFB-SRF

审理法官：Sue Lewis Robinson、Joseph F. Bataillon

知识产权类型：商业秘密

纠纷类型：侵权纠纷

重点产业：医用高分子材料

上诉日期：2021 年 3 月 4 日

判决日期：2021 年 5 月 6 日

审理结果：美国联邦巡回上诉法院批准了原告的替代动议，推翻了拒绝欧莱雅关于商业秘密挪用和违约的即席判决动议，确认了驳回欧莱雅关于专利无效的审判后动议，撤销并发回关于侵犯专利和损害赔偿的审判，驳回了欧莱雅的交叉上诉，并驳回了欧莱雅关于重新分配的请求。

（二）涉案知识产权信息

美国 9498419 号专利的权利要求 1 和 10，美国 9668954 号专利的权利要求 1、4、11 ～ 16、19、20 和 30，若干商业秘密和保密协议。

（三）涉案当事人信息

原告 - 交叉上诉人：Olaplex, Inc.（Olaplex 公司）

被告 - 上诉人：L'Oréal USA, Inc.（欧莱雅美国公司）；L'Oréal USA Products, Inc.（欧莱雅美国产品公司）；L'Oréal USA S/D, Inc.（欧莱雅美国 S/D 公司）；Redken 5th Avenue NYC, L.L.C.（雷德肯第五大道有限责任公司）（以下统称"欧莱雅"）

二、基本案情

该上诉是针对 2019 年原告 Liqwd, Inc. 和 Olaplex LLC 对欧莱雅的判决（参见 *Olaplex, Inc. v. L'Oréal USA, Inc.*, Nos. 2019-2280 & 2019-2292, ① 2021 WL 831031），且该判决结果有利于原告。该争议的诉讼理由是：（1）侵犯美国 9498419 号专利（以下简称"419 号专利"）的权利要求 1 和 10 以及 9668954 号专利（以下简称"954 号专利"）的权利要求 1、4、11 ～ 16、19、20 和 30；以及（2）盗用若干商业秘密和违反保密协议。地区法院在即决裁判中作出了专利侵权的裁定，陪审团随后就专利有效性问题和两个非专利诉讼理由作出了有利于原告的裁决，并裁定赔偿损失。2020 年，欧莱雅提起上诉，两周后原告提起交叉上诉。同年 3 月，地区法院又作出了一项有关律师费、费用和判决前利益的判决。在作出这一判决之后，欧莱雅提出了第二次上诉，原告提出了第二次交叉上诉。

首先，双方就 Olaplex LLC 和 Liqwd, Inc. 将专利权利转移给 Olaplex 公司之后是否有资格继续参与上诉这一问题产生分歧。欧莱雅认为，地区法院的

---

① 参见：https://cafc.uscourts.gov/sites/default/files/opinions-orders/19-2280.OPINION.3-4-2021_1742622.pdf。

终审判决作出时，诉讼利益已经转移，①因此，Olaplex LLC 和 Liqwd, Inc. 不具备上诉的资格。而美国联邦巡回上诉法院（CAFC）认为案件不存在上诉权适格的问题：（1）诉讼利益已经转移至 Olaplex Inc.，因此其应当具备参与诉讼的资格；（2）永久禁令颁布以及双方提起上诉时，诉讼利益并未转移，因此 Olaplex LLC 和 Liqwd, Inc. 也具备上诉的资格。

其次，由于侵犯商业秘密的损害赔偿责任是由侵犯商业秘密这一行为造成的，因此，法庭及双方对欧莱雅是否侵犯商业秘密进行讨论。作为商业秘密的所有者，Olaplex 公司承担着商业秘密存在以及商业秘密被侵犯的证明责任。商业秘密是否存在是一个事实问题，而盗用商业秘密则是事实和法律兼具的问题。Olaplex 公司将其拥有的商业秘密分为四类：未公布的专利申请信息；商业信息；测试和专有技术；尝试错误。

Olaplex 公司声称，"在漂白过程中使用马来酸"属于未公布的专利申请信息，但却未能论证在漂白中使用马来酸很难通过技术验证。除此之外，Olaplex 公司的多位专家证人也并未对该论点进行作证。相反，欧莱雅引用了大量的技术参考资料证明，Olaplex 公司所谓的"商业秘密"很容易通过公开的专利申请信息以及公开的专利获取。商业秘密具有秘密性，但专利具有公开性，因此，专利不能成为商业秘密，因此 Olaplex 公司的商业秘密并不存在。

Olaplex 公司声称，欧莱雅不当盗用了"商业信息""财务信息"。假设这两类信息包含商业秘密，Olaplex 公司也需要证明，欧莱雅未经其明示或者默认同意便使用了商业秘密。鉴于双方当时收购的商业行为，保密协议中必然会授权欧莱雅接触此类信息，并按照约定的方式使用商业信息。

至于所说的"测试和专有技术"则是常规的产品测试方法，也不能称之为商业秘密。而"尝试错误"则指的是发现有机硅会使产品脱落，因此进行产品研发会避开有机酸，降低试错成本。美国联邦巡回上诉法院认为 Olaplex 公司在论证这两个方面时缺乏具体性，即未指明商业秘密的具体内容，因此，其未能证明

---

① 2019 年 8 月 16 日，地区法院作出永久禁令的判决，欧莱雅于禁令颁布的同一天提起上诉，此时整个案件的终审判决并未作出。2020 年 1 月，Olaplex LLC 和 Liqwd, Inc. 将专利权利转移至 Olaplex 公司。

商业秘密是存在的，盗用和赔偿问题也就不复存在。

欧莱雅还提出了两个与专利无效有关的上诉问题：（1）是否没有合理的陪审团能够裁定，权利要求 14 ～ 16 的诉讼请求的 954 号专利不是无效的书面描述的要求；（2）地区法院的陪审团指示的明显性是否错误。欧莱雅还请求将案件重新分配到另一个地区法院法官审理。美国联邦巡回上诉法院确认了地区法院拒绝即席判决关于 954 号专利权利要求 14 ～ 16 的无效性的申诉，以及拒绝关于显而易见的无效性的重新审判的动议。美国联邦巡回上诉法院引用《美国法典》第 35 编第 325（e）（2）条规定的禁止反言原则，禁止欧莱雅寻求推翻判决，因为它本可以在美国专利商标局专利审判和上诉委员会对 954 号专利进行授权后审查时提出这些论点。

最终，2021 年 5 月 6 日，美国联邦巡回上诉法院批准了原告的替代动议，推翻了拒绝欧莱雅关于商业秘密挪用和违约的即席判决动议，确认了驳回欧莱雅关于专利无效的审判后动议，撤销并发回关于侵犯专利和损害赔偿的审判，驳回了欧莱雅的交叉上诉，并驳回了欧莱雅关于重新分配的请求。[①]

Olaplex 公司首席运营官兼首席法律官蒂芙尼·瓦尔登说："虽然欧莱雅在上诉中成功地主张从技术上推翻商业秘密判决，但在听取了该案的全部事实和证据之后，我们仍然支持陪审团对这一主张的一致裁决。""联邦巡回上诉法院确认了欧莱雅涉及诉讼请求中原告提供其故意侵权证据的有效性，并阻止了欧莱雅进一步挑战这些请求。欧莱雅期待有机会在重审案件中反证其未实施故意侵权行为，并将就联邦巡回法院有关窃取商业机密的裁决提起上诉。"

三、法律分析

该案为美国联邦巡回上诉法院部分推翻、确认、撤销、驳回地区法院判决中欧莱雅的上诉，并发回上诉判决。该案的争议焦点主要有二：一是禁止反言原则适用问题；二是商业秘密挪用行为问题。

---

① 参见：https://cafc.uscourts.gov/opinions-orders/20-1382.opinion.5-6-2021_1774068.pdf。

（一）禁止反言原则问题

该案中，在上诉期间，Olaplex 公司在给美国联邦巡回上诉法院的一封信中提出了《美国法典》第 35 编第 325（e）（2）^①条禁止反言的规定。

技术标准中禁止反言原则是从衡平法中禁止反言原则发展而来的。它是指专利权人在技术标准制定之时故意不披露自己已经享有或正在申请的专利权，在该技术标准采纳该专利技术并被广泛推广实施之后，专利权人向标准采用者（采用技术标准生产产品或提供服务的市场体）提起专利侵权诉讼的，标准采用者可以以之前专利权人隐瞒专利的行为作为抗辩事由，即将专利权人故意不披露专利视为一项"默示许可"，为了保护标准的信赖利益从而禁止专利权人自食其言的原则。

禁止反言原则在美国专利中的具体适用情形如下。

1. 专利挟持

专利挟持，是指专利权人首先声明对某技术标准中包含的技术不享有专利权，或者虽然承认其享有某项技术的专利权，但声明并不会向采用该技术标准的生产者主张，以此鼓励标准化组织在制定技术标准的过程中采纳自己享有专利权或正在进行专利申请的技术，在标准化组织采纳了该技术，将其纳入技术标准，且该技术标准已经推广使用，相关产品已经投入生产之时，专利权人又自食其言，向标准采用者主张其在技术标准中所享有的专利权，要求支付不合理的专利许可费

---

① （e）Estoppel.

（1）Proceedings before the office.

The petitioner in a post-grant review of a claim in a patent under this chapter that results in a final written decision under section 328(a), or the real party in interest or privy of the petitioner, may not request or maintain a proceeding before the Office with respect to that claim on any ground that the petitioner raised or reasonably could have raised during that post-grant review.

（2）Civil actions and other proceedings.

The petitioner in a post-grant review of a claim in a patent under this chapter that results in a final written decision under section 328(a), or the real party in interest or privy of the petitioner, may not assert either in a civil action arising in whole or in part under section 1338 of title 28 or in a proceeding before the International Trade Commission under section 337 of the Tariff Act of 1930 that the claim is invalid on any ground that the petitioner raised or reasonably could have raised during that post-grant review.

或索要赔偿的行为。

2. 专利伏击

专利伏击，是指在技术标准的制定过程中，专利权人故意隐瞒其中包含自己已经拥有的专利技术或者正在进行专利申请的技术，在标准化组织将该技术并入了技术标准且该标准已经推广使用、相关产品已经投入生产之后，专利权人就跳出来向生产者主张其在技术标准中所享有的专利权，要求他们支付不合理的专利许可费或索要赔偿的行为。

该案中，关于禁止反言原则的时间适用上，"Singleton v. Wulff 案"[428 U.S. 106, 121（1976）] 案给予了该案上诉法院的启示（"哪些问题可以在上诉中首次提出并解决，要根据个别案件的事实来行使"）。委员会于 2019 年 7 月 30 日发布了其最终书面决定，但 Olaplex 公司一直等到联邦巡回法院确认了委员会的最终书面决定后，即 2021 年 3 月 10 日，才提出禁止反言的问题 [详见 *L'Oréal USA, Inc. v. Olaplex, Inc.*, 844 F. App'x 308, 311-312（Fed. Cir. 2021）]。欧莱雅认为原告提出时间过晚，其主张不能成立。法院认为，国会并没有规定何时在诉讼中提出禁止反言的要求，之前的判决也没有涉及这种情况下的放弃。虽然禁止反言可以更早提出，但法院认为 Olaplex 公司没有放弃禁止反言，禁止反言问题不需要额外的事实调查，而且延迟并没有损害欧莱雅，即使 Olaplex 公司在该案中提出该问题的时间晚于本应提出的时间，也应在该案中予以处理。

该案中，法院认为，根据《美国发明法》之前对双方复审的禁止反言条款，《美国法典》第 35 编第 315（c）条（2012 年），其文字与第 325（e）（2）条相似，但不完全相同。当所有的上诉权利被用尽时，禁止反言权就产生了。该案关于禁止反言原则的时间适用上可以为此后的案件给予启示。

（二）商业秘密挪用行为认定问题

1979 年，为了同意各州的商业秘密法，美国统一州法律委员会在其年会上通过了《美国统一商业秘密法》，首次区分了商业秘密、盗用商业秘密行为

（improper mean）和挪用商业秘密行为（misapprehension），厘清了商业秘密案件中复杂的法律关系和法律程序。此外，2016 年 5 月 11 日《美国保护商业秘密法案》则进一步具体地界定了商业秘密的救济方式和免责规定。

根据《美国保护商业秘密法案》，商业秘密几乎包含了所有的信息形式，即"所有形式和类型的金融、商业、科学、技术、经济或工程信息，包括模式、计划、汇编、程序设备、公式、设计、原型、方法、技术、流程、步骤、程序或代码，不论是有形的还是无形的，也不论是否如何以物理、电子、图形、照片或书面形式存储、编译或记忆"。商业秘密获得保护要满足两个要件：一是其所有者已采取合理措施（reasonable measures）对此类信息保密；二是无论是实际的还是潜在的，该信息具备独立的经济价值，这种经济价值展现为不被其他人普遍知晓，也不易通过适当的方式能够被其他人从该信息的披露或使用中获得经济价值。

关于挪用行为的定义，《美国保护商业秘密法案》规定，所谓挪用行为，是指知道或者有理由知道商业秘密是经由不正当手段获取的，或者未经明示或者默示许可披露或使用他人的商业秘密。其中的不正当手段（improper means）包括盗窃、贿赂、虚假陈述、违反或者诱导违反保密义务，或者通过电子或其他方式进行间谍活动，但不包含反向工程、独立推演或任何其他合法的获取方式。

该案中，作为被指控的商业秘密拥有者，Olaplex 公司承担了证明商业秘密存在和被挪用的责任。美国联邦巡回上诉法院认为，商业秘密挪用行为是一个法律和事实的混合问题。而 Olaplex 公司未能提供具体证据证明欧莱雅"盗用了任何机密"（例如涉案染发方法——在漂白过程中使用马来酸并不是秘密，因为这些信息已经在早期的专利和已发表的专利申请中公开了）。此外，法院指责 Olaplex 公司只是将所谓的商业秘密归类为"高度概括性"。法院称，这不足以证明存在盗用行为。由此可见，对于商业秘密挪用行为的认定，应当由主张存在商业秘密挪用行为的一方承担举证责任，且举证责任应当满足：在认定通过不正当手段获取他人信息时，所获取的信息应当具备具体性和特殊性，否则就没有足够的基础来公正地判断被告实际使用了哪些信息，仅仅指出宽泛的技术领域并宣称符合法定定义是不够充分的。

四、经验启示

（一）我国对禁止反言原则的排除、适用

禁止反言原则是基于英美法系下的衡平原则，我国则主要通过诚实信用原则规制其适用，即如果权利人在相当时间内不行使权利，该特定事实足以使相对人相信权利人不欲让其履行义务时，则基于诚实信用原则不得再为其主张。[①] 此外，除了在专利侵权诉讼中提出抗辩外，我国确认专利无效也可直接向专利复审委员会请求宣告专利无效。对本应无效的专利进行揭发，由此来协调专利权人、社会公众或者利害关系人之间的利益，建立一种公众审查制度。但在实践中，由于没有法律的具体规定，法院多难以直接就被许可人质疑专利效力的请求作出判决。

（二）我国法律下的商业秘密侵权认定

与美国不同，我国商业秘密保护的立法模式实际上是以《反不正当竞争法》为核心，整合《民法典》《刑法》《促进科技成果转化法》等相关法律规则的模式。在我国，认定商业秘密的存在需要满足三个基本的特征要件：秘密性、价值性、保密性，且范围限制为商业信息。其中，关于秘密性的认定与该案中美国的观点存在相通之处，即满足一定的具体性。属于常识或者行业中习惯做法、产品简单组合、公开披露或出版等都属于可为公众知悉的情形。若要证明涉案信息具有"秘密性"，无疑需要完全避开上述情况，即证明上述消极事实。且在证明存在侵权问题时，同样满足"有渠道或者机会获取"且"实质上相同"，即传统理论中占主导地位的"实质性相似＋接触"规则。立法虽之前没有明确规定，但此规则在审判中已被大部分法院采纳。

---

① 董少谋. 诚实信用原则在民事诉讼中的具体适用 [EB/OL]. (2012-09-20)[2024-05-18]. https://www.spp.gov.cn/llyj/201209/t20120920_51688.shtml.

（三）该案的相关启示

首先，关于禁止反言原则，该案进一步明确了该原则在时间上的要求。对于在美国开展业务的中国企业，禁止反言的提出自上诉权利被用尽时起，在案件审判期间均可提出。对于中国本土企业，除去在诉讼中以诚实信用原则为理由，在专利方面更为积极地提起专利无效宣告程序更具有可操作性。

其次，关于商业秘密的挪用行为认定，无论在本土或者美国，准确把握举证所认定的被侵犯商业秘密的具体性而非单纯符合法定定义都是必要的。

最后，企业内部应建立涉密员工的审查和责任制度，与涉密员工签订竞业禁止合同并同所在国家法律相适应，建立诉前防护机制对于防患于未然和诉讼中的举证都具有重要意义。